连云港市农村水利论文集

连云港市水利学会　编

方志出版社

图书在版编目（CIP）数据

连云港市农村水利论文集/连云港市水利学会编.
—北京：方志出版社，2013.12
ISBN 978-7-5144-1117-1

Ⅰ.①连… Ⅱ.①连… Ⅲ.①农村水利—水利建设—连云港市—文集 Ⅳ.①F323-53

中国版本图书馆 CIP 数据核字（2013）第 293543 号

连云港市农村水利论文集

编　　者：连云港水利学会
责任编辑：梅中英

出 版 者：方志出版社
（北京市东城区夕照寺 14 号院富瑞苑公寓 6 层）
邮编 100061
网址 http://www.fzph.org
发　　行：方志出版社发行中心
（010）67110500
经　　销：各地新华书店
法律顾问：北京高文律师事务所
印　　刷：江苏省赣榆县赣中印刷有限公司

开　　本：787×1092　1/16
印　　张：16
字　　数：353 千字
版　　次：2013 年 12 月第 1 版　2013 年 12 月第 1 次印刷
印　　数：0001-1000 册

ISBN 978-7-5144-1117-1/F・123　定价：50.00 元

编辑委员会

内容提要

本书收集了连云港市农村水利基本建设在发展思路、规划、建设、施工、管理及水文水资源管理利用等方面的做法、体会、研究成果和工作建议，展现了连云港市水利工作者在农村水利理论研究、科学管理和科技应用等方面的实践经验和理论探讨成果，可以为广大基层水利工作者加强学术交流、拓宽建设和管理思路提供借鉴，旨在更好地服务当前和今后一个时期农村水利建设事业的迅速发展，为社会主义新农村建设做出贡献。

本书可以供广大基层水利干部和科技人员参考、阅读。

序（一）

连云港市水利局党组书记、局长　丁　锐

我市2012年7月、8月遭遇特大暴雨和强台风灾害后，市委、市政府灾后反思，反思后决定大干，下发了《市政府关于印发全市农村水利防涝抗灾建设提升方案的通知》，市委十一届五次全会决定2013年为“农田水利设施建设年”。

市水利局党组和全市广大水利干部职工积极响应市委、市政府的号召，把“农田水利设施建设年”作为2013年的总目标和总要求，把加强农田水利基本建设作为保障和改善民生、建设美丽港城的一项重要工程来抓。全年完成农村水利建设投入10.59亿元，实施了农村河道疏浚整治、小型农田水利重点县及专项、大中型灌区节水改造、中小河流治理、农村饮水安全、塘坝及小型水库除险加固等工程。经过一年的建设，基本实现了市委书记李强同志“农村水利建设有大变样”的要求。

在大力推进农村水利建设的同时，全市水利科技工作者不断凝练经验、心得，撰写了一批农村水利建设优秀论文。这些论文既记录了他们在农村水利建设中的实践经验和见解体会，更体现了他们勇于任事、勤于干事、善于思考的精神风貌，值得肯定和赞扬。

希望全市广大水利干部职工再接再厉，在实践中思考总结，在思考总结后再干，为推动我市水利现代化进程，为全市水利又好又快发展做出新贡献。

是为序。

2013年11月28日

序（二）

连云港市水利学会第七届理事会理事长　单新中

连云港市经过多年努力，形成了一整套较为完备的防洪保障体系。但是，2012年7月8日一场实测点雨量超过百年一遇的特大暴雨袭击了港城大地，由于时间短、雨量急，全市仍有10个县区154.62万人216.4万亩农作物受灾，因洪涝灾害造成的直接经济损失达275亿元。

灾情发生后，市委、市政府高瞻远瞩，在市委十一届五次全会上，把2013年确定为全市“农田水利设施建设年”，力争通过加快水利建设，实现农村水利大变样。

根据市委、市政府确定的水利工作重点，围绕全局水利工作中心，连云港市水利学会决定将“加快农村水利设施建设，推动水利现代化进程”作为2013年年会的主题。发动全市水利科技工作者从加快农村水利设施建设的目的、意义、效益等方面着眼，全面总结近年来农村水利建设中采取的好做法，取得的好经验，分析存在的问题与不足；推广使用新技术、新材料、新工艺方面的新成果，提出进一步提高有关农村水利工作的建议等。

全市广大会员积极响应、踊跃参与，学会共收到论文82篇。这是真正来自于水利工作一线的声音。这里，敛藏了多少水利人的深入钻研，浓缩了多少灯下的沉思与智慧；这里，写满了探索者的态度、情感与价值观，彰显着他们驾驭水利发展的能力和水平。

每一篇论文都是这些水利工作者用心体验和总结的结果，这些成果，来自于实践，永远是鲜活的，是真切的，更是有价值的。从这里，我们可以清晰地看到，全市农村水利正从理想状态走向现实，已步入到一个从理念到行动的创造性实践层面。我们将 58 篇优秀的论文和案例整理成册，以期抛砖引玉，为更多的同仁提供对话的平台，发现新的问题，产生新的思考，获得新的收获，以期激发“弄潮儿”敢立潮头的勇气和探索精神。

我相信，在今后的农村水利发展征途上，他们将播下新的希望，也一定会收获到更为丰硕的成果。

此为序。

2013 年 12 月 2 日

目　录

浅析如何实现连云港市水利发展的转型升级

席　志

摘　要："十一五"期间，特别是近年来，连云港市水利事业坚持以重点工程建设为突破口，推动全市水利发展步伐全面提速，为全市经济社会发展提供了强有力的支撑。但是随着全市城镇化、工业化的高速推进，从长远看，连云港市现有的水利体系尚不能满足全市发展需求，需要在更深层次上谋求更大的突破。作者通过深入调研、广泛研究，结合平时工作，进一步启发了工作思路，重新审视和思考了水利如何在连云港转型发展中才能有所作为，有效支撑全市发展大局。

关键词：连云港　水利发展　转型升级

当前全市水利发展面临着政策机遇聚焦、社会舆论关注、发展阶段特征明显的新形势，必须紧紧围绕"转型升级"这一主题，立足新定位、把握新导向、落实新举措、打造新形象，努力实现又好又快发展。

一、连云港市水利概况

连云港市地处南北气候过渡地段，位于淮沂沭泗流域最下游，处在江水北调和江淮水供给的最末端。境内河网稠密，湖泊、水库星罗棋布，水利工程体系庞大。有大中小型水库144座，其中大型水库3座（占全省的一半）、中型水库8座（占全省的四分之一）、在册小型水库133座（占全省的六分之一）；流域性河道4条（占全省的八分之一）、区域性河道18条，地方性骨干河道60余条；大中型涵闸66座（占全省的六分之一），大中型排灌站14座（占全省九分之一）；30万亩以上大型灌区4处，1至2万公顷中型灌区27处；主要河道堤防504km；海岸线211.6km，建有一线海堤144km（占全省的六分之一）。

全市有多个水利之"最"。灌河位于全市南端，是苏北地区最大的入海潮汐河流；石梁河水库库容5.31亿m^3，是江苏省最大的人工水库；新沂河海口挡潮闸泄洪流量达7800 m^3/s，是目前江苏省最大的沿海挡潮闸，即将建成的新沭河三洋港挡潮闸总长约577m，是江苏省最大的沿海挡潮闸；临洪东泵站装机12台，最大流量360 m^3/s，是全国乃至亚洲单站流量最大的泵站。

特殊的气候特征、地理位置和水情工情，决定了全市水情较为特殊，呈现"三多、三少"

的显著特征。(一) 过境客水多，本地水量少。全市水资源时空分布严重不均，近 70%降水集中在 5-9 月份，每年需要调引 10 亿 m^3江淮水，以满足全市的生产生活需要。(二) 污染水体多，优质水源少。全市地处全省供水网络最末端，由于调水线路较长，水质超标的频次多。（三）汛期水量多，非汛期水量少。全市地处淮沂沭泗流域最下游，沂沭泗重要的入海河道新沂河、新沭河经全市入海。老百姓常说全市“头顶两盆水（骆马湖、石梁河水库），腰缠三条河（新沭河、蔷薇河、善后河），脚踏黄海潮，最怕三碰头（台风、洪水、大潮）”，是名副其实的“洪水走廊”。

二、连云港市水利发展面临的瓶颈压力

多年来全市水利发展已取得了较为明显的工作成效，如在 2012 年有效克服了建国以来最为严重的干旱、胜利抗击了超百年一遇的“7·8”涝灾、成功抵御了首次正面侵袭全市的台风“达维”。但是，也要清醒地认识到全市水利面临的不足和压力。

1. 区域河道治理滞后。相对流域治理而言，区域河道治理刚刚起步，城市防洪标准仅为 20 年一遇，部分县城还处于不设防状态，新辟开发区的防洪排涝体系尚在构建之中。

2. 资源保障能力不足。全市处于江淮水供应的最末端，本地水资源量严重不足，主要依靠外调水源供给。在江淮水供给不足的情况下，遇特殊旱情，全市水源保障供给能力显得薄弱，随着港城、港区的开发建设，水资源供给矛盾更加突出。据研究预测，在一般干旱年（P=75%）情况下，2012 年全市总需水量约为 36.16 亿 m^3，缺口 0.5 亿 m^3，不能满足发展需求。

3. 点源面源污染严重。十一五末水功能区达标率仅为 21.8%，上游过境污水、本地面源点源污染问题日益突出，水污染防治任务加重。部分河流污染严峻，主要是生化需氧量、化学耗氧量、氨氮超标突出，全市地表水环境的形势不容乐观。

4. 运行机制亟待健全。连云港市涉水管理的部门较多，管理分散，管理总体目标不清晰，综合管理层面尚未形成合力。面对繁重的水利工程建设和管理任务，尚缺乏稳定、有效的投入保障机制、资金筹措机制和补偿机制，农村水利建设缺乏长效管理机制。

5. 管理能力有待增强。统一管理、合理配置和节约利用的水资源管理体制机制不够完善，有效保护、科学治理的河库管理体制机制不够完善，分类定性、管养分离的水利工程管理体制改革不够完善，政府主导、社会参与与市场运作相结合的水利投融资体制机制不够完善，依法行政、政务公开、社会监督的水行政主管部门社会管理、公共服务的体制机制不够完善，专业素质和结构仍不适应水利现代化发展要求，复合型、综合管理人才较为缺乏。

三、连云港市水利工作发展面临的挑战机遇

1. 领导重视的机遇，为全市水利加快发展提供了强大动力。特别是近年来，市委、市政府对水利工作重视程度前所未有。2012 年 11 月，市委专门就水利工作召开会议，市委主要领导提出“城市防洪能力有大提升，农村水利建设有大变样，城市饮用水质有大改善”要求；

12月27日市委十一届五次全会，又将2013年确定为“农田水利设施建设年”。去年的政府工作报告中，有15处提及水利工作，为历年之最，并将3项水利工程列入全市十大民生工程，予以重点推进。今年以来，市委、市政府领导多次专门听取水利建设情况汇报，从市级层面加大水利推进力度。同时，地方各级领导也高度重视、积极支持水利发展，各县区在财力紧张的情况下，加大财政配套力度。

2.政策带来的机遇，为全市水利工作加快发展提供了现实条件。（一）水利工作大形势不断“升温”的机遇。2011年以来，中央和省市连续出台了若干重要的政策措施，明确了土地出让金比例等具体明确的资金来源渠道，为水利工作发展提供了宽广空间。前不久省政府和省水利厅分别召开了全省水利工作会议和全省水利局局长会议，2013 年省以上计划投入217亿元左右，其中水利基本建设122亿元、农村水利102亿元，水利管理8亿元，将重点投向民生水利、区域治理、重点河湖治理，以及水利社会管理能力建设等，预计全年全社会投入将突破420亿元。近几年省级以上水利投入呈不断增加态势，给我们发展带来了实实在在的机遇。（二）“十二五”规划中期调整的机遇。今年是“十二五”规划中期调整年，各级对规划实施情况进行评估，有些项目有可能会发生调整。2011年以来，全市水利共完成投资27.64亿元，仅为“十二五”水利规划投资78.33亿元的35%，进一步推进的空间较大。（三）沿海开发带来的机遇。省委、省政府高度重视连云港的沿海开发，将继续在项目审批和投资政策等方面给予全市更多的倾斜。今年，是全市沿海开发三年出成果的关键之年，省沿海办将对全市沿海开发政策落实情况进行调研和梳理，这为全市城市防洪工程、区域性河道治理、水资源工程等项目纳入全省沿海开发后续扶持政策范围提供了机会。（四）东中西合作示范区带来的机遇。2011年5月，国务院批准在连云港市设立国家东中西区域合作示范区，明确徐圩新区为示范区先导区，进一步加强对连云港沟通南北东西区位优势的重视力度。既为连云港发展带来了难得的历史性机遇，更为水利协调发展拓展了广阔空间。

3.人心思进的机遇，为全市水利加快发展提供了坚强支撑。通过十多年来的工作、了解，感觉到全市水利干部职工是一支结构合理、素质优良的队伍，大家人心思进、工作热情高涨，时时处处凝聚着一股想变求变的正能量，显现出一种敢打敢拼的精气神。从一定程度上讲，一支敢打硬仗、善打硬仗、能打硬仗的水利干部队伍，无论是过去、现在、还是将来，一定能承担起加快全市水利发展的重任。

四、连云港市水利转型发展的路径设计

全市水利工作要以科学发展观为指导，全面落实可持续发展水利的要求，自觉地调整工作目标、工作思路和工作措施，实现更快的发展、更大的突破、更好的转型。

1.坚持“四个围绕”抓项目，努力推动水利发展向“快”的方向转。加大投入，进一步加快水利建设步伐，增加水利服务全市发展的针对性。

（一）围绕沿海开发，加快建设步伐。继续实施新沭河50年一遇整治流域性治理工程。抢抓国家重点地区中小河流治理契机，加大区域治理力度，重点实施古泊善后河治理工程等

工程。实施连云新城、徐圩新区海堤及挡潮闸建设，全面完成在建海堤达标工程。基本完成徐圩新区送水工程，实现向徐圩新区送水目标。尽快完成东温庄水库工程。通过上述工程的实施，更好地服务沿海开发。

（二）围绕民生问题，力求快见成效。重点解决城市饮用水安全问题。利用南水北调和通榆河向全市沿海调水的水源工程，扩大向连云港的供水能力。一是实现淮沭新河向连云港年增供水量5亿立方米。二是提高通榆河供水保证率，远期实现常年稳定供水。重点实施徐圩新区送水工程、蔷薇湖工程、东温庄水库工程。加强区域及城市供水工程建设，实施灌北干渠拓浚等工程。三是实施沭新渠取水工程。构建连云港市“双源、双线、双湖”的供水格局，形成以蔷薇河作为主水源，蔷薇湖作为应急备用水源，沭新渠作为优化补充水源的城市饮用水安全保障体系，同时，结合取水口上移工程，构建蔷薇河、蔷薇湖和沭新渠三个互为补充的取水口。届时，长期困扰连云港市的城市饮水安全问题将得到有效解决。

（三）围绕现代农业，优化投入方向。推进农村饮水安全工程建设，对大、中型灌区实施节水改造，健全农田灌溉渠系和配套建筑物，提高渠系水利用系数。实施小型农田水利工程，按照小型水源工程、田间灌排沟渠工程、高效节水灌溉工程等类型集中连片分年度实施农田水利工程，全面完成农村河道疏浚整治。

（四）围绕防洪安全，打造保障体系。完成羽山水库除险加固，继续实施小型水库除险加固任务。实施列入规划的20座大、中型病险水闸的除险加固工程。继续实施大中型泵站更新改造规划，对临洪西泵站、沭南泵站、引淮入石泵站、塔山泵站等4座大型灌溉排水泵站进行更新改造。实施连云新城开泰河、徐圩新区骨干河道、新海城区大浦河排水片治理以及县城及重要乡镇防洪排涝等工程，巩固提高城市防洪标准。

2.坚持“四个针对”抓突破，努力推动水利体制向“新”的方向转。将创新贯彻于水利发展全过程，努力解决一些深层次的问题，为水利发展注入新动力。

（一）针对水资源管理难题，努力在落实最严格的管理制度上有新突破。以石梁河水库、蔷薇河、通榆河为载体，尽快划定符合全市实际的水资源开发利用、用水效率控制、水功能区纳污“三条红线”。积极探索建立与之相适应的水资源管理责任和考核体系，促进工作有效开展。

（二）针对建设资金不足的难题，努力在融资体制探索上有新突破。推动水利、财政联手，以水土资源为依托，加快组建新的水利投融资平台，切实推进以水换资、以土换资，努力形成良性的资金运行机制，为水利发展提供有力保障。

（三）针对河道管护不足的难题，努力在推进河长制管理上有新突破。全面推行饮用水源地河道管理“河长制”，以蔷薇河河堤为重点，分片划区，明确标准，落实责任，量化任务，落实资金，全面培训，实行“一公里一个人”管护。

（四）针对各类不确定因素增加的问题，努力在科技创新上有突破。继续推进洪水资源化课题研究、埒子口治理方案、大型水库抗震等重大课题研究。强化构建覆盖全市的水利信息网络，不断加快水利“数字化”进程。继续依托各类水利工程建设载体，促进科技成果的转化应用。

3. 坚持“四个注重”抓建设，努力推动水利形象向“好”的方向转。当前和今后一个时期，主要从四个方面入手，进一步打造良好的水利发展形象。（一）注重细节建设。坚持水下抓质量、水上抓形象，突出抓好再建水利工程的外立面美化，打造建设精品，体现沿海水利风格。（二）注重载体建设。以石梁河水库等为载体，争创省级以上水利风景区，力争进入国家级水利风景区行列。同时，重抓城市水环境整治，加快形成以河为轴，辐射两岸的水利风景带。（三）注重文化建设。以《水文化建设规划》为抓手，加大水利标志、水利歌曲等水利文化成果运用，结合水利风景区建设，进一步梳理连云港水利发展脉络和各种的文化现象，不断提升发展品味。（四）注重队伍建设。继续深化“创先争优”活动，推进学习型组织、党建示范点建设，改进基层党组织的思想政治工作，积极健全党建工作长效机制，做到内强素质、外树形象，展示新时期水利队伍新风貌。

六、结语。

实现新形势下水利的转型升级是经济社会发展的必然需求。水利转型，要以让老百姓真正感受到转型所带来的切身利益为核心，努力为群众办实事、解难事、做好事，让人民群众切实感受到转型带来的新变化、新风貌、新气象。坚持自然规律和经济规律，努力实现新时期治水新思路，加快提升科学治水、科学护水功能，以水利的转型升级保障经济社会的可持续发展，让人民群众享受到更多水利成果。

参考文献

[1] 上官章仕. 浙江遂昌县水利改革发展思考. 中国防汛抗旱. 2011, 5.

[2] 井玉梅. 抢抓机遇　推动水利跨越式发展. 中国防汛抗旱. 2011, 5.

[3] 连云市委. 关于加快水利改革发展推进水利现代化建设的实施意见. 2011 年.

[4] 连云港市“十二五”水利发展规划. 2010 年.

连云港市农村水利现代化发展思路及对策措施

贾成孝　刘秀梅

摘　要：简要分析了连云港市农村水利建设中存在的基础设施、管理机构、水环境等方面的一些问题，并分析了农村水利现代化指标现状值，提出了农村水利现代化建设的目标任务和具体的建设措施，以期为全市农村水利现代化建设提供一些建议。

关键词：农村；水利现代化；思路

一、引言

水利是农业的命脉，兴农之要，其枢在水。农村水利现代化作为水利现代化的重要组成部分，是实现农业现代化的基础条件，是解决“三农”问题，促进社会和谐发展重要的物质和技术条件，也是目前农村水利工作所面临的重要任务之一。随着农村产业结构调整、农业产业化的推进，对我市水利工作提出了许多新要求，迫切需要构建可持续发展的现代水利，不断满足农业产业化发展的需要，为传统农业向现代农业转变提供有效的水利支撑。

二、我市农村水利发展现状

1. 主要发展成就

我市是农业大市，建国 60 年来，我市持续开展大规模的农田水利基本建设，完善梯级河网化建设，全市初步建成“田成方、树成行、路相连、沟相通”，沟、渠、田、林、路、桥、涵、闸、站、井相配套的农村水利工程体系。近年来，围绕粮食生产、防洪除涝、饮水安全等民生改善目标，实施了农村饮水安全、农村河道疏浚、农田续建配套与节水改造、山丘区水源工程、圩区治理等工程，农村水利基础设施保障水平得到明显提高，服务民生能力进一步增强，基本保障了全市粮食安全、农业发展和新农村建设。

建成灌区 175 个，其中，大型灌区 4 个、中型灌区 27 个、小型灌区 144 个。建成塘坝 507 座、圩区 136 个、圩口闸 547 座、泵站 3910 座、灌溉渠道 1.75 万 km、机井 535 眼、排灌沟渠配套建筑物约 8.60 万座。建成不同层次规模示范农业园区（片）94 个，总面积 35.62 万亩，辐射面积 86.2 万亩。全市现有耕地面积 589.25 万亩，有效灌溉面积占 84%，高标准农田面积占 23%，节水灌溉面积占有效灌溉面积的 36.5%。“十一五”期间累计解决 135.95

万人农村饮用水不安全问题。截至2012年，全市农村河道基本疏浚一遍。

2.存在的主要问题

农村水利工程建设标准偏低，配套建筑物不全，部分工程老化损毁失修，中沟以上建筑物配套率69%、完好率53%，中沟以下建筑物配套率61%、完好率60%，引水困难、排水不畅。因高氟水等水质不达标、水厂管网延伸不足等原因，农村尚有189万人口缺乏饮水安全保障。基层水利管理存在机构不完善、编制不到位、经费不落实、队伍不稳定等问题，影响了农田水利工程效益的发挥。农村水污染形势严峻，水环境治理任务艰巨。灌南、灌云局部区域地下水超采引起地面沉降和水质咸化等生态环境问题。人为开挖动土和山体周围无序石矿开采，引起丘陵区水土流失，目前水土流失面积占总国土面积5.5%。

3.现代化指标实现度

至2020年，全面解决农村饮水不安全问题；有效灌溉面积占耕地面积比重达90%，旱涝保收面积占耕地面积比重达75%，节水灌溉面积占有效灌溉面积不低于72%，灌溉水利用系数提高到0.60以上，灌溉保证率达到80%以上；农村河道有效治理率不低于90%，农村水利工程设施完好率不低于80%。

根据2012年测算值，全市旱涝保收农田累计达453.47万亩，占全市耕地面积563.56万亩的80.46%，实现程度为94.67%。全市灌溉水利用系数为0.5756，实现程度为88.6%。全市累计完成县乡河道疏浚土方26630.2万 m^3，占县乡河道淤积总土方29271.35万 m^3（2003-2020年河道淤积土方总量）的90.98%，实现程度为95.77%。

三、农村水利现代化建设总体布局及目标

1.总体布局

推进农村水利现代化建设，统筹解决农村防洪除涝、灌溉供水、水环境保护等问题。大力实施以农村饮水安全建设、高标准农田水利建设、灌区节水改造、农村河道疏浚、山丘区水源工程、基层服务体系建设为重点的农村水利建设，建立农村水利工程长效管护机制，努力实现农村饮水安全有保障，河网水系引排通畅，农田水利设施标准化，灌、排、降、控功能完善，工程管护完好，基层水利管理服务体系完善，农村生活环境优美的目标。

2.建设目标

建成布局协调、功能齐全的农村水利工程体系，农村饮水水质达标、水量保证，农田灌排工程标准提高、协调配套，农村河网引排通畅、生态良好，基层水利管理职能明确、服务到位，保障农业现代化和新农村建设需要，农村居民生活生产条件得到明显改善。

四、主要对策措施

1.加快推进农村饮水安全建设

结合小城镇建设、新农村建设，加快推进城乡供水一体化供水设施建设，在城市周边有条件的地区率先实现城乡供水一体化。边远地区通过建设高标准独立供水设施实现区域供

水，保障饮用水安全。通过建设地面水厂、打井、铺设镇村管道等措施，建设 235.47 万人的农村饮水安全工程，巩固完善已建农村饮水安全工程，保障农村人口饮水安全。

根据区域供水推进进程，整合农村供水服务资源，实现农村供水服务同网、同质、同价；完善农村供水服务人员定岗定编工作，合理制定供水价格；加强行业监管，建立健全农村供水水质日常监测管理制度；以乡镇为单位制定农村供水应急预案，确保应急供水有预案、有对策。

2.开展高标准农田水利建设

以小型农田水利重点县建设为抓手，按照科学规划、集中治理、统一标准、配套建设的总体要求，整合中央及地方各类农田水利建设资源，依据高标准农田水利建设规划，坚持“建一片，成一片，发挥效益一片”的原则，完善灌排系统，加强小型水源工程建设，合理布置输配水渠系，配套末级渠系建筑物，重视和加强田间农田水利工程建设，真正实现灌得上、排得出、降得下，全面提高小型农田水利设施配套水平，提高农田水利建设标准。

西部岗岭低山丘陵区，以水库塘坝蓄水、河道引水、泵站提水为重点，除险加固塘坝，加固改造泵站，实施高效节水灌溉，不断提高灌溉保证率；中、东部平原区，以发展节水灌溉、进行水利连片建设为重点，采取小型灌排泵站建设改造、灌溉渠道防渗、沟渠疏浚、在近郊高效农业示范基地及部分蔬菜种植基地推广管道输水、喷滴灌等高效节水措施，提高供水保证率；东部圩区，以洪、涝、渍灾害治理为重点，修筑加固圩堤，加固圩口闸站，疏浚大、中、小沟，提高灌排能力。

3.加大灌区节水改造力度

加快推进石梁河、小塔山、沭南、沭新等 30 个大、中型灌区及 144 个小型灌区节水改造，以防渗渠道建设、提高灌区设施配套水平为主，近郊高效农业示范基地针对花卉、苗木、蘑菇、蔬菜等高附加值农作物推广喷微灌高效节水工程，以示范区带动全市逐步推广喷微灌高效节水工程。加快实施灌区信息化建设，建设灌区自动化控制和灌区信息系统，提高灌区运行效率，把灌区建成现代化农业生产基地、现代水利示范基地。

4.加大农村河道整治力度

在前两轮农村河道疏浚取得的成效基础上，加强农村河道和村庄河道管护工作，健全河道长效管理机制和轮浚制度，重点落实管护措施和经费，推动河道管理工作正常化。每 8~10 年对农村河道和村庄河塘轮浚一次，保持农村河道通畅，河面、堤坡整洁，河道功能正常发挥，全面达到 5～10 年一遇排涝标准。

5.提高山丘区水源保障能力

按照“蓄、引、提、调”相结合的治水思路，以加固改造塘坝等蓄水水源工程建设为重点，通过改造 391 座塘坝，整治机井，可新增有效容积 570 万 m^3；加固改造更新山丘区骨干翻水线，科学调度，增加雨洪资源利用。优化产业结构，统筹安排生活、生产和生态用水，提高山丘区水源保障能力。

6. 强化农村水利工程长效管护机制

贯彻落实中央《小型农村水利工程管理体制改革实施意见》，建立和完善农村水利基层服务体系。按照“分级管理、分级负责”和责权利相一致的原则，对县乡河道和村庄河塘，结合农村环境综合整治，依托“四位一体”①长效管理网络，因地制宜建立农村河道长效管护机制；对小型农田水利工程，按水系和渠系实行组建用水合作组织和村级水管员相结合的管理体制；高效节水灌溉工程由项目区农村经济合作组织或土地流转经营者实施管理；对农户自用微型工程，实行“自建、自有、自管、自用”。在保障工程效益和不增加群众负担的前提下，继续深化产权制度改革，积极探索农村水利工程有效管护模式和途径，逐步建立权责明确、精简高效、制度完善、管理科学的农村水利工程运行管理机制。

7. 提升乡镇水利站能力建设

因地制宜设置乡镇水利站，以区县为单位，完成乡镇水利站服务阵地建设。实施乡镇水利站达标建设，加强水利站基础设施建设，配备专业档案资料室和用于施工、测量、质检等专业工具、必要的办公设施设备，以及精干的人才队伍。到 2020 年，全市达标乡镇水利站力争达 80 个以上。

8. 完善经费保障机制

多渠道筹措资金，加大基层水利服务体系建设的投入力度，落实基层管理的资金来源。建立乡镇水利（务）站的人员和事业经费县级财政保障机制，统筹安排乡镇水利站的各项收支。从水费和相关规费中安排专项经费用于基层水利服务机构建设，同时结合农田水利专项资金奖补、小型农田水利重点县建设、农村饮水工程、灌区续建配套等项目建设，支持基层水利服务能力提升。

五、结语

通过水利现代化建设，连云港市农村水利工程保障体系和基层水利服务体系的不断完善，改善农村生活、农业生产条件，可促进农业生产率提高，推动现代农业发展，提高农民的生活及居住质量。全市水安全、水资源、水环境、水生态都得到明显改善，水利管理系统和水利发展能力也日趋完善和成熟，水利将逐步步入规范、有序、快捷、高效的管理和发展通道，为连云港市的经济社会发展提供全方位的水利综合服务。

参考文献

[1] 连云港市水利局，连云港市水利现代化规划（2011～2020）[R]，2012.

[2] 连云港市水利局，2012 年连云港市水利现代化进程监测指标自评报告[R]，2013.

[3] 蔡勇；高见；胡乐；等，关于我省农村水利建设内容和标准的思考[J]，江苏水利，2009 年 02 期.

[4] 高博，浅谈农村水利现代化建设[J]，山东水利，2011 年 10 期.

①指将农村道路、河道、绿化、垃圾处理四个方面工作纳入一体化管理。

连云港市水生态环境问题及保护措施研究

吴晓东　徐晓峰

摘　要：水是人类存在和发展必不可少的重要资源，也是生态环境的重要因素。一个整体和谐、稳定的水生态环境对于整个人类社会的发展具有重要的作用，特别是城市水生态环境保护对城市经济和社会的发展尤为重要。本文通过对连云港市水生态环境问题的调查分析和研究，有针对性地提出水生态环境保护措施，保障连云港市水资源合理利用，不断推进水利工作的可持续发展。

关键字：水　生态环境　保护措施　可持续发展

1．概况

连云港市地处淮河沂沭泗水系的下游，汛期要承泄上游 7.8 万 km²洪水入海，是著名的“洪水走廊”，同时又是江苏省江水北调和江淮水供给的最末端，调水路线长，沿途与山东临沂、徐州下泄污水相会，加之又受面源污染影响，使得连云港市水生态环境经受重大考验。开展连云港市水生态环境保护措施研究，对避免江河湖库淤积、水土流失、江河断流、地下水超采、水体污染、洪水泛滥以及生态环境破坏等均起到积极作用。

2．水生态环境存在的问题

水生态环境问题指由于人类对水资源不合理的开发利用活动所引起的生态环境质量退化而表现出来的生态环境质量问题。通过调查分析，连云港市水生态环境间主要包括：

（1）湿地退化。

连云港境内湿地包括天然湿地和人工湿地，其中，天然湿地由东部的沿海滩涂和流域性、区域性河道构成，人工湿地由水库、塘坝和水稻田构成。

目前，随着连云港市人口的持续增长与经济的快速发展，湿地破坏较为严重，突出表现在湿地面积逐步减少、湿地生物多样性受到严重威胁以及湿地生态系统污染严重等方面。

（2）地下水环境恶化。

地下水质污染：长期以来，由于区域经济的发展，工业废水排放增加，农业生产大量使用化肥、农药，城镇人口的大量集中，生活污水和垃圾也越来越多，大部分未经处理的生活污水和工业废水直接排入城镇附近的河流、水塘，间接地污染了浅层地下水。

超采引发地下水位下降并形成漏斗：由于连云港市特定的地质、水文地质条件，区内含水系统较不发育，再加上海侵影响，致使该市的地下淡水资源较为贫乏，在东海—赣榆山前冲积平原区和灌云东南部—灌南县冲积平原区内，地下水已成为当地人民生活用水的重要部分，由于长期开采（局部区域内为过量开采），引起了区域性深层地下水位的持续下降。部分城镇的地下水位下降更明显，如灌南县城、灌云县杨集中学、长茂镇（受响水县城过量强烈开采影响），地下水位下降速率达 1.1~1.5m/a。长期的区域性地下水位下降，将使该区遭受地面沉降及海水倒灌的威胁。

（3）水土流失。

连云港市境内虽然以平原地形为主，但地貌形态复杂多样。平原地区，如中部冲洪积平原、东部海积平原，土质比较松散，有不同程度的水土流失现象。岗地地区由于长期受坡面径流冲刷，冲沟发育良好，水土流失相对较为严重。丘陵和低山地区，由于局部地区的毁林开荒、开采矿石等原因，致使水土流失比较严重。

（4）土壤次生盐渍化。

沿海盐渍土带是连云港市盐渍土的分布区，建国后进行了大规模的水利建设，修建海堤、兴建挡潮闸，阻挡了海水侵入，阻断了圩区水盐来源。同时，在垦区内部进行河网综合治理，引淡排咸，加速了滩涂盐渍土的脱盐速度。

（5）水面清洁、河道淤积等问题较严重。

由于湖库围网养殖规模扩大、周边陆域倾倒或堆置垃圾和废物等现象时有发生，污染物在河床常年累积，内源污染严重，大部分区域水环境容量已超负荷，同时由于近些年对湿地围垦，造成水资源短缺并引发河道断流等问题。

3. 水生态环境保护原则

水是生命之源、生产之要、生态之基，是生态环境的基本要素，它直接关系到国计民生、社会发展和国家兴衰；加强水资源的管理，“通过水资源的优化配置，提高水资源的利用效率，实现水资源的可持续利用，是 21 世纪我国水利工作的首要任务”。基于此，连云港水生态环境保护措施研究要坚持以下基本原则：

（1）坚持经济、社会、环境协调发展的原则。

坚持走节水高效农业和节水治污工业之路。同时，把生态环境保护与建设作为水利建设的紧迫任务和重要内容，加强保护，加快建设，促使经济建设与生态环境协调发展。

（2）坚持节约保护与开发配置并重的原则。

把节约用放在优先位置来抓，兴建节水工程，转变用水方式，调整生产布局和产业结构，合理开发、科学配置水资源。

（3）坚持因地制宜、统筹规划、综合治理、突出重点的原则。

科学合理地制定水资源开发、利用、治理、节约、配置、保护规划，加强水源区的生态保护。

（4）坚持加快建设与强化管理相结合的原则。

水利工程建管并重，加强工程建设和运行管理，提高投资效益和生产效率。采取法律、行政、经济手段，实现水资源统一规划，统一管理，根据当地水资源条件，探索城市水务一体化管理。

（5）坚持依法治水、按经济规律办事的原则。

加强水法制建设，深化水利投资体制改革，形成合理的水价机制，保证水利投资的稳定和工程管理的良性运行。

4. 水生态环境保护措施

（1）强化水功能区管理，实施入河污染物排放总量控制

①紧跟连云港市区域规划及发展，适时调整完善各类水功能区；

②强化对水功能区和入河排污口管理，严格实施纳污总量控制、减少污水排放，严格控制污染物入河排放量，落实各项工程和技术措施，全面实施水生态保护和修复的综合性措施，加强禁排水域、限排水域的日常监管工作。同时加大对河道疏浚整治力度，实施水生态修复工程，有效增加水体流动性，改善水质，保障生态环境用水。

③制定完善闸坝的控制调节方案和加强上下游协调调度，控制污水汇入，保障枯水期河流水利，增强水土自净。

④针对河源区、河口区、湖泊水库等较敏感水域大力发展无污染的沿岸绿色产业和生态农业、旅游业。

（2）建立水量、水质、水生态补偿机制及恢复机制

建立水量消耗、水质污染、生态破坏补偿机制：从点到面、先易后难，从责权比较明确，标准比较统一、操作性较强的方面入手，有步骤、有重点推进三个补偿机制的建立和完善，促进各级地方政府加强对水资源合理开发利用的重视和全社会节约用水、防止水污染、保护水生态敏感意识的提高。

与补偿机制相对应，建立水量平衡、水污染治理、水生态修复三大恢复机制：通过水量、水污染、水生态补偿机制归缴专项资金，结合公共财政投入，重点对补偿效益明显的区域开展水量平衡、污染治理、生态修复等工作。同时，把建立健全补偿机制与环境目标责任制有机结合起来，把环境整治的绩效作为补助的重要参考，对环境目标考核优秀的给予重点补助。积极引导社会各方面参与机制运作，探索多渠道多形式的补偿及恢复方式，拓宽补偿、恢复机制的市场化和社会化运作路子。

（3）建立跨区域、跨流域水质保障机制，保障下游供水安全

加大对流域上下游水环境质量的监控和联合执法力度。分年度对各市（连云港重点涉及徐州、宿迁、淮安、山东临沂）水污染整治完成情况进行考核，并将考核结果与干部政绩考核挂钩，与生态效益补偿机制和省级财政转移支付挂钩，如此将有效敦促各级地方政府实行

水环境的有效保护，抑制污染转移，制定环境污染整治目标考核办法。

（4）科学布局整治，实现饮用水源地的达标建设和保护

加强饮用水源保护，制定饮用水源保护区和大型集中式饮用水源地保护方案，落实饮用水源地事故应急预案，加强日常监管，防止水源枯竭和水体污染，保证城乡居民饮用水安全。

（5）强化建设管理，落实污染防治措施，保障清水通道输水安全

继续加大督查力度，提高企业内部污水达标处理率，完善区域污水集中处理网络、垃圾处理网络建设，提高区域污水、垃圾达标处理能力，提高区域污水处理率。

强化通榆河、淮沭新河—蔷薇河等送清水线路的污染防治，建立健全跨区域水质水量保障机制，落实完善调水沿线的上下游及周边陆域的污染防治措施，沿线污染治理工程、截污导流、中小河道整治等规划措施一定要切实到位，并落实管理运行。

建设“清污分流”工程，严格控制进入饮用水水源地、水库等水体的污水，使“清水有路，污水归槽”，确保“污水”不影响“清水”，对直接进入城市规划区内河道的生活污水进行截流，使城市河道能保持应有的生态环境。

（6）加强地下水资源保护

①合理开发利用措施：严格控制水位埋深和地下水用水审批、管理手续；规范取水工艺，完善地下水凿井队伍的监督管理制度；完善地下水监测网络，强化地下水管理，重视并做好各地面防渗及污水处理工作，防止地表污染物渗透进入地下水造成严重污染。

②组织管理措施：加强对地下水资源管理工作的领导，进一步严格执行和完善取水许可制度，逐步调整供水水源结构，加快区域供水工程的建设。

③深层地下水利用：全面禁止开采深层地下水，在水量丰富水值好的情况下考虑回灌，保障深层地下水水量和水质达到战略储备要求。只有极特殊情况下时，才启用深层地下水来保障居民正常生活用水。

（7）做好水土流失防治工作，构建健康的水生态体系

加强水土流失重点防护区域管理，禁止取土、挖砂、采石、采矿和乱伐林木等破坏地形、地貌、植被等活动，加大执法监督力度，打击破坏水土保持的违法行为。

强化对水功能区和入河排污口管理，加强饮用水源地保护和加大对河道疏浚整治力度，构建健康的水生态体系。

（8）加强农村饮水安全工程建设与管理，抓好农村面源减排工作

①农村饮水安全工程建设：切实加强领导，按照统筹规划、合理布局，防治并重、综合治理，因地制宜、建管并重的原则，各负其责，密切配合，强化项目管理，防止资金挪用，确保规划顺利实施。

②建立健全农村水环境整治和保护长效管理机制：农村水环境整治和保护既要搞好突击整治，又要注重日常管理，建立健全长效管理治理机制和群众参与和监督机制，加强专业规划的编制，完善环境目标责任，确保工作取得实效。

③加强农村面源污染治理：全面实施面源污染防治策略，减少化肥、农药使用量，减少农灌用水，控制回归水中污染物入河量；研究开发与应用节肥、节药种植技术；实施测土配方施肥；推广使用有机肥料和生物农药，实施集约化养殖，防治水产养殖和饲养场污染，推广畜禽粪便资源化技术，建设大中型沼气工程；按绿色、无公害、有机农业认证的要求，建设生态农业基地、生态养殖基地；恢复沿河、库区湿地，营造河、库防护林带，拦截氮、磷等营养物质。

④河道轮浚清淤，清理河道底质污染：继续开展市、县、乡村三级河道的轮浚清淤工作，县级河道轮浚周期为9～15年、乡级河道为8～9年、村组河道为3～5年，清理河道底质，减少底质污染，提高供水质量。

⑤节制污水，增加本地水体的可利用性：对主要河道的入河排污口进行整治，尤其是盐河、新沭河、新沂河及连云港市区主要河道等，将河道治理置于国民经济发展先行一步的位置考虑，提高本地水资源的利用率。

5．结语

水生态环境与人类生存发展息息相关，经济的发展、社会的进步越来越依赖于水生态环境质量，对其要求也越来越高，水生态环境保护任重而道远。解决连云港市水生态环境问题的根本保障正是在于不懈地推动可持续水利的发展。本文所开展的水生态环境保护措施研究，对妥善处理好人与自然、人与水的关系，不断把连云港市水生态环境保护工作推向新的高度，共同维系人水和谐的水生态环境起到积极作用。

参考文献

[1]江苏省水利厅.江苏省沿海地区区域发展规划水利专项规划. 2008，9.

[2]李德山.资源短缺型社会应该倡导“节水文化”.资源网.2008，10，28.

[3]连云港市水利局.连云港市水资源保护规划报告.2002，10.

新形势下对农村水利建设的思考

徐　荣　高　岗　曹晓娜

摘　要：农村水利是农业的基础，加强农村基础设施建设更是加快新农村建设的关键。新的形势和新的目标对农村水利建设提出了更高的要求，认真分析新形势下农村水利面临的新情况、新问题和新要求，研究探索新形势下农村水利建设思路，对加快我市农村水利持续健康发展，为新农村建设奠定坚实的基础，是农村水利工作亟待研究解决的新课题。笔者对新形势下农村水利建设面临的新形势和新情况，结合连云港市农村水利建设实际，提出几点看法和建议以供参考。

关键词：农村水利　建设　思考

一、农村水利工作面临的新形势和新任务

近年来，党中央、国务院高度重视农业、农村、农民工作，逐年加大了对农业的投入，尤其是农村水利的投入，大力实施安全饮水、农村河道疏浚整治、水土保持、小型农田水利、灌区节水改造等项目。在新形势下如何把有效的项目资金集中整合，科学规划，按流域、按片区整乡、整村推进，逐步改善农业结构产业，对加快我市农村水利持续健康发展，为新农村建设奠定坚实的基础，是农村水利工作亟待研究解决的新课题。

在2013年全国农村水利工作视频会议上的讲话中，李国英副部长明确提出："当前和今后一个时期，农村水利工作的总体要求是：以加强农田水利建设为重点任务，以大力发展节水灌溉为根本措施，以加快集中供水工程建设为主攻方向，以体制机制创新为重要保障，坚持政府主导、群众参与、社会支持相结合，科学规划，加快建设，强化管理，确保'十二五'期间基本解决农村饮水不安全问题、完成大型灌排泵站更新改造任务、小型农田水利重点县基本覆盖农业大县，到2020年基本完成大型灌区、重点中型灌区续建配套与节水改造任务。"面对这样的新形势、新要求，对于我们水利部门来说，这就要求我们把农村水利作为农村基础设施建设的重点任务，也要求我们加快农村水利建设的步伐。

二、新形势下存在的突出问题

第一，农村水利建设的任务越来越重。我市是农业大市，近年来，持续开展大规模的农村水利建设，但也存在着几个问题，突出表现在：一是引排调蓄能力虽有一定提高，但还不能达到大引大排、灌排自如；二是农村河道水质虽有一定的改善，但时好时坏，还没有得到

根本改善；三是面上配套建筑物老化失修严重，效益日益衰减，有的难以正常运行。上述问题存在，与建设现代化水利、农村现代化发展的要求远远不相适应。因此，农村水利建设的任务仍然十分繁重。

第二，农村水利建设的标准越来越高。随着农业结构调整的不断深入，对农村饮水安全、农村河道疏浚、灌区节水改造、小型农田水利工程的建设标准提出了越来越高的要求，这就需要与现代化水利、现代化农业相适应，提高农田灌溉、排涝、降渍水平，也就突出了对农村水利建设的标准要求越来越高的特点。

第三，农村水利建设的难度越来越大。在多种力量的推动下，农村经济社会结构正在发生深刻变化，给农村水利基本建设带来了新的困难和问题。一是收入结构变化，使农民水利建设意愿下降。由于农业比较效益不高，农业收入占农民收入的比重降低，农民开展农村水利建设的积极性减弱。二是人口结构变化，使水利建设力量不足。随着大批农村青壮年劳动力转移就业，农村劳动力老龄化严重，农村水利建设劳力不足的制约更加突出。三是建设方式变化，使水利建设成本提升。过去农村水利建设主要靠农民投工投劳，现在机械施工和物资投入增加。随着农业生产资料价格和劳动工资水平持续上涨，农村水利建设的成本越来越高。四是经济形势变化，使资金压力增大。现在农村水利建设投资大部分来自财政资金，随着经济增速放缓和财政收入增速下降，农村水利建设资金足额到位难度加大，特别是部分地方资金配套压力较大。在这些因素的综合作用下，农田水利建设出现了组织难、投入难、管理难等问题。

三、新形势下开展农村水利工作的对策思考

随着经济社会的迅速发展，现在是旱不得，也淹不起。水利对于保障人民群众的生命财产安全、对于维护社会稳定、促进国民经济和社会各项事业的发展、全面建设小康社会，都具有非常重要的意义。因此我们必须深化思想认识，牢固树立加强农村水利建设的观念。

（一）强化政府行为，不断加大农村水利建设的政策引导力度

多年的治水实践证明：依靠政府行为，是搞好农村水利建设的重要保证；增加水利投入是搞好农村水利建设的关键。进入新的历史时期，面对新的形势，搞好今后的农村水利建设仍然要坚持做到：

1. 强化政府行为，切实加强领导和指导。农村水利建设是一项涉及面广、群众性和政策性都比较强的系统工程。在农村取消“两工”以后，实行一事一议制度，绝不是放任自流，不管不问，而是要进一步搞好组织协调，做好示范引导、技术指导和宏观调控，发动广大群众有效开展农村水利建设。各级政府要切实加强对农村水利工作的统一领导和督促、检查，正确处理好抓农村水利建设与减轻农民负担的关系，正确处理好抓农村水利建设与其他公益基础设施共同发展的关系，正确处理好抓农村水利建设与抓农村其他各项工作的关系。通过各级政府和水利、财政、计划等有关部门的统筹协调、综合调度和科学安排，将农民一家一户办不了、办不好的事想周到、想周全，使他们的愿望变为现实，调动广大干部群众参与的

积极性，扎实有效地开展农村水利建设。

2.加大扶持力度，增加财政资金投入。农业是一个弱质产业，要解决农村水利等农业基础设施建设，离不开各级政府财政的扶持。在我国加入 WTO 以后，随着“两工”逐步取消，各级政府要充分利用“绿箱政策”，把对农业的支持摆在突出位置，制定切实可行的优惠政策，在资金投入上要把对农业的补助逐步转到以农村水利为重点的农业基础设施建设上来，为农业生产创造有利条件；用于农村水利建设的投入要列入各级财政预算，比例要有所提高，并且要确保及时足额到位。

3.研究配套政策，规范“一事一议”制度。农村水利建设面广量大，也不是一劳永逸的，必须通过长期的努力，坚持不懈地抓好，在“两工”取消以后，“一事一议”成为农村水利建设的重要组织和投入形式。各级政府必须加强政策引导，规范“一事一议”办事程序，促进农村水利建设的有序开展。按照“分级负担、分级建设”“分级管理”和“政府引导、民主决策”的原则，引导群众搞好农村水利建设。对于受益范围为一村一组的工程，通过“一事一议”的办法，民主决定，实行“村民自治”；对于跨村、跨乡工程，县、乡政府应发挥“统”的功能，在搞好科学规划的前提下，经县、乡人代会或村民代表大会通过后，将土方任务分解到受益的乡、村，统一组织劳力，或在群众自愿的基础上以资代劳，实行机械化施工，统一组织，突击会战。对于兴修塘库、开挖整修沟渠、小流域治理等工程项目，应当在统一规划的前提下实施，对于受益村组自“推磨转圈、轮流受益”的办法，由乡、村出面组织和协调，或者由村与村自愿结合，开展相互协作，排定实施先后顺序，并做到工完账清，大体平衡。对于当年因灾水毁工程多，灾后恢复生产任务重，抗灾工程而又确需急办的，在征得大多数村民同意的前提下，可超常规动用“两工”和集资，做到当年工程当年受益。

4．建立水利建设基金，保障农村水利建设有稳定的投入渠道。税费改革后，逐步取消统一规定的“两工”，取消原来主要用于农村水利建设的公积金，政策允许的筹劳筹资只能用于村内公益性工程，全市农村水利建设的投入每年将直接减少 1 亿元左右，约占目前投资的 60%。资金缺口的加剧，如不及时加以解决，农村水利工程将进一步老化，效益衰减，直接影响农村经济社会的发展。建立农村水利建设基金，是解决这一资金缺口的有效途径。农村水利建设基金的筹集渠道主要考虑四个方面：一是从防洪保安基金中划出部分资金用于县区农村重点水利基础设施建设；二是利用“绿箱政策”，将政府对农业的补贴，逐步转移到主要用于以跨村、跨乡农田水利工程为重点的水利基础设施建设上；三是在已有的农村水利、水土保持、小型公益性设施建设补助资金的基础上，增加农村水利和水土保持补助资金，用于跨村跨乡骨干工程和节水灌溉工程建设；四是建议按耕地面积征收农田水利工程建设维护费，专项用于跨村农村水利工程建设。通过建立农村水利建设基金，可以保证稳固的农村水利建设投入，保持稳定的农村水利建设发展态势。

5．正确引导，充分发挥农民的投劳主体作用。农村税费改革的最终目的，是减轻农民负担，增加农民收入，富裕农民。但这并不意味着就不兴修农村水利，农民投劳搞农村水利建设，是一种生产性投入，就像购买化肥、农药、种子一样，是农民改善自身生产条件的必要手段。相反，如果农民长期不投工兴修水利，一旦遇到大的自然灾害，受损失的还是农民自己。为此，各级政府还要加强正确引导，调动农民群众投劳建设农村水利的积极性。

（二）认真调查研究，制定科学合理的农村水利建设规划

农村水利的建设成效，在很大程度上取决于规划的质量。一个好的规划，可以为政府提供正确的决策依据，付诸实施后也能充分发挥工程效益。面对新形势，必须围绕农村经济发展目标，按照分类指导、分区治理的原则，进一步修订切实可行的农村水利建设规划，以指导新形势下的农村水利建设。

1. 巩固完善农业区基础设施。我市是农业大市，农业生产在我市的经济发展中举足轻重，以水利为重点的农业基础设施建设只能加强，不能削弱。多年的实践证明，农田水利建设八条标准，符合我市实情，能满足农田水利建设要求，这个标准不能丢。各地要根据这一标准，认真进一步搞好农业区农田水利建设规划。各地要分清情况，对农田水利工程体系已基本形成的地区，要按标准进行恢复整治和完善提高；对工程体系尚未完全形成的一些地区，要按八条标准进行全面规划，完善水系，综合治理。

2. 调整优化调整区工程布局。为促进农村发展的根本性转变，我市农业结构的战略性调整步伐不断加快，农业种植结构发生了很大变化，蔬菜、林果等经济作物大面积扩增。各地要围绕这一形势发展要求，根据作物排灌要求，制定标准，搞好调整区农田水利建设规划，以适应农业结构调整需要。在实施上，在完善大水利设施的前提下，着力发展先进的灌、排、喷灌、滴灌等技术，综合整治，促进高效农业、节水农业、生态农业的发展。

3. 突出抓好城镇区防洪排涝。农村集镇化建设和开发区、工业园区的兴起，对农村水务一体化建设提出了新的要求。各地农村水利建设必须适应这一要求，将城镇区防洪保安、水资源供给、水污染防治等作为规划重要内容，加以补充和完善。

（三）深化各项改革，积极创新农村水利建设的管理体制和运行机制

农村水利是农村和农业的重要基础设施，大多为公益性工程。要保持农村水利持续发展，必须适应新形势发展的要求，贯彻落实《省政府办公厅关于加快小型水利工程产权制度改革的意见》《省政府关于进一步促进社会投资增长的意见》精神，加大农村水利改革力度，积极创新农村水利建设的管理体制和运行机制。

一是积极引导社会各界和农民向农村水利投入。鼓励其以合资、独资、股份合作等多种形式兴办小型水利工程，实行自建自管自受益。

二是加快农村水价改革，尽快建立合理的水价形成机制。在明确农村水利工程服务性质，划分工程甲乙类的基础上，确定合理水价，运用价格杠杆，逐步使经营性的农村水利工程走上自我维持、自我发展的轨道。对于因政策导致水价不能到位的，应明确由财政给予补偿。

三是采用多种形式积极深化小型农田水利工程产权制度改革。通过承包、租赁、拍卖、股份制及股份合作制等方式，明晰所有权，搞活经营权，放开建设权，盘活存量资产，调动

农民群众及社会各界兴修小型水利工程的积极性，减轻农民的负担。

四是逐步深化灌区改革，降低成本，减员增效，提高效益。各类灌区都将以管理体制改革创新为突破口，建立起规范、有序、高效的管理体系，建立优化配置、调度灵活的供水体系，建立合理的水价形成机制，确保工程充分发挥效益。大、中型灌区逐步建立供水公司加农民用水者协会的管理模式，按照政府调控、农民参与。民主协商、市场运作的方式管理，充分发挥农民用水管水的积极性。

五是加强乡镇水利服务体系建设。乡镇水利（水务）站是搞好农村水利建设最基层的队伍，担负着农村水利的规划、防汛抗旱、工程建设和管理、水资源调度和水政执法等职能。按照省政府“双重领导，以条为主”的要求，加强乡镇水利站基础设施建设，理顺管理体制，明确人员经费渠道加强人员培训，促进水利站人员素质的提高和服务手段的完善。同时，深化水利站内部改革，实行事企分开，建立起“网络健全、机制灵活、高效精干、功能齐全”基层水利组织，适应社会主义市场经济的要求，提高为农村和农民服务的水平。

浅析赣榆县节水灌溉中存在的问题及改进措施

相晓玲

摘　要：水资源作为生态与环境的基本要素，加强水资源管理，科学配置，节约用水已经到了刻不容缓的地步。节水灌溉技术的使用与发展具有重大的现实意义，土地利用率得到提高，使农业耕作技术和种植结构发生重大改变，使水资源得到最大程度的运用。浅要分析节水灌溉中存在的问题及改进措施。

关键词：节水灌溉　存在问题　改进措施

赣榆县地处江苏省东北部，是农业大县，农业生产基础较好，尤其是近年来农村产业的调整，农业生产水平的不断提高，全县农业总产值占地区生产总值比重较大。境内资源丰富，土地肥沃，素有“三山一水七分田”之称。水资源作为生态与环境的基本要素，随着经济社会的迅速发展，水资源已经成为经济社会发展的重要制约因素。加强水资源管理，科学配置，节约用水已经到了刻不容缓的地步。节水灌溉技术的使用与发展具有重大的现实意义，这种技术以农作物在不同生长阶段的需水量为依据，采取科学合理的灌溉，做到适量、适时灌溉，做到有效用水；通过畦埂和渠道的节省，来扩大农作物种植用地面积，土地利用率得到提高，农业耕作技术和种植结构发生重大的改变，水资源得到最大程度的利用。

一、节水灌溉过程中存在一定的问题

1.缺乏健全的法规政策

虽然，近年来我国大力推动节能减排，出台了一系列的包括节水在内的节能条例，但政策扶持力度不够，优惠措施不到位，不利于节水灌溉工作的实施。另外，农村水价过低，灌溉管理单位收取的水费入不敷出，水利工程难以维修更新，工程老化失修、带病运行，效益日趋下降。统一水市场的形成难度较大，没有有效的手段来进行调节和改变。总体来看，中国在节水法规的建设方面还存在着很大的欠缺，节水法规需要进一步完善。

2.缺乏有力的节水观念

一直以来，农村都维持着 “有河就有水，挖井就有水”，“一条土渠一把掀，开个豁子随便浇”的传统灌溉模式，由于这种传统灌溉意识已经在老百姓心里根深蒂固，使农业节水灌溉技术的普及和运用变得非常困难。即使有部分节水工程，但因为缺乏妥善管理，没有发挥出节水灌溉工程应有的作用，导致节水的效果收效甚微。农民缺乏节水观念，节水意识淡薄，没有意识到水资源危机和水资源缺乏的现状。

3. 缺乏有效的管理模式

重建设、轻管理仍然是长期以来没有解决的问题。因为节水灌溉工程的技术方法种类繁多，形式多样， 管理过程中缺乏统一规划，出现了地方各自为政、多头治水、权责不明、政企不分的弊端。使节水灌溉工程应该有的经济效益没有很好的得以实现，严重影响了节水灌溉的推广。

4. 缺乏充足的技术支持

节水灌溉工程对技术有着很高的要求，为了使节水灌溉工程能够顺利进行，需要相关的技术来支持，特别是在其运行的后期，更需要对相关的技术培训来为节水灌溉工程提供技术服务。在实际的节水灌溉工程运行中，节水设备配套性差，常常由于缺乏有关的技术培训以及技术支持，农民不易掌握，服务体系又不健全，因此抑制了农民购置新设备的积极性。使节水灌溉工程应该有的功能得不到充分的发挥，技术得不到推广。

5. 缺乏统筹规划，存在着局限性

节水灌溉工程具有规模大、投资大等特征，节水灌溉工程的一次性投资较大，对于规模化了的土地种植非常合适。但因为绝大部分农村地区依然一家一户各管各的模式，工作都由农民自主安排，所以要统一种植结构难度很大，统一浇水也不易实行，统一施肥，统一播种等方面也存在着不一致，这些都是导致纠纷和矛盾产生的因素。在这种情况下，要全面的普及和运用节水灌溉技术，实在是困难重重。

二、针对节水灌溉存在问题的改进措施

1. 加强宣传力度，树立节水意识

首先，要加强宣传力度。在群众中建立起水资源有限和水危机的意识，变被动接受为主动节水。例如：在“世界水日”和“中国水周”日可以组织相关技术人员，在各个镇以及农村设点举办一些具有针对性的宣传活动，来增强人民群众的节水意识，形成“谁收益，谁补偿”的用水氛围，带动农民群众节水的主动性，改变“取之不尽用之不竭”的传统观念，认识到赣榆县是一个水资源丰富，但存在水资源分布不均衡，用水制度不科学的现象。其次，要建立健全节水法规制度。必须进行水价的变革和水权的认定，通过水市场的建立，形成良好的用水习惯和有效合理的补偿机制，建立健全节水灌溉的法规制度，“以水养水”， 通过降低管理成本，提高节水效益，达到节水的良性循环。从而更加有效地利用水资源，促进节水灌溉工程的推广，达到节水的目的。

2. 加强国家投入为主，地方优先推广

节水灌溉是以社会效益及生态环境效益的改善为目标的工程。虽然赣榆县农民的收入水平有了很大的提高，但对于节水灌溉这种需要巨大投资的工程，如果要求农民自己进行投资来改变灌溉方式是很不切实际的，特别是从现阶段来看，水资源缺乏，需发展大规模的节水

灌溉，还应以争取国家投资为主，地方群众自筹一部分，推广节水灌溉，达到节水目的。灌溉条件差的地区，通常粮食产量较低，灌溉模式较落后，应优先在这些地区推广节水灌溉技术，有效利用这些地区不太充足的水资源来使农业产量提高，让农民增产又增收，从而成为区域内的示范工程，起到带头作用。

3.加强节水灌溉技术的创新研究

赣榆县 90%以上的灌溉面积依然采用传统的地面灌溉技术，水利设施先天性不足，配套不完善，渠系水利用系数较低，造成水资源浪费。 鉴于县内水资源与能源短缺，经济实力不足，大面积推广喷、微灌、滴灌等先进灌水技术受到很大的限制，我们应积极组织调动有限的技术力量来为有关节水灌溉技术的研究服务，采用新技术、新材料、新工艺，使用低成本、高环保、物美价廉的节水灌溉设备，建立完善的节水灌溉技术体系。充分利用地表水与地下水联合调度技术、灌溉回归水利用技术、多水源综合利用技术等一系列灌溉水资源优化调配技术，合理调配有限的水资源，循环利用。采用先进的渠道防渗技术、管道输水技术、喷灌技术、微灌技术，改进地面灌溉技术，减少输配水过程的跑漏损失和田间灌水过程的深层渗漏损失，提高灌溉效率。加强学习，与时俱进，培养人才，积极推动节水灌溉技术的创新研究，为农业灌溉进行技术服务。

4.加强统筹安排，因地制宜

赣榆县地域广阔，地形多样，作物种类繁多，农作物种植以水稻、小麦为主，兼种花生、玉米、大麦、豆类、蔬菜等。因此，发展节水灌溉从当地的实际出发，在充分考虑当地自然经济条件的基础上，因地制宜地选取各种适宜的节水灌溉技术和模式，特别对于西北部丘陵山区，把节水灌溉放在首位，以解决水资源紧缺的问题。以当地实际为依据，对技术资源，自然资源进行全面分析和综合论证，以此为基础，选择合适的节水灌溉模式和技术，来发展节水灌溉措施，力求做到统筹安排。

赣榆县农业资源丰富，农业节水灌溉前景广阔，潜力巨大，节水灌溉工程推广，任重而道远。通过节水灌溉的逐步推广使用，节约用水，实现水资源的科学开发，形成水资源的可持续利用，为赣榆县的水利现代化建设做出贡献。

参考文献

[1] 杨丽丰，何宏谋，梁志勇，等． 西北内陆河灌区节水灌溉模式及节水效果分析． 人民黄河，2007（11）：66－67.

[2] 许迪，李益农． 精细地面灌溉技术体系及其研究的进展． 水利学报，2007（5）：529－533.

[3] 杨静，王玉萍，王群，等． 非充分灌溉的研究进展及展望． 安徽农业科学，2008.

[4] 缴锡云 ．依靠新的理论技术推动节水灌溉研究的突破[J]．河北工程技术高等专科学校学报，2003，(1)：1—4.

[5] 陈芝键 ． 水利工程灌区节水技术思考[J]． 水利科技与经济 ，2008，14(5)：404—405.

发挥水利优势建设节水型农业新体系

孙亚东　吕福宁

摘　要：享誉“百库之县”的东海县境内拥有大中型河流12条，大中小型水库66座，其中库容量达5亿立方米的石梁河水库为江苏省最大的人工湖，近年来东海县利用水利优势，进行节水型社会建设，取得了丰硕的成果，在总用水量不变的情况下，形成了全国知名的草莓、花卉、大米等农产品基地，发挥水利优势建设节水型农业新体系，为东海县特色农业的持续稳步发展提供了基本保证。

关键词：水资源　农田水利　节水型社会　水利建设

一、前言

1. 水资源分部概况

东海县位于江苏省东北部，地形可以说类似全国的地形，地势西高东低，全县地貌形态为低山、丘陵、岗地、平原四种。全年降雨量大部分集中在夏季，5～9月降雨量一般占全年降雨量的76%。年平均降雨量为886.9mm，年平均蒸发量为915.8mm，水资源除了在时间上分配不均匀外，在空间上分布也很不均衡：县西北部以低山丘陵为主，水源奇缺；东南部滨临黄海，地势低洼，即便是旱年当地群众也怕涝，东海县在历史上水旱灾害频繁发生。

2. 水资源供给情况

东海县当地地表水资源主要由大气降水补给，据统计年系列计算结果显示，当地年均地表径流深为256.1mm，年均水资源量为5.76亿m^3。全县多年平均地下水资源量为25245m^3，其中矿化度≦2g/1的为24953m^3。东海县农业的持续的发展不仅依赖当地水资源，也依赖外来水资源，地处淮河流域沂沭泗河下游的东海县，外来水资源主要来自淮、沭两大水系，由于东海县处在淮水和沭水的供给末梢，保证率很低，又加上与山东边界的纠纷，经常受到干旱的困扰。

3. 水利设施特色

东海县通过50多年因地制宜的治水，形成了独特的蓄水、灌溉、泄洪体系，提出了高水高排、洼地抽排、长藤结瓜的治水思路。

东海县从西向东、由南至北由石梁河水库、大石埠水库、西双湖水库、安峰山水库等66座水库组成一整套的长藤结瓜防洪、防涝、灌溉及农业用水等具有东海特色新水利系统，利用现有的水利优势，建设节水型社会才能在总用水量不变的条件下为东海县农业的持续发展提供用水的保证。

4. 节水型社会的产生

由于经济社会的发展，废污水排放量不断增加，河道水库、地下水体均已受到不同程度的污染。经过东海县城的石安河、鲁兰河等河流水质均劣于其水质功能类标准，全年期河道总体超标率达 15.5%。东海县存在水质性缺水的隐患，水资源供给压力较大，建设节水型社会是持续发展东海县农业的根本保证。

二、节水型社会建设的理论及应用

1. 节水型社会建设基本理论

（1）节水型社会内涵

节水即节约用水，是指在合理的生产力布局与生产组织的前提下，为实现一定的社会经济目标，通过采取多种措施，对有限的水资源进行合理分配与优化利用。节水型社会的概念是从节约用水中延伸过来的，它要求人们在生活和生产过程中，在水资源开发利用的各个环节，通过政府调控、市场引导、公众参与，以完备的管理体制、运行机制和法制体系为保障，运用制度管理，建立与水资源承载能力相适应的经济结构体系，实现用水高效和生态良好，促进经济社会的可持续发展。

（2）节水型社会指导思想

节水型社会的建设必须以邓小平理论、“三个代表”重要思想、科学发展观为指导，坚持“以人为本，人水和谐”的理念。按照完善社会主义市场经济体制的要求，改革水资源管理体制，建立政府调控、市场引导、公众参与的水资源管理制度，形成自上而下的全民参与的，把节水工作贯穿于经济发展和群众生产生活全过程的指导思想。

（3）节水型社会核心

从传统的用水粗放型社会走向节水型社会，本质上是从浪费水的旧体制转向高效用水的新体制，节水型社会的本质特征是建立以水权、水市场理论为基础的水资源管理体制，形成以经济手段为主的节水机制，不断提高水资源的利用效率和效益，促进经济、资源、环境协调发展，核心是通过规范的节水制度建设，降低水治理的各种成本。

2. 节水型社会理念更新

（1）水资源管理模式的更新

原有的水资源管理模式为：以政府为主导，以“工程水利”为指导；管理方式以“供给管理”“分割管理”为主；管理主体权力分散化现象比较明显，产权权限范围、水资源管理处置权设置有所重叠。

2000 年，东海县水利局经东海县机构编制委员会批复被调整为水务局，东海县水资源及其节水工作实现了统一管理，对城市防洪、河道管理、城镇供水、排水、污水处理、中水回用等采用统一管理、明确其水资源管理的权力范围。

（2）水资源管理方法的更新

2002年，东海县开始实施计划用水管理，促进了合理用水与科学用水。东海县节水建设前绝大部分灌区的农业用水和农村水利工程管理维护主要以政府及水利部门为主，农民基本没有参与。随着农村小型水利设施老化失修严重，工程维护困难，农民用水矛盾越来越突出。为在农村建立节水型社会，2005年成立农民用水者协会。协会以为用水户提供灌溉服务为宗旨，在供水用水过程中，坚持“先近后远”“先高后低”的灌溉方式来提高水的利用率，降低用水成本。紧密新型的灌区管理体制保障了农户用水安全及用水透明，农田在得到充分灌溉的同时也节约了开支。由于水价透明、用水及时，灌区彼时水费收缴率达到100%。水的综合利用率达到90%以上，用水成本由原来0.058元/m^3，降低到0.032元/m^3，每立方水节约成本0.026元。

3. 农业节水型社会的建设

作为农业大县，农业生产用水占东海县水资源利用总量的比例最高，为此，东海县下大力气做足做好农业节水工作。改过去的自流灌溉为定时定量灌溉，变漫灌长流为节灌细流，并对不同地区实行分类指导，因地制宜采取相应措施。在用水量较大的张湾等乡村推广U型渠和防渗渠减少水源渗漏与流失，并在沿河陆续兴建多处取水站点，引用上游过境水．利用河渠塘坝蓄积外来水与自然降水。截至2007年初，东海县已陆续建成U型渠、水泥护坡防渗渠达300多公里；在牛山、驼峰等乡镇重点推广喷灌、渗灌、滴灌、微灌等节水措施，建立节水示范园，试验示范和推广应用喷灌、滴灌、渗灌等多项节水灌溉技术。

西部丘陵岗地以水源工程为主，增加蓄水能力，在丰水区多打大口井，开发浅层地下水，使地面水、土壤水、地下水得到合理的调控与应用。

在农业种植结构调整上，缩减了西部严重缺水区的水稻作物，在西部丘陵岗地因地制宜地改变了田旱地的比例，进一步加大投入耗水少附加值高的经济作物生产，东海县粮经比由2007年的84.7:15.3调整为2008年的82.0:18.0，截至2009年，东海县粮经比达80.7:18.3。耗水大的粮食作物构成比重整体下降了3个百分点，东海县农业产业布局朝目标比例发展趋势显著。依据2007～2009年粮经比例变化趋势强度看来，2010年东海县粮经比例变化为78.7:21.3，粮食作物比重下降7.1个百分点，节约农业用水达3000万m^3。作物比重下降7.1个百分点，节约农业用水达3000万m^3。

三、东海县节水型社会建设的经验

东海县近年来的节水型社会建设走了不少弯路，取得了如下的经验：

1. 宏观方面

一是强化水资源统一管理，建立高效协调的水资源开发和节约保护管理体制，健全总量控制、定额管理的用水制度，完善供水价格形成机制；二是要创新投入机制，加大节水投入，加快农业节水设施建设，提高水资源利用效率，增强水环境承载能力；三是要加强节约用水宣传工作，在全社会营造珍惜水、节约水、保护水的良好氛围。

2. 实施细节方面

（1）因地制宜搞好节水工作

西部丘陵岗地以水源工程为主，利用龙梁河的等高截流作用，拦蓄汛期径流，在不受涝的情况下，减少水量下泄，充分利用小水库和塘坝蓄水，开展雨水集蓄利用技术的研究，增加蓄水能力。

中东部的平原区和圩区，在现有工程措施的基础上，进一步采取各种形式的防渗措施，对区内的大、中型灌区进行节水改造，增建分水节制闸拦截回归水，增做防渗渠道，提高建筑物配套率。2010 年灌溉水利用系数达到 0.55，2020 年达到 0.60，减小水资源的浪费。

水稻灌溉推广浅湿调控、旱育秧技术，旱作物采用地膜覆盖技术和耐旱品种，大力发展喷、滴灌工程和节水灌溉示范区，推广低压管道灌溉技术，减小亩定额用水。

建立起水资源的科学管理体系，实行农业用水的统一管理和科学配置。中东部的大、中型灌区，推进灌区管理体制的改革，逐步实行计量供水，按方收费。西部井灌区水源工程改制，实现工程建设的良性循环。加强重点经济林果作物的喷、微灌工程支持集团经营，实现规模效益。

（2）以供定需，调整产业结构

坚持以供定需，调整产业结构。在稳定粮食生产的前提下，大力发展经济作物。减少高耗水的作物种植面积。东海县的粮经比目前为 6.5:3.5，到 2010 年，达到 6:4，西部地区以发展林果业为主，中东部地区大力发展蔬菜、瓜果产业。

（3）完善节水机制

东海县通过完善节水型社会水管理体系，包括建立水源-供水-排水-污水处理-回用的水资源管理体制、灌区新型管理体制与完善的节水机构，为东海县节水型社会建设试点并获得长效发展提供组织保障；制定有关地下水资源、污水排放口、水资源费等方面的法律法规、行政规章及规范性文件为各业节水的具体实施、监督考核提供法律依据和基础；建立政府主导机制、市场调节机制、公众参与机制有机结合的运行机制；建立包括地表水、地下水自动节水管理监测系统和排污检测系统等管理信息系统，以节水型灌区和节水示范项目为重要把手，全面发展节水型农业。 通过管理措施、经济措施、工程技术措施、宣传教育措施多管齐下，东海县节水型社会建设在提高水资源利用效率与效益、改善水生态与环境以促进东海县区域经济社会可持续发展方面获得显著成效，为初步建立起节水型社会，推动远期节水型社会长效发展奠定基础。开展“节水型灌区”“节水技改”“重点节水项目”的考评活动，奖励节水先进个人和单位，推动了全社会节水意识的提高。

东海县因地制宜充分发挥水利优势，建设节水型农业新体系，在节水方面通过加大已建节水工程的管理力度，合理调整农业生产布局、作物种植组成以及农、林、牧、渔业用水结构，引入市场机制，建设多元化投资体系，不断完善用水管理机制，加大制度创新力度，形成了低效用水的约束机制和高效用水的激励机制，实现了高效农业、生态农业和外向型农业的发展局势，形成了自己的农业品牌，建成了全省最大的草莓、鲜切花农产业基地，形成了黄川草莓，双店、山左口花卉，桃林、白塔蔬菜，洪庄辣椒，驼峰甜瓜，石榴时令蔬菜等特色明显的农产品生产基地，现代化高实用的节水工程为东海县农业持续发展提供了基本保证。

东海县水利建设探索与实践

朱守峰

摘　要：随着城市化进程的加快，国家对小城市及县城的城市防洪、供水、水环境与水生态建设统筹兼顾，综合治理工作也提出了更高的要求。阐述了江苏省东海县水利建设中存在的问题，探索建立多元化、多渠道、多层次的城市水利投、融资体系，逐步改善县城水利建设环境，促进城市化健康持续有效发展的实践过程。

关键词：水利　景观建设　雨污分流　生态优先

一、东海县治理前状况

1.基本设施

东海县县城区内主要水利工程设施包括：西双湖、郑庄、英疃3座水库及玉带河、石安河两条河流。

西双湖水库位于县城西部，为中型水库，总库容1760万m^3，其中，防洪库容625万m^3，兴利库容1211万m^3，设计洪水标准50a一遇，校核洪水标准1000a一遇。该库有两个泄洪道，即：①南泄洪道横穿城区南北，洪水下泄经张谷水库进入安峰山水库，泄洪流量100s/m^3；②东泄洪道（又名玉带河）纵贯城区东西，全长4.5km，连接了郑庄、英疃两座小型水库（库容分别为40万m^3和50万m^3），泄洪流量27s/m^3。

石安河位于城区北部，河底宽50m，城区大部分排水进入石安河。

2.存在问题

（1）工程老化失修

西双湖、郑庄、英疃3座水库加固前均为病险水库，始建于20世纪50—60年代，工程老化失修，防洪蓄水标准低，大坝渗水，护坡坍塌，建筑物混凝土碳化、裂缝，机电设备老化，防汛路况差，管理设施简陋，严重影响安全运行。

（2）缺乏统筹兼顾规划

西双湖水库是一座以防洪、灌溉、城镇工业和民用供水为主，结合水产养殖等综合利用的中型水库，库底高于县城地面，犹如城市头顶一盆水。玉带河（含郑庄、英疃两座小型水库）承担防洪、灌溉、排污及水源保护等功能，贯穿县城东西，犹如城市腰缠一条河。主要问题是在水库兴建时较多考虑农田灌溉，使整个县城都处在水库淹没范围内，汛期如遇超标准洪水，水库出险的可能性大；水库四周围堤，造价大。建设时期缺乏统筹兼顾考虑水库安全、经济、适用的原则。

（3）水污染严重

治理前，县城 15 万居民生活及工业污水大多直接排入玉带河（含郑庄、英疃两座小型水库）内，排污量 12000t/d。由于缺乏完整的排污系统，城区及周边环境遭到严重污染，生态环境失去平衡。

二、东海县水利发展滞后的因素

1.认识滞后，重视不够

过去重点的水利工程投入都在农村，忽视对城市水利的投入和建设。水利局管农村，即为“农村水利局”。大量的骨干、重点水利投入都用于农田水利建设，城市水利投入是一个薄弱环节，造成了城市水利发展滞后，水生态环境脆弱现象。

2.多头管水，政出多门

在计划经济管理模式下，政府部门之间的职能存在一定程度的交叉和重复，责任不清，弊端甚多。由于是政府部门多头管理，城市水管理状况出现了“多龙管水，政出多门”的情况。防洪、灌溉、供水与治污分离，形成了“水利局管源水但不管供水；建设局管供水但不管排水；水利局管排水但不管治污；环保局管治污但不管回用”的现象。

3.缺乏水危机感

过去县城建设发展落后，县城存在的供水、治污、防洪等突出问题没有显现。伴随着城市化进程的加快，围绕着以城市为中心的供水、排水、水环境保护与防洪排涝问题日益突出。自 20 世纪 80~90 年代，东海县城农业灌溉与工业居民争水的矛盾凸显，加之县城临时供水水源地石安河又遭到严重污染，并呈逐步加重的趋向才引起政府高度重视。

三、建设对策与实践

1.突出以人为本的理念

城市水利工作突出以人为本的理念，就是在提高生产力，促进经济发展的同时，注重城市水生态系统保护、水环境、水文化、水景观等多种功能的建设，把确保城市水面积率、湿地面积率、绿地率作为城市规划的重要控制指标，适应人发群众不断增长的精神需求和建设宜居城市和水生态城市的需要。以人为本就是要精心打造城水相连、城在绿中、人在景中的生态城市。

近几年来，全县以加强水景观、水文化建设为工作思路，做到加固一项工程，建设一处景点，逐步推进我县的城市化建设。

从 2005 年我县开始重点进行城市景观建设，对占地 8.1km^2的西双湖（其中水面积达到 337 hm^2）实施生态景观建设，绿地率达 30%以上。兴建了水晶广场、水晶观光塔、湖滨公园、湿地群岛生态园、水上游乐中心等工程项目。该项目围绕打造苏北一流的风景区，水上运动竞技区，园林花卉观赏区等功能区。目前西双湖风景区及新城区已基本建成，已形成蓝天、碧水、美居为一体、自然和谐的风景线。

玉带河改造工程（含郑庄、英疃水库）在完善水利工程设施建设的基础上，在设计上强调人性化的理念，做到人为景生情，景为人增色，绿地率达30%以上。

结合城市水系整治，实施雨污分流（建污水处理厂实行污水统一收集），清淤保洁，岩线整治，景观营造（建广场、休息亭、码头、栈桥等），环境美化（植树、栽花、种草），基本达到河畅、水清、岸绿、路通、景美，适合人们休闲、散步、生活工作理想的人居环境。这种以人为本、科学发展、生态优先的治河理念适应人民群众不断增长的精神需求。

2. 实现科学规划的目标

全县“十二五”水利及城市建设规划，综合全面制定了城市防洪、供水水源、水系整治、排水、水景观、节约用水及再生水利用、水资源保护、污水处理规划等[1]。

到 2020 年，县城水利工程基本达到国家规定的防洪标准，水资源供给能力与城市发展相适应，水功能区水质全面达标，水生态状况和水环境质量得到一定的改善，实现人水和谐，环境优美的目标。

3. 建立多渠道投入机制

多年来全县城市防洪工程设施老化，城市供水（原临时水源地在石安河）水质得不到保证，水生态环境治理落后等状况，致使城市水利基础设施建设严重滞后于城市发展的现状。

2004 年全县抓住国家对水利建设工作加大投入契机[2]，对县城西双湖中型病险水库进行安全鉴定及初步设计任务书的编制。2006 年批复总概算 4300 万元。2007 年全面完成了加固任务，城市防洪安全得到了保障。西双湖景观建设，实行招商引资，共投入 2 亿多元。

玉带河（含郑庄、英疃两座水库）先期治理长度 3.6km，2005 年实现招商引资及上级投入 5000 多万，对该河道进行全面治理。大坝加固，河岸护砌，建闸筑坝，修桥铺路，美化亮化，植树种草，治污回用等工程措施和生态措施来改善城市大气候。

1993 年县自来水公司划归水利部门管理。1994 年水利局在原一水厂供水能力 1.3 万立方米的基础上，建设第二自来水厂，总规模 5 万立方米。1996 年政府投资 765 万元，利用银行贷款 1530 万元，先期完成了 2.5 万立方米规模供水能力。2010 年利用银行贷款 4000 多万元建设完成 2.5 万立方米规模供水能力，至此二水厂的供水能力达到了设计 5 万立方米规模。

2004 年将县城的供水从西双湖移至淮沭新河，引用长江水源，基本保证了水质要求。同时，将西双湖、横沟两座水库作为县城供水备用水源地，并加强水源地保护，建立和完善水量、水质监测体系，建设战略储备水源和应急备用水源，基本保障居民生活饮水安全。

2004 年县城治污工程经过充分论证，统一规划，科学设计，分期实施。委托北京中联环工程股份有限公司编制了《东海县污水处理工程可行性研究报告》利用 BOT 方式引进资金，[3] 规划投入 6000 万元建设 6 万立方米的污水处理厂，先期于 2006 年已建设完成了 2 万立方米的污水处理厂，投入 2000 多万元。考虑到污水尾水排放问题，县政府利用银行贷款及政府投入资金共 1.42 亿元，实施完成了 58.2km 的尾水排污通道工程。

4.建立长效管理体系

市场经济需要决定了水务体制发生了变化。2000 年东海县水利局更名为水务局，成为水务一体化改革试点单位[4]。实现了防洪、灌溉、供水、用水、节水、排水、污水处理及回用一体化管理。

水务职能统一到一个部门进行管理，真正实现了一龙治水、一龙管水局面。县城水利管理单位的管理职能和分工更加明确，防洪、灌溉由公益性的水库管理所管理；供水由经营性的企业单位自来水公司管理；地表水、地下水水资源由专门水资源管理部门进行管理；污水处理由 BOT 方式引资来的经营性专业机构进行管理；水利生态系统、水文化、水景观由水管所和政府有关部门指导相结合的管理模式进行管理。

结语

在国家城市化进程快速发展的新形势下，东海县县城发展总体规划结构中，其中就有两个中心轴是围绕县城水利工程玉带河、西双湖滨河旅游轴规划建设的。

今后在投入方面，全县将继续利用好国家重点水利项目投入资金、地方财政、土地出让部分资金、引进外资等多种渠道加大对水利工程的投入，使城市水利设施在目前建设的基础上进一步得到巩固、发展。

在管理方面，实行行业管理和地方政府有关部门行政指导相结合管理模式，使县城水利建设实现社会效益、经济效益、民生效益等诸多功能有机地统一，大大改善当地自然生态环境、促进经济社会可持续发展。

参考文献

[1]中华人民共和国水利部水资源司.关于加强城市水利工作的若干意见[S].北京:中华人民共和国水利部水资源司,2006.

[2]李创业,谢有梅.民和县水利发展存在的问题及对策[J].现代农业科技,2009(18):216-217.

[3]北京中联环工程股份有限公司.东海县污水处理工程可行性研究报告[R].北京:北京中联环工程股份有限公司,2004.

[4]中华人民共和国水利部水资源司.关于印发深化水务管理体制改革指导意见的通知[S].北京:中华人民共和国水利部水资源司.2005.

灌云县水利现代化建设的实践与思考

陈 瑜 徐美生

灌云县地处沂沭泗流域最下游，南有洪水威胁、北有高水过境，东有海潮顶托，西有岗岭，中有洼地。特殊的地理位置和自然条件，决定了水利在保障群众生命财产安全、改善人民生产生活条件、维护健康生态环境等方面不可或缺的地位和作用，实现水利现代化成为促进经济社会持续发展面临的一项紧迫的任务。

一、水利基础设施建设主要措施和成效

在过去的几十年中尤其是近年来，在省、市水利部门的大力支持下，我县深入贯彻落实中央、省市委“一号文件”精神，主动抢抓国家加强水利基础设施建设的战略机遇，突出水安全、水资源、水环境“三水统筹”发展，相继实施完成一大批助推发展、惠及民生的水利工程设施，不断健全和完善了水利工程体系，为推进水利现代化奠定了坚实基础。

（一）形成了较为稳固的防洪工程体系。建国初期实施的“导沂整沭”工程，修筑新沂河堤防 68.6 公里，结束了洪水漫溢灌云大地 800 年的历史。后经多次整治，特别是“十一五”期间，投入资金 5.5 亿元之巨，实施完成了新沂河 50 年一遇整治工程，使新沂河行洪流量由建国初期的3500立方米每秒、上世纪90年代的6000立方米每秒，提升到现在的7800立方米每秒，防洪标准由 20 年一遇提高到了 50 年一遇，实现了从“惧怕洪水”到 “控制洪水”的转变。

（二）形成了保证发展的挡潮工程体系。灌云县境内海岸线南起灌河口北至埒子口，现有主海堤 32 公里。“十一五”期间，投入资金 1.64 亿元，经过两年多时间的建设施工，使我县境内沿海堤防实现全线达标升级，具备抗御50年一遇高潮位加10级风浪爬高的能力，成功抗御了麦莎、格美、珊珊、韦帕等强热带风暴的侵袭，有力地助推了临港工业经济和沿海乡镇农村经济的快速发展。

（三）形成了合乎县情的除涝工程体系。开挖和疏浚整治县级骨干河道 16 条；建成灌河口、埒子口和烧香河口 3 个排涝口门；兴建节制闸、套闸 15 座；开挖、疏浚大沟 209 条，中沟 874 条，小沟 8357 条；兴建小沟级以上配套建筑物近 2 万座、排涝站 129 座；建成叮当河、官沟河水位梯级控制工程，实施科学调度排水。近几年组织实施的牛墩界圩河、五图河、五灌河、叮当河等中小河流治理工程，恢复提高了河网水系引排调蓄能力，使骨干河道排涝标准上升到了一个全新的高度。

（四）形成了不断完善的灌溉工程体系。全县兴建电力灌溉站 1048 座，灌排结合站 90 座，修筑桥闸涵等农田水利配套建筑物 1.5 万座、各级渠道 4322 千米，形成了较为完善的提水灌溉系统，有效灌溉面积达 6.64 万公顷。近几年组织实施的小型农田水利重点县工程、农资综合补贴旱改水工程，进一步完善了农田水利配套，有效地弥补了农田水利薄弱环节，有力地促进了全县农业增效、粮食增产、农民增收和农村发展，使全国棉花生产百强县、全国商品粮生产基地县、全国旋耕机之都的荣誉称号得以巩固和加强。

（五）形成了相对可靠的水源工程体系。灌云县境内无稳定水源，60%以上的生产生活用水需要调引江淮水补给。在不断巩固和完善叮当河、盐河两个重要引水口门的基础上，近年来投入资金近 4 亿元，以新沂河北堤涵洞、东门河节制闸、车轴河节制闸、界圩河节制闸等新建工程为主体，在我县境内开辟了一条“江水北调”新的水源通道，进一步强化了水源安全保障。

（六）形成了布局合理的农饮工程体系。把实施农村饮水安全工程作为建设宜居城乡和改善民生的重要举措，全面推进以农村供水城市化、城乡供水一体化为目标的饮水安全工程建设，兴建适度规模的跨村镇联片集中供水工程，采取管道接长、加密分布等措施，不断扩大供水覆盖面。从 2008 年实施农村改水以来，累计投入工程建设资金 1.8 亿元，以地表水为供水水源，新建水厂 9 座、区域供水 4 处、铺设管道 3590 公里，使 12 个乡镇 145 个行政村近 40 万人口摆脱高氟水、苦咸水、污染水的困扰。

凭借日臻完善的防洪、挡潮、排涝、灌溉、降渍、供水等多功能的水利工程体系，较好地解决了“水多、水少、水脏”问题，并在抗御各种自然灾害过程中发挥了重要作用，为全县经济社会发展和沿海开发战略的顺利实施提供了有力支撑。

二、水利现代化建设面临的主要问题

作为全省 13 个水利现代化建设试点县区之一，当前我县水利发展形势总体看好，但如果将水利事业状况与国内先进水平进行比较，可以看出我县正处于由传统水利向现代水利转型的过程，工程历史欠账多、薄弱环节多、积累矛盾多的问题相当突出，水利现代化建设任重道远。

（一）水利现代化建设任务艰巨。按照消除水旱灾害威胁、化解资源环境约束、河湖生态环境优美、农田灌排配套高效、工程设施良性运行、调控运行科学精准的水利现代化“六大体系”建设目标，对水利工程防洪排涝标准、农田灌溉面积、旱涝保收农田面积、城乡供水保证率、万元 GDP 用水量等许多方面都提出了明确的指标要求。从目前情况看，现有水利工程体系离水利现代化的要求还有很大差距，不论是防洪工程、排涝工程还是农田水利工程，绝大部分需要更新改造和升级换代，到 2020 年在全省率先实现水利现代化还有很长一段路，使命光荣，任务艰巨，责任重大。

（二）现有工程老化失修严重。主要排涝河道除牛墩界圩河、叮当河按五年一遇整治外，车轴河、东门五图河等骨干河道只实施了局部治理，部分河道断面淤积严重，标准不足五年一遇，有的甚至不足三年一遇；界圩闸、大新闸、燕尾闸等县管涵闸大多数始建于60~70年代，设计标准低，破损严重，虽经多次除险加固，始终未能根除安全隐患；乡级以下中小沟和田间工程无正常的运行管理维护经费和管理队伍，渠道年久失修崩塌渗漏，灌排问题较为突出。

（三）配套资金难以足额到位。水利现代化规划投资近40亿元，按照省补70%的惯例计算，需地方配套资金达 12 亿元，由于地方经济基础薄弱，工程所需地方配套资金足额到位的难度很大。县级财政能勉强保证重点工程的配套投入，而镇乡财政基本靠转移支付，且大多用于保障基层组织运转和县委、县政府下达的其他重点工作任务，对水利建设重视不够，即使有项目也不愿干，认为是需要配套的“赔本生意”。村社集体经济组织绝大多数以第一产业为主，第二、第三产业受各种因素制约和影响，发展较为缓慢，集体经济无稳定的收入来源，根本没有富余资金投入农田水利建设。

（四）工程建设管理有待加强。在推进水利工程建设特别是农田水利建设项目过程中，由于项目面广量大、小型分散，加上诸多项目同时展开，建设施工、质量监理、运行管理等力量不足问题十分突出。按照“民办、民管、民受益”的原则，以落实小型农田水利工程管理责任着手，虽然成立了农民用水户协会，但作用始终没有完全发挥到位，很难实现“收支平衡、以水养人、以水养水”的目标。

三、推进水利现代化建设的建议

加快水利现代化建设事关全县经济社会发展大局，意义极其重大，任务也十分艰巨。我们要根据全省水利现代化建设试点工作要求，始终把水利作为全县基础设施建设的优先领域，全力推进水利建设与管理各项工作。

（一）主动对接，加强政策研究。党的十八大报告明确提出要加快水利建设，加强防灾减灾体系建设，推进水土流失综合治理，完善最严格水资源管理制度。承接十八大的政策导向，中央农村工作会议强调提出大兴农田水利建设对发展现代农业、保障粮食安全具有不可替代的重要作用。我们要主动对接中央、省、市关于加强水利建设的一系列会议和文件精神，经常向县委、县政府和上级水利主管部门汇报水利重点工程建设、农村水利、饮水安全、防汛防旱等水利工作推进情况，及时协调解决水利改革发展中的突出问题。出台关于推进水利现代化等一系列规范性文件，进一步明确水利建设体制机制、组织保障等配套政策措施。

（二）多措并举，切实加大投入。紧紧抓住中央高度重视水利、国家加大投入的机遇，按照“规划一批、建设一批、储备一批”的原则，坚持分项规划与总体规划的衔接，逐步完善规划体系，并相应建立工程项目数据库。将规划的实施重点进一步细化分解，分年度、按类别落实到计划层面上，分期分批组织实施。在全力争取上级资金和用好“一事一议”筹资筹劳政策的同时，加大当年可用财力、土地出让收益等公共财政对水利的投入，并通过包装银行借贷项目、社会融资等方式解决资金缺口问题。进一步整合财政、农委、农开、国土等部门的涉水资金，对粮食产能项目、土地整理项目、优质稻米项目资金实行集中使用，由县水利现代化建设领导小组进行统一规划实施，并将选择水利基础设施条件较好的乡镇进行重点打造，发挥典型带动作用。

（三）精心谋划，突出特色亮点。为充分体现水利现代化试点亮点，创造鲜明特色，根据岗岭、平原、洼地等多种地貌类型，以及“三横四纵”为主框架的河网水系特点，围绕水利现代化建设工作重点，在高标准农田建设方面，西部岗岭地区以实施小型水源工程、高效节水工程为主，中东部平原地区以泵站改造、田间配套为主，低洼圩区以提高强排能力、完善排涝体系为主。在农村饮水安全方面，坚持区域供水和乡镇联片供水并重，通过管道延伸工程，解决农村 42.5 万剩余人口饮水不安全问题，实现农村供水全覆盖。在防汛防旱管理能力建设方面，加强指挥机构、水利监测基础设施和队伍建设，提升防汛抗旱应急预警水平和管理处置能力。

（四）强化管理，确保工程效益。成立水利工程建设县级指挥部，每项工程都设置建设处、项目部、征迁办等工作机构，对序时进度、质量标准进行层层把关。严格执行项目建设“五项制度”，重点水利工程推行质量和廉政“双监理”制。针对水利工程点多面广、监理力量薄弱的实际状况，聘请退居二线的水利工程技术人员和有建筑经验的农村党员作为义务监督员，对农村水利工程建设实行专人专段“旁站式”监督。在项目竣工验收时，组织工程满意度测评，同时落实建后管理长效机制。积极探索农田水利工程分级管理、分类管理、专业管理、群众管理的模式和途径，确保长期发挥工程效益。

（五）严格考核，强势推进落实。围绕水利现代化建设目标和“十二五”水利发展规划，广泛开展工程建设立功竞赛活动，并把水利工作纳入全县经济和社会发展目标考核体系，将水利建设成效作为乡镇干部年度考核内容，细化目标任务，明确责任单位和责任人。成立由县纪委、组织部、农工办、水利局等部门组成的“水利建设督查组”，实行定期督查通报，确保被列入水利现代化规划的中小河流整治工程、重点涵闸拆建和除险加固工程、农村饮水安全工程、农村水利治理工程、饮用水源地保护工程快速推进，并顺利通过竣工验收。

农业产业化和高效农业规模化对农村水利基础设施建设的要求探讨

孙　坚　掌孝勇

摘　要：通过对灌云县目前农村水利建设现状的分析，揭示农村水利存在的主要问题为：防洪防潮工程标准偏低、农田水利基础设施老化严重、土方工程欠账太多、节水灌溉工程不适应高效农业的发展要求。解决存在问题的对策及措施是：进一步提高对农村水利的认识、加大水利投入力度、加快建立长效管理体制、整合项目资源，提高工程效益。

关键词：农业产业化　农村水利　基础设施建设　要求

农村水利是指在农村开展的水利建设、管理及其他有关水问题方面的工作，包括农村水工程、水资源和水环境。它涉及闸、站、堤、河流、沟渠及水利配套设施，分为农村蓄水设施、引水设施、输水配水设施、提水设施、田间灌溉设施、防洪除涝降渍等抗御水灾害设施和生活供水设施，是为农业生产、农村经济发展、镇村居民生活创造条件的基础设施。

农村水利基础设施建设现状

灌云县位于沂、沭、泗流域最下游，地势平坦低洼，素有洪水走廊之称，水利基础设施建设对促进全县经济特别是农业生产的发展具有举足轻重的作用。经几十年的艰苦奋斗和坚持不懈的投入积累，我县构筑起一套比较完善的水利基础设施体系，为工农业发展提供了可靠的保障。到目前为止，灌云县共建设小沟级以上农田水利工程19956座，其中，中沟以上4437座，圩口闸28座，套闸5座。大沟级（支渠）：闸190座，桥688座，涵79座，其他114座。中沟（斗渠）级：闸267座，桥1964座，涵701座，其他401座。建设防渗渠道221.4公里，控制灌溉面积31.5万亩。大沟150条790.2公里，中沟874条1536.2公里，小沟7414条4701.4公里。支渠：95条345公里，斗渠465条692公里，农渠2828条2174公里。建设各类机电排灌站1378座52894千瓦（含农盐场），其中，灌溉站1248座，排涝站39座，灌排结合91座。建设小塘坝59面62万m^3。

一、农村水利建设存在的问题

随着社会经济的进一步发展，给水利基础设施建设带来更大的压力，也对水利提出了新的更高的要求，从我县水利设施现状来看，水利基础设施与农业产业化、高效农业规模化存在以下几个方面差距：

1. 防洪防潮工程标准偏低。目前，我县区域性河道善后河排涝标准不足5年一遇，县内骨干河道大多不足3年或5年一遇，涝水排除不畅，在近几年发生的较大的暴雨洪水中，都不同程度地形成涝灾。特别是近年三次特殊雨型，工程无法承受，使我县大部地区受涝成灾。县管重点涵闸多年缺少维修经费，日积月累形成了很多工程问题，存在着严重的安全隐患，特别是节制线上的东门、同兴、界圩3座节制闸，经几十年运行，破损严重，已经严重影响全县水情调度和汛期的排涝。

2. 农田水利基础设施老化严重。据统计，农田水利工程完好率仅为50~60%，其中1378座机电排灌站运行完好的仅有392座，156座报废，其他的桥、涵、闸存在同样问题。全县圩区共建有圩口封闭涵闸88座，这些涵闸始建于60年代，设计标准较低，且没有考虑高水位水系调整，致使闸门高程不足，汛期挡不住外河高水，经常出现漫溢。大部分涵闸经多年运行，老化十分严重，木闸门腐烂，混凝土闸门碳化严重，砼剥落，启闭机老化失灵，工作桥排架露筋，翼墙倾斜，路肩墙挡土墙倒塌，公路桥桥板断裂，上下游护坡冲毁，有的闸底板裂缝，有的闸底板高程偏高，引排水困难，汛期险象环生。

3. 土方工程欠账太多。我县的大、中、小沟淤积情况十分严重，自2003年省实施县乡河道疏浚工作以来，大沟级河道的淤积问题得到一定的缓解，但目前仍然有大量的工作要做。中沟级以下河道和田间渠系等小型农田水利工程，在农村实行税费改革、取消“两工”后，影响最大的也是这些工程，多年来，由于缺乏政策扶持，地方财力不足，投入小型农田水利建设的资金很少，工程建设与维护主要靠受益区农民投工投劳，淤积非常严重，配套不足，单纯依靠地方政府，只能头痛医头、脚痛医脚，工程不配套、建设标准低、老化失修严重等问题十分突出，严重影响水利工程整体效益的发挥。

4. 节水灌溉工程不适应高效农业的发展要求。我县是一个严重缺水的县份，随着社会经济的不断发展，工农业用水量不断增加，水资源的缺口越来越大，搞好节水灌溉十分重要。但是农田灌溉渠系若达到防渗化，每亩需投入经费至少700元，若达到高标准节水灌区(喷、滴灌)，每亩需投入2000元以上，巨额的投入阻碍了节水灌溉的发展。目前全县节水灌溉控制面积只有31.5万亩，只占全县总面积的20%，现有的防渗渠道长度只有470多公里，不到全县各级灌溉渠系长度的35%。

二、形成原因

1. 农业产业结构的发展变化。长期以来，农业生产主要追求粮食产量，以种植水稻、小麦、油菜为主，所配套的水利工程是为了满足粮食作物的生长需要。但是，随着农业产业结构的调整，蔬菜、瓜果、苗木、花卉对灌溉、降渍和抗旱的标准与原有的设施不一致，其标准更高；而且农业产业结构调整是市场化行为，一家一户生产模式缺乏统一规划、统一建设、统一调整，给农村水利的配套建设带来了困难。

2. 宏观环境发生了变化。目前农田水利基本建设由政府组织向村民自主转变，由指令性计划向指导性意见转变，由政府组织号召向“一事一议”转变，农村水利建设的政策环境与投资环境都发生了根本性变化。特别是2004年以后，农村“两工”取消，只单纯依靠 “一事一议”筹劳和“一事一议”筹资政策，所以很难开展乡级水利工程建设。

3. 上级投入相对不足。虽然近几年上级投入相对有所增加，但由于灌云县多年来水利投入透支严重，有限的补助仍然显得杯水车薪，不能根本解决问题。如埒子口、善后河治理等大型基建项目，地方根本无力开展。县乡河道疏浚是我县水利工程建设的重点内容之一，2003年以来，上级对县乡级河道的疏浚工程土方部分进行补助，但补助标准低，部分资金靠地方自筹解决，农民负担相对较重，建筑物配套资金无力解决，造成了建筑物配套工程滞后于土方工程，工程配套脱节，无法充分发挥工程效益。

三、对策及措施

1. 进一步提高对农村水利的认识。农村水利是农业和农村现代化的前提和基础，农村水利承担着支撑农村经济发展和社会稳定的重任，没有防洪除涝基础设施的保障，就没有农业的增效、农民的增收和农村的稳定。农村水利现代化也是整个现代化建设的重要组成部分，我县目前要紧紧围绕农业和农村经济发展要求，用先进技术和先进设备装备农村水利，用科学的方法和现代的观念指导农村水利，为实现农业和农村现代化提供基础性的支撑保障，加快传统农村水利向现代农村水利的转变，实现农村水利的新飞跃。

2. 加大水利投入力度。要顺利完成水利建设任务，实现水利建设目标，必须加大投入力度，资金的投入是关键。一是向上争。以项目为载体，集中各种要素，调动多方力量，通过向上争取专项资金，强力推进水利工程建设。二是对内挖。首先是落实好财政投入政策，按照2011年中央一号文件和县委2011年37号文件要求，进一步加大公共财政对水利的投入，认真落实好县乡可用财力2%至4%用于水利工程建设，从土地出让收益中提取10%用于农田水利建设的投入政策；各乡镇自筹资金，在政策允许范围内，广泛征求群众意见的基础上，实行“一事一议”和民主决策，解决好重点工程的资金投入问题；从收缴的水费中安排一定比例返还用于农村水利建设。三是改革创新。充分调动农村集体经济组织、广大群众建设和经营小型水利工程设施的积极性，探索利用合资、股份制等形式兴办小型水利工程的新途径。同时，鼓励乡镇水利服务体系在搞好管理与服务的基础上，进行二次创业，开展多种形式的经营活动。对河堤马道进行绿化承包，回收资金用于解决工程建设缺口经费。

3. 加快建立长效管理体制。水利工程建设是基础，管理是关键，只有管理才能出效益。加强水利工程项目管理，规范建设程序，也有利于提高水利工程建设质量。在做好长效管理方面，注意做好以下几个方面的工作。（1）搞好项目管理。严格按程序申报，按市批复的工程项目实施，县水利局同项目所在乡镇政府签订工程建设合同书，严禁无故擅自变更工程建设内容和位置。（2）规范建设管理。注重应用新结构、新形式、新材料，优化工程设计，加大工程科技含量，力求降低工程造价。严格施工组织要求，规范施工程序，严格工程质量，加大督查力度，严把工程质量验收关。（3）加强财务管理。水利资金来之不易，要严格按照《江苏省农村水利和水土保持补助经费管理办法》，做好财务管理。一是要坚持专款专用，专账核算。对上级补助资金实行专户储存，单独建账，单项工程核算。二是根据工程计划项目、施工进度拨付工程经费，避免截留、挪用现象发生。三是管好用好乡镇自筹资金，保证有限的资金全部用于工程建设，并搞好竣工决算和竣工审计。（4）强化工程管理。按照分级管理，分级负责的原则，落实管理责任制，保证水利工程安全运行，充分发挥水利工程的经济效益和社会效益。

4. 整合项目资源，提高工程效益。目前农村水利建设的投入逐步加强，投资的渠道也有所增多，除了水利、农业部门外，还有国土部门的“土地整理”、农开部门的“黄淮海开发”、财政局的“危桥改造”等项目，这些项目的争取对我县来说是非常宝贵的。但是由于项目数量多，招投标价格不统一，归口管理部门多，盲目和重复建设严重，不利于工程建设效益的充分发挥。因此，县级政府部门应加强涉农项目管理，统一规划，统一标准，避免工程建设的盲目和重复，提高水利工程建设效益。

浅谈灌云县农业节水灌溉

吴晓磊　穆道利　刘志祥

摘　要：《灌云县农村水利规划（2011 年-2020 年）》明确指出，在未来 10 年农村水利将投资近 20 亿元。该规划包括小型水源、灌排水、高效节水、农村河道疏浚、农村饮水安全、水土保持等六大工程，总投资约 19.17 亿元。该规划明确了今后 10 年我县农村水利基础设施建设的目标和任务。

关键词： 节水灌溉；高效；农业发展

灌云县地处沂沭泗流域最下游，全县地势平坦低洼，地面高程在 1.6~5.0 米，平原区占总面积的 95%，灌溉方式全部依靠提水灌溉，由于我县境内缺乏修筑水库的条件，靠河道自身调蓄，蓄水能力十分有限。全县一般年份缺水 1.5 亿 m³，特殊干旱年份高达 5.0 亿 m³。建国 54 年以来，发生洪涝灾害的 22 年，干旱 13 年，水旱交错 12 年，风调雨顺只有 7 年，进入 90 年代以来干旱出现的概率更为频繁。如 1992 年特大干旱，1994 年 1995 年出现严重干旱，1996 年 1997 年旱涝急转，2001 年 2002 年连续干旱，特别是 2002 年是春旱连秋旱，尽管引调江淮水 1.2 亿 m³，但仍造成全县农作物得不到适时播种，适时灌溉，粮食减产 5 成以上达 50 万亩，3~5 成 70 万亩，粮食减产达 4500 万公斤，棉花减产 15 万担。事实说明，水资源短缺已是制约我县农业与社会经济发展的重要因素之一，发展节水灌溉农业尤为重要。

我县的农村水利灌溉大多数为传统的漫灌和少数的防渗渠道灌溉。传统的漫灌不仅受降水影响大，而且有浪费严重，把农田残余化肥和农药带到地表水中。如果我县农田灌溉采用节水灌溉，不仅能减少农田灌溉的用水量，而且也会大大减少残余化肥和农药对地表水的污染。我县农村水污染的原因：首先，随着科技的进步，我县农业生产方式也发生了重大变化，往昔的农家肥等有机肥料被化肥的广泛使用所取代。我县化肥和农药都是超量使用，我县农业每年的化肥利用率却只有30%~40%，农药的年使用量中10%~20%附在植物体上，其余都散落在土壤和水中。并且，农药化肥和地膜的使用量逐年大幅提高。这不仅使土壤的板结、酸化、土质和肥力恶化，更重要的是化肥和农药等污染物通过农田排水及地表径流等方式进入地表水体，引起地表水体的富营养化。与此同时，地表水通过地表径流又渗透到地下水中，严重影响了地下水的水质。所以传统农田漫灌导致残余化肥和农药更容易影响到地表水和地下水。如果我县农田灌溉采用渠道防渗，低压管灌，喷灌和微灌，不仅能减少农田灌溉的用水量，而且也会大大减少残余化肥和农药对水体污染。

我县按现状灌溉方式，保证率为75%，综合毛灌溉定额为402.8立方米/亩，若采用节水灌溉技术，保证率为75%，现状水平年综合毛灌溉定额为383.9立方米/亩，较现状灌溉方式每亩减少灌溉用水18.9立方米，2005水平年综合毛灌溉定额为347.6立方米/亩，比年平均每亩减少灌溉用水36.3立方米，2010水平年综合毛灌溉定额为318.1立方米/亩，较2005水平年每亩减少用水量29.5立方米。节水灌溉已经写入了灌云县农村水利规划当中：《灌云县农村水利规划（2011年-2020年）》明确指出，在未来10年农村水利将投资近20亿元。该规划包括小型水源、灌排水、高效节水、农村河道疏浚、农村饮水安全、水土保持等六大工程，总投资约19.17亿元。该规划明确了今后10年我县农村水利基础设施建设的目标和任务。按照水资源供需及优化配置原则，重点开展与本区域相关的节水工作，西部丘陵地区进行骨干建筑物配套和渠道衬砌防渗，同时结合产业结构调整，减少高消耗水作物种植，发展林、果、桑。中北部地区重视灌区的节水改造，节水增效的示范项目，大力推广水稻节水灌溉技术和建筑物配套，渠系防渗。东部地区应结合河道整治，发展高效农业，注重生态农业建设，整治渠系建设低压管道灌溉工程，结合地下水的运用，推广节水型农业。城镇的城郊蔬菜基地和特经作物种植区推广喷微灌工程。

节水灌溉主要包括两个方面。一是采取措施减少灌溉渠系的水量损失，即提高灌溉水的有效利用系数，按照作物灌溉制度，适时适量把水送入农田；二是改进灌溉制度，调整作物布局，充分而合理地利用雨水、地下水进行补充性灌溉，使一定的灌溉水源灌溉更多的农田。作物单位面积产量与灌水量的关系也受报酬递减率的支配，作物产量达到一定水平时，它的增长率即低于灌水量的增长率，再多灌水甚至会使产量下降。这就使人们有可能选择最经济的灌溉定额，进行不充分灌溉，用既定灌溉水量灌溉更大的面积，使灌区农业总产达到最大。

改进农田灌水方法，减少深层渗漏，地表蒸发和田面流失。要避免大水漫灌和串灌等，使用喷灌、滴灌、微灌、地下灌溉等先进灌水方法，一般比地面灌水方法可节水30%~40%，但成本较高，管理运用复杂,在有条件地区可以推广。

采取渠道防渗及管道输水，减少输水损失。可采用渠道衬砌以减少渗漏损失。管道输水有地下埋设固定管道及地面活动软管两种。后者已在华北平原缺水地区大面积推广，可减少用水量30%左右，是简易可行的节水有效措施。

节水灌溉是指以较少的灌溉水量取得较好的生产效益和经济效益的一种灌溉方式。节水灌溉的基本要求，就是要采取最有效的技术措施，使有限的灌溉水量创造最佳的生产效益和经济效益。

我县的节水灌溉技术发展呈现以下趋势：

渠道输水是目前我县农田灌溉的主要输水方式。传统的土渠输水渠系水利用系数一般为0.4~0.5，差的仅 0.3 左右，也就是说，大部分水都渗漏和蒸发损失掉了。渠道渗漏是农田灌溉用水损失的主要方面。采用渠道防渗技术后，一般可使渠系水利用系数提高到0.60~0.85，比原来的土渠提高50%~70%。渠道防渗还具有输水快，有利于农业生产抢季节，节省土地等优点，是目前我县发展节水灌溉的主要措施之一。

管道输水是利用管道将水直接送到田间灌溉，以减少水在明渠输送过程中的渗漏和蒸发损失。发达国家的灌溉输水已大量采用管道。目前中国北方井灌区的管道输水推广应用也较快。常用的管材有混凝土管，塑料硬软管及金属管等。管道输水与渠道输水相比，具有输水迅速、节水、省地、增产等优点。其效益为：水的利用系数可提高到0.95，节电20%~30%，省地 2%~3%，增产幅度 10%。目前，在我县南岗乡高李庄的葡萄园就采用低压塑料管道输水灌溉。

滴灌是利用塑料管道将水通过直径约 10mm 毛管上的孔口或滴头送到作物根部进行局部灌溉。它是目前干旱缺水地区最有效的一种节水灌溉方式，其水的利用率可达 95%。滴灌较喷灌具有更高的节水增产效果，同时可以结合施肥，提高肥效一倍以上。可适用于果树，蔬菜，经济作物以及温室大棚灌溉，在干旱缺水的地方也可用于大田作物灌溉。其不足之处是滴头易结垢和堵塞，因此应对水源进行严格的过滤处理。目前，在我县龙苴镇蓝莓基地就采用的是滴灌技术。

到2005年，我县建设的渠道输水控制灌溉面积计15万亩，管道输水灌溉面积计0.2万亩,喷灌、滴灌、微灌设施控制面积有0.1万亩，节水灌溉控制面积计39.7万亩。农村水利是现代农业建设不可或缺的首要条件，是经济社会发展不可替代的基础支撑，是生态环境改善不可分割的保障系统，具有很强的公益性、基础性、战略性。加快农村水利改革发展，不仅事关农业农村发展，而且事关全县经济发展，社会进步和生态文明。我们一定要站在全局和战略高度，充分认识加快农村水利改革发展的重要性、紧迫性和艰巨性，把农村水利作为本县基础设施建设的优先领域，全面加快农村水利基础设施建设。我相信灌云县农村水利经过10年的发展，一定是高效的、节能的、无污染灌溉。

近几年来，在上级支持下，县委和县政府的重视下，从实际出发，加大水利建设力度，以科技创新为动力，大力推广节水灌溉技术，加快发展节水灌溉工程，不断加强节水灌溉管理，积极探索节水灌溉管理改革新举措，经过不懈努力，全县节水灌溉取得了较好的成绩。但是，在取得成绩的同时，水资源低效利用，污染严重已经成为制约我县经济社会可持续发展的一大瓶颈，必须要加快解决。尤其要看到，农村水利设施薄弱仍然是本县基础设施的明显短板这一严峻现实，更需引起高度重视。

灌南县现代化水利的探索与实践

林星辰　谢兆利

摘　要：在分析灌南水利目前存在困难和问题的基础上，提出灌南水利现代化建设标准，科学编制水利现代化建设规划，建立健全农村现代化建设考核指标体系，以科技为动力，扎实推进灌南水利现代化工程建设。

关键词：现代化　水利　规划　目标

1．基本概况

灌南县总面积 1029.88 平方公里，现辖 11 个乡镇 238 个行政村（居委会），全县耕地面积 88.56 万亩（含沂河淌泄洪区面积 7.06 万亩，实有耕地面积 81.5 万亩）。自 1958 年建县以来，历届县委政府带领广大干群不懈努力，大搞水利建设，灌南县已初步建立起防洪、除涝、灌溉、调水、降渍五套工程体系。一大批水利工程的建设，为灌南县农业增产、农民增收、新农村建设和县域经济的发展发挥无可替代的作用。特别是“十一五”期间以来，随着中央不断加大“三农”的投入力度，加快农村水利基础设施建设的步伐。全县相继实施了河道疏浚、灌区改造、节水灌溉、民办公助、新增农资、灌区末级渠系、小农水重点县及专项等项目，全县农村水利面貌发生了根本性的改变。这些水利工程的建成运行，极大地改善了农业生产条件，真正实现了节水、节电、省工、省时的目的。

2．水利工程完成情况及成效

“十一五”期间以来，我县积极推进水利工程建设，至 2012 年底已完成投资 4.73 亿元，水利工程的实施，为群众生活、生产提供了良好的基础条件。一是改善了群众居住环境，河道疏浚整治后河道基本达到了河畅、水清、岸绿、景美的目标，灌溉、排水和蓄水能力得到了恢复和提高。二是改善了农业用水条件，灌区改造和小型农田重点县水利工程提高了供水保证率、田间工程配套率，增加了灌溉面积。三是提高了生活饮水质量，饮水安全工程的实施大大地改善了群众饮水条件，群众可以随时都能喝上充足、干净、卫生的水。四是增加了农民收入，河道疏浚、各种水利工程的实施改善了灌排条件，使粮食增产，农民增收。

3. 水利现代化发展制约因素

近年来农村水利建设投入不断加大、管理工作得到加强，成效显著，但是由于历史欠账多、管理工作薄弱等客观因素的影响，在水利现代化进程中仍存在诸多问题。

(1) 区域内水资源短缺

全县水资源过分依赖过境水源，现有的灌排工程难以适应结构、时间分布、空间布置上的需水调整。加之水质性缺水，水资源对经济社会发展的制约更为明显。

(2) 区域内水生态环境较差

农村河道水质差，少数地区缺乏垃圾管理和污水控制的配套设施，甚至出现了“前清后污”的现象。农村的房前、屋后、道路两旁及河道，成了生活垃圾的天然排放场所，污染越来越严重。自从秸秆禁烧工作开展以来，不少地方的秸秆堆放在田埂、河边，甚至丢弃在河道里面，既影响了美观，也影响了水体，导致水质不断恶化。另外大量硬质渠道建设，降低了河道水质自净能力，也使水生态环境越来越差。

(3) 基础设施条件薄弱

全县现有各类水利配套建筑物28179座，其中，中沟以上级11543座，小沟级16636座，电灌站679座30423千瓦，防渗渠道1014km，中小型灌区7个，各类人畜饮水工程167处，河道堤防工程总长120km。目前每年安排改造更新的速度跟不上设施设备老化的速度，难以满足全县农业高产、稳产的需求。部分乡镇田间水利工程配套较差，小沟以下的田间灌排沟渠疏浚不到位，淤塞严重。

(4) 水利工程管理不到位

全县水利工程管护经费严重不足，大部分工程存在“重建轻管”现象，相当一部分已建工程设施呈无人管理状态。部分小型泵站、水闸的操作工一般都没有经过专业的技术培训，日常养护和故障排除水平不高，存在诸多安全隐患。

4. 水利现代化的探索

(1) 因地制宜制定农村水利现代化建设标准

2010年底，我省颁布了《江苏省农村水利现代化建设标准（试行）》主要包括：防洪排涝、灌溉节水、农田降渍、工程配套、水生态环境、饮水安全、科技推广、运行管理等八项内容，涵盖农村水利规划、建设和管理的各个方面。这些具体量化指标既瞄准当今农村水利发展前沿，又与我县实际紧密结合，针对性强，可操作，社会易于接受。我县依据此标准因地制宜，制定本地区农村水利现代化建设标准，进一步明确农村水利建设的目标、任务。

(2) 科学编制水利现代化建设规划

为贯彻落实中央、省市关于加快水利改革发展的文件精神，加快推进全县水利现代化建设，支撑和保障我县基本实现现代化的战略目标，我县水利局和扬州大学共同编制了《灌南县水利现代化规划》（以下简称《规划》）。明确了今后 5-10 年内我县水利现代化工作的目标，《规划》提出的建设布局、重点建设任务和实施计划，确保到 2020 年我县基本实现水利现代化。《规划》以科学发展观为指导，以基本实现水利现代化为目标，力争通过 5-10 年的努力，全面提高全县的防洪减灾能力、水资源供给能力和优化配置程度，完善农田水利基础设施体系和水利发展服务体系，实现水利与国民经济的协调发展。实行最严格的水资源管理制度，建立用水总量控制、用水效率控制和水功能区限制纳污“三项制度”，真正实现“防洪除涝保安澜，农村水利上台阶，水源供给促发展，碧水蓝天新灌南”的建设目标。

《规划》为我县今后一个时期水利现代化建设工作提供顶层设计和基本依据。《规划》的实施将有利于促进全县水利工作有序、快速、持久、健康发展。下一步，我县水利部门将根据《规划》要求，进一步细化工作目标和任务，制定监测考核办法，狠抓落实，切实加快水利建设和改革发展步伐，不断提高水利的防洪保安、水资源保障、水环境保护和服务民生能力，为早日实现灌南水利现代化提供坚实的水利支撑保障。

（3）建立健全农村现代化建设考核指标体系

农田水利现代化水平已被纳入《江苏省农业基本现代化指标体系》。所谓农田水利现代化水平主要包括：有效灌溉面积比例、旱涝保收面积比例、节水灌溉工程控制面积比例、灌溉水利用系数、小型农田工程管护标准化率五项指标，根据各项指标得分及其权重，采用加权平均法得出各地农田水利现代化的总体得分。

（4）扎实推进水利现代化示范工程建设

典型示范引导是我县水利建设一条成功的经验，典型能展示方向，提升形象，看得见，摸的着，学得上。我县领导把农村水利现代化示范工程建设作为一项重要工作来抓，并作为农村水利工作考核的一项重要内容。以重点县建设为抓手，整乡整村推进，做好与农业综合开发、土地整理等其他农田水利项目的衔接，打造上规模、集中连片、效益突出、群众欢迎的高标准农田水利建设示范区，并逐年扩大规模。同时，也要认真抓好农村河网水系工程、灌区现代化改造工程、小流域治理工程、农村饮水安全工程、农村水利长效管理工程的典型。

（5）开展水利现代化建设技术的研究推广

要始终坚持科技创新为动力，推动我县的农村水利现代化建设。积极开展农村水利的科学技术研究，不断解决各地在农村水利规划、建设、管理中碰到的技术难题。深入开展不同作物需水规律的研究，不同治理模式的研究等。大力推广节水灌溉技术、水土保持技术、泵站节能改造技术、装配式建筑技术、生态河道治理技术及相关新工艺、新材料，提高农村水利的技术含量，同时大力推广应用信息技术，不断提高农村水利的管理水平。

（6）创新体制机制加快推进水利现代化建设

水利工程面广量大，公益性强，直接关系到广大农民的切身利益，因此，迫切需要创新体制机制，加快推进农村水利现代化进程。一是继续深化农村水利建设管理体制改革。在项目管理上，全面推行规划许可、竞争立项、专家评审、绩效评估制度，确保决策的科学性；在建设管理上，区别不同类型的项目，健全完善规章制度；坚持群众参与，强化社会监督，尤其是落实好村级农民义务监督员和项目公示制度。同时加强和纪检、审计等相关职能部门的联系，强化检查监督。二是继续深入农村水利工程运行管理体制改革。针对不同规模和性质的过程，落实不同程度的责任主体，建立政府补助、受益群众参与、资源合理开发利用等多种形式的管理机制。强化乡镇水利站在农村水利工程管护上的责任，充分发挥农民用水者协会和农村经济合作组织在农村水利工程管理中的作用，全面推行村级水管员制度，加强小型农田水利工程的运行管理，加快水利现代化建设。

5. 水利现代化推进情况

为加快推进我县水利现代化进程，确保我县水利工作有序、快速、持久、健康发展，我县采取各项措施，快速推进，成效显著。

（1）出台了一系列工程管护办法，具体为：《灌南县小型农田水利工程管理办法》《灌南县农村河道长效管理制度》《灌南县农村饮水安全工程运行管理实施办法》《乡镇水利站建设实施意见》，加强工程长效管护，保证工程长久发挥效益，提高我县农田水利现代化水平。灌南县财政局、水利局以《关于下达灌南县 2012 年度小型农田水利工程管护补助经费的通知》（灌财〔2012〕121 号、灌水〔2012〕88 号）文件落实小型农田水利工程管护补助经费 407.5 万元，通过群众自筹管护经费 1514.3 万元，农村河道管护经费 210 万元，累计管护经费达 2131.8 万元。真正实现工程“建得起、用得好、有效益、管长远”的目标。

（2）大力推进工程建设，目前，2011 年重点县项目已投入使用，效果显著，三年重点县项目已通过省级总体验收。2013 年农村河道疏浚、农桥改造项目、2011 年发改委千亿斤粮食项目和开发局高标准农田项目已基本完工。2012 年重点县项目、淮涟灌区已进入收尾阶段。不完全统计，2012 年涉农项目投资 1.51 亿元，为实现全县农田水利现代化奠定坚实基础。

（3）灌溉水利用系数测算。我局积极配合市水文局，目前已经完成统计分析工作，据测算全县灌溉水利用系数达 0.57。

（4）工程管护标准化率。我县有 238 个行政村，目前 238 个行政村全部配套小型农田水利工程管理员，管护经费达 15 元/亩的行政村为 168 个，工程管护标准化率为 85%。

(5)积极加大与省厅沟通对接工作。《灌南县 2011 年统计年鉴》显示总耕地面积为 88.56 万亩，其中包含新沂河沿线 7 个乡镇沂河淌内的 7.06 万亩。河淌内的 7.06 万亩，实质上不能算是耕地面积，而是泄洪区，每年只种一季三麦，且无水利配套设施，不可能达到现代化农田水利标准。在统计灌南县耕地面积时可以说是 88.56 万亩，但在计算全县农田水利现代化指标时，全县耕地面积应扣除 7.06 万亩后所得的面积 81.5 万亩，应以此为基数，计算有效灌溉面积、旱涝保收田、节水灌溉面积占的比重。

6. 水利现代化水平四季度目标值、测算分析

为加快推进我县水利现代化进程，市县下达了灌南县 2012 年农田水利现代化水平的目

标值。以我县耕地面积按 81.5 万亩作为基数，计算有效灌溉面积、旱涝保收田、节水灌溉面积占的比重。经测算目标值为 100%，权重为 0.15，得分为 12.75 分。

7. 结语

水利现代化建设任务艰巨，使命光荣。我们一定要在上级正确领导下，以中央和省一号文件为动力，解放思想，抢抓机遇，深化改革，以发展民生水利为主题，着力加强水利基础设施建设和管理，提高水安全保障能力，促进水资源合理开发利用和节约保护，构建水利科学发展的长效机制，努力推动传统水利向现代化水利和可持续发展水利转变，为实现我县水利事业又好又快地发展，为打造灌南水利现代化建设品牌而努力奋斗。

灌南县农田水利建设与水利现代化浅析

汤井婷　赵　凯

摘　要：本文简要分析了灌南县农田水利基础设施建设管理现状及存在问题，提出为加强我县农田水利基础设施建设所采取的措施，如规划先行、提升设计和施工水平、拓宽投融资渠道、强化人才队伍建设、增强水利设施建后管护能力等促进水利现代化建设。

关键词：农田水利　基础设施　水利现代化

1．引言

水利现代化是一个动态发展的过程，是一个与时俱进的过程，也是伴随人类社会现代化发展的长期过程。《江苏水利现代化建设规划》（2011-2020）提出防洪减灾安全保障、农田水利保障、水资源配置及高效利用、水环境保护及河湖健康保障、水管理能力、水利发展保障能力六大类水利现代化评价指标及其目标值，力争在2020年之前，全面建成较高标准的水利工程体系和服务保障体系，基本实现水利现代化。

水利现代化是灌南县经济社会现代化的重要组成部分，既是实现现代化的重要支撑和保障，也是水利改革发展的迫切需要。灌南县水利面临着重大发展机遇，面广量大的农田水利是水利现代化任务最重的一块，目前主要通过实施小型农田水利重点县工程和灌区节水改造工程来推进农田水利基础设施的配套和更新改造。本文是作者在工作中的零星感触，略陈管见，因能力、水平有限，有些观点难免失之偏颇，欢迎方家斧正，以期为 “防洪除涝保安澜，农村水利上台阶，水源供给促发展，碧水蓝天新灌南”的建设目标贡献绵薄之力。

2．农田水利设施现状及存在问题

近年来，灌南县农田水利投入逐年加大，实施了涟中灌区节水配套改造项目、小型农田水利重点县项目、中央财政新增农资项目、涟中灌区末级渠系项目、淮涟灌区节水配套改造项目等重点水利项目，初步建成了集灌溉、排涝、防洪、挡潮、降渍为一体的水利工程体系，解决了全县一大批制约农村经济发展的水利问题。灌南县水利工作取得了一定成就，但受到地方经济发展水平较低、管理体制与机制较为落后等因素的制约，同时对照江苏省水利现代化这一更高标准与人民群众的切身感受和环境期待，仍存在一些问题，需进一步完善和提高。

（1）基础薄弱

灌南县农田水利设施基础薄弱，虽然近年来进行了大刀阔斧的水利建设，众多水利工程面貌焕然一新，但整体工程配套标准不高，功能不够完善，尤其是整合推进、连片治理滞后于现代农业、高效农业发展的需求。小型配套建筑物老化严重，效益衰减；全县尚有 10 余万亩中低产田有待改造，还有部分乡镇的边缘地区，多年没有水利投入，灌排设施不健全。

（2）设计和施工水平有待提高

2011 年中央一号文件《中共中央国务院关于加快水利改革发展的决定》和省委、省政府一号文件《关于加快水利改革发展推进水利现代化建设意见》将水利作为公共财政投入的重点领域，掀起了加快水利改革发展的建设热潮，农田水利投入大幅增长，各级水利企事业单位的工作任务纷至沓来，需紧急扩充人才队伍。我县水利系统招收的大部分是刚步入社会的大学生，对本地水利、农业环境不熟悉，这就造成从事规划设计的不熟悉施工条件，而从事施工的也大多是未经专业培训的农民工队伍，鲜有科班出身，工程项目创优难度大，业主、监理疲于监督，增加了项目管理的工作量。

（3）县财政配套、筹资筹劳落实难度较大

受财政收支状况、投资回报率等多种因素的影响，县财政配套的资金不易及时到位。虽然近年来我县农村经济快速发展，但因农业生产不稳定、盈利低等因素，农民的生活水平仍然偏低，在农田水利建设投入方面自筹能力较差，且农业机械化、集约化发展迅速，导致大量剩余农村劳动力进城务工，农村只剩下老弱妇孺，特别是税费改革后，取消农民义务工，造成群众“钱不出，力不出”的现状。这种情形对工程施工的顺利进行和后续工程的申报有着非常重要的影响。

（4）建后管护水平较差

我县以乡镇为单位成立了 14 个用水户协会，实行“灌区管理所或水利站+用水户协会+农户”的管理模式。农田水利项目完工后，由于数量较多，灌区管理所或水利站能管理的工程有限，用水户协会又是公益性的组织，能动性不大，形成“政府建成后管不到位，农户使用又不管的”局面。许多农户的观念没有转变过来，仍依赖政府进行水利工程的维修养护，致使建筑物、构筑物和设备损坏、老化严重，效益衰减，水利设施使用寿命大大缩短。

3. 加强我县农田水利设施建设的措施

（1）规划先行

我县超前谋划水利重点项目，坚持以生活与生产供水安全、防洪除涝安全、水环境和水生态安全为主要任务，依靠改革创新和科技进步，全面规划、统筹兼顾、标本兼治、综合治理，促进工程水利向资源水利、传统水利向现代水利和可持续发展水利的转变。提升水利服务于经济社会发展的综合能力，我县水利局先后组织编制了《灌南县盐西圩区治理规划》《灌南县城市发展总体规划》《灌南县水利发展“十二五”规划》《灌南县农田水利规划报告》《灌南县农村水利建设规划》《灌南县给水工程专项规划（2010-2030）》《灌南县水利现代化规划（2011-2020）》，把规划作为开展农田水利基本建设及其投资的重要依据，积极争取上级补助资金，择优扶持规划内建设项目。

（2）提升设计和施工水平

农田水利工程规模小、分布散、数量大，为了节省时间、人力、物力，相似的工程环境可以采用统一的定型图纸，但因设计与施工的脱节，定型图纸的错误也跟着定型，每年施工过程中施工单位都会反映一些设计错误，有些是共性的，应汇总所有错误，修改图纸，让定型图纸也与时俱新。水利局作为项目主管部门，对项目目标实现起主导作用，是工程项目的责任主体，在项目管理中，应建立严格的奖惩机制，杜绝施工单位的侥幸心理，派技术人员常驻工地，跟踪工程质量。理论来源于实际，本领来源于磨砺。业主方工作水平提升了，施工单位也会牢抓质量工作不松懈。

（3）拓宽投融资特色渠道

由于农田水利存在资金回收方面的困境，社会资金和银行信贷均不愿涉足此领域。国家规定地方政府从土地出让收益中提取 10%用于农田水利建设，此举使农田水利建设资金的地方配套部分有了制度上的保障，但实施效果差强人意，且不是长久之计。省人大常委会秘书长、南水北调办公室主任吕振霖指出“应充分运用政府和市场两个手段，加快转变水利发展方式，创新水利发展机制，更好更快地推进水利现代化建设”。县水利部门应积极制定政策，足额征收各种规费用于加强水利建设，如征收农业水费、水利建设基金、水资源费、河堤维护费、防汛费、水土保持补偿费等。

我县政府出台了《灌南县砖瓦及水泥预制品企业规划布点方案》，对全县水泥预制品企业进行科学规划、合理布局，鼓励县水利部门新上水泥预制品企业，该企业即可对外盈利，又可对内降低工程成本，例如一块长 6.4 米的大孔板，市场价 1500 元左右，企业自己预制可节省 200~300 元，且质量有保障，灌南县每年约有 110 座乡间彩虹（农桥）工程，需用大孔板 1100 余块，节省投资 27.5 万余元，占乡间彩虹工程总投资的 2.1%，再算上其他工程的各类预制件，节约的工程成本很可观，可用来建设利民工程、购置标准化和智能化水利设备，加快水利现代化建设。

社会的发展和需求使得中国各大高校与“企业”携手，每年高校研发的众多科研成果，越来越多地走出校门，与产业结合形成生产力，服务于经济增长和国计民生，如中关村“硅谷”、武汉“光谷”、大连的船舶产业链、长春的汽车产业链。鉴于此，在市场经济条件下，水利部门应充分利用自有人才，探索发展水利产业，所获利润补助公益性水利工程管护经费，减轻财政负担。

（4）强化人才队伍建设

灌南县位于江苏省北部，在省内各县里经济实力偏弱，对大学生吸引力不强，致使我县各水利站得不到新鲜血液注入，职工老龄化严重，亟待改革。最近两年，县水利局以多种优厚政策引进十多位水利站编制的大学生，并对他们的培养作了严谨合理的规划，得到了新、老同志的一致认可。水利局还注重加大对人才知识的更新力度和再教育，继续实施“走出去、请进来”的人才战略。“走出去”是每年有针对性地选择一些培养对象到有关院校、规划设计单位及施工单位进行培训。“请进来”是不定期的邀请一些专家学者以举办学术讲座等形式进行集中培训。同时加强水利系统内部人才的上下流动和科室之间的人才交流，形成良性的人才流动机制。为激励职工总结心得、交流经验、加强宣传，县水利局出台文件，将政务信息宣传工作纳入年度目标考核体系，各下属单位、各科室设兼职信息宣传员，每周向办公室上报政务信息，办公室择优向电视台、报刊等新闻媒体报送，水利局年末对成绩突出的下属单位、科室和个人进行表彰，发表新闻报道、政务信息、专业论文都有相应的奖励。

（5）增强水利设施建后管护能力

灌南县从 2000 年 4 月开始试点，在李集乡公开拍卖 3 座泵站的经营权，并不断总结经验、健全管理制度，村范围内的小型农田水利工程由村组负责管理及运行维修，跨村的工程由乡统一管理，跨乡的工程由县统一管理。我县将继续推行“承包、租赁、拍卖和股份合作制”等多种形式的产权制度改革，明确所有权、放开建设权、搞活经营权，广泛吸纳社会资源，使小型农田水利工程的建设和经营走上以存量换增量、良性运行、滚动发展的轨道。我县还实施“河长制”，积极探索河道管护新思路；抓住农业生产方式加快调整的契机，规范用水户协会运作；通过政策优惠、资金扶持、技术服务等举措，引导农民积极参与农田水利建设和维护。

4. 结语

综述，我县水利建设事业仍处于较低水平，水利现代化工作任重而道远。在国家重视农业及水利建设的大背景下，我县当前水利现代化建设滞后于农业发展需求，要求我们水利人必须针对性作出较大提高，加速推动水利现代化。因此，县水利局从规划、设计、施工、融资、管护等方面均进行了较大创新，取得了明显成效。另外，近几年我县水利局分批引进高校毕业生到各科室、水利站，为水利发展培养和积蓄后备力量；推动政务宣传工作纳入局年度目标考核，表彰先进，调动职工参与水利事业宣传的积极性，同时有利于群众了解水利工作，加入水利建设事业。如此多管齐下，必将把我县水利现代化事业推向新的高峰。

参考文献

[1] 吕振霖. 继续开创水利现代化建设新局面[J]. 江苏水利，2013(4)：6-7.

[2] 高博. 浅谈农村水利现代化建设[J]. 济南水利学会论文专刊，2011(10)：58-59.

[3] 汪吉萍，周江红，林洪涛. 关于哈尔滨市农田水利基础设施建设的研究[J]. 黑龙江水利科技，2011(2)：32-34.

关于农村水利建设与管理的思考

王大雨

摘　要：近年来灌南县农村水利建设飞速发展，取得了显著的成效并多次荣获全省水利系统“文明单位”、全省水利工作“先进单位”的称号，但在农村水利建设与管理过程中仍然暴露出很多问题，通过对这些问题的探讨，以及多年基层工作经验，结合灌南农村水利设施现状具体提出了一些有关加强水利工程建设与管理的看法和建议。

关键词：农村水利　建设　管理　思考　建议

一、灌南县水利设施现状及存在的问题

1. 灌南县农村水利建设基本情况

经多年的水利建设，全县农田水利工程初具规模。桥、涵、闸、站、支、斗、农、毛水利工程体系的建设，从根本上改善了农业生产条件，为全县工农业生产、人民的生活提供了保障。灌南县有7个中型灌区，除涟中、淮涟灌区进行了节水配套与更新改造以及灌北灌区已列项，于近期投资兴办外，其余灌区尚无专项改造资金投入。灌区末级渠系（中沟以下级）存在问题很多，渠系紊乱、灌排不分，中沟以下级渠系建筑物配套率低，以坝代桥、渠道乱开口门现象普遍，水资源浪费严重，急需加强灌区末级渠系及配套工程建设。目前全县中沟以上级建筑物配套率67%，完好率58%；小沟以下级建筑物配套率48%，完好率68%；但由于灌南县经济基础较差，水利投入相对不足，老化失修十分严重，建设标准低，全县大部分村水利基础设施比较薄弱，不适应现代农业和农村经济发展的需求。

2. 农村小型水利工程建设与管理中存在的问题

（1）工程管理方式滞后、管护机制不健全

自我县农村实行生产责任制后，农民的个体经济意识逐渐变强，村民大多“各自为营”，许多小型农田水利设施的管理只存在形式，产权不清、责任不明、有人建设、无人管理等现象严重削弱了水利设施发挥的效益。即使部分有专人管理的工程，由于没专门的管理资金，维修养护经费基本靠自筹，加上管理人员整体素质不高，管理粗放、方式滞后，难以保障水利设施正常运转。近年来虽然不断加大对小型农田水利建设的资金投入，兴建了许多小型农田水利工程，并进行了已建成工程的产权改革，但仍未形成有效的小型农田水利工程管护机

制。这些现象使灌区支渠以下用水混乱，跑、冒、渗、漏较为严重，不仅浪费了水资源，而且使小型水利工程老化失修、损坏严重。同时截流、挖沟、填河建房等现象使得水利工程的作用逐渐失效，水土流失严重，生态环境遭到严重破坏。

（2）设计脱离实际、施工不到位，资金困难

在施工图设计方面，总体来说，本县的施工图设计优秀，遇到突发情况时的设计变更及时、高效。但是还存在一些问题，由于近年来农村水利工程项目较多，各设计院基本都是满负荷运转，项目周期短，在限定时间内要完成大量的设计任务，甚至一些工程设计时，设计人员连工程现场都没有去过，致使很多工程项目设计不切实际，施工过程中设计变更频繁、施工联系单增加，工程的施工质量、施工进度、工程投资等都得不到有效的控制。

在施工质量方面，存在的问题也很严重，例如农村水利工程中经常存在前期勘察测量工作不足导致设计图纸与现场工况不符；质检人员水平低、工作不负责任，不合格的原材料、中间产品进场时检测不出来；施工人员对工程重点部位和关键环节不清楚，不按图施工、偷工减料；没有充分考虑到天气环境的影响，不能及时确定临时可行的施工技术方案并采取有效、合理的施工技术措施，来保证工程的顺利实施。以上等原因造成施工达不到设计要求，造成质量缺陷或事故。

在工程投入方面，资金的缺乏，导致部分水利建设标准低。专项资金到位困难、配套资金到位缓慢，已完工程无法审计验收，影响省市相关部门对我县水利建设的再投入，新争取的项目启动困难，无法按进度全面推进，进入了恶性循环。

二、针对现状和存在的问题提出建议、措施

1. 加强宣传，调动积极性

水利是农业的命脉，是国民经济和社会发展的基础设施。水利工程的特点是兴利除害结合、防灾减灾并重、治标治本兼顾、流域与区域、城市与农村等协调发展，同时也是公益性的事业。因此，在工作的各个层面，通过多种媒体、多种渠道，及时报道农村水利建设成就，总结推广先进经验，积极营造全社会关心农村水利、参与水利建设的良好氛围，提高群众对水利工程的认识。具体措施：第一，可以发挥乡镇党员的带头作用，以点带面，依靠农民自己的力量，使水利工程在大家的呵护之下，取得较好的工程效益；第二，建立水利设施管理奖励基金，奖励参与管理及为水利设施的正常运行做贡献的个人或者集体；第三，给农民涉及自己生产生活的自主权，推进农村基层政治民主化，进一步完善用水户协会，把管理权真正让利给农民，充分调动农民兴修农田水利的积极性。

2. 加强小型农田水利技术力量

随着水利技术日新月异的发展，必须加强对水利人的深化改造。通过培训等措施来更新农村水利建设人员的知识、拓宽视野，对于一些新的水利技术要有计划、按步骤地选拔人才去深造，与相关院校、有关单位协商搞好人员的培训，以适应岗位要求。另外建议把乡镇水利站同乡镇经管站、财政所一样，列入参公行列，提高乡镇水利员的福利待遇，解决其后顾

之忧，让其安心工作，扎根基层。

其次要注重区域间水利的交流，相互学习，取长补短，共同发展。水利是造福全人类的工程，应该不分彼此，共同进退，只有齐心合力、众志成城才能最终取得水利工程的胜利。通过相互之间的学习和交流，既认识到了自己的不足，同时也不停的改进和完善自己。为了节省资源，优化资源利用率，应该在区域之间建立水利平台，共同交流、共同研究，发展新的水利技术。

3. 明确产权归属，高效管理

一方面，项目竣工验收合格后，应及时明确工程的产权归属确定工程管理的主体。在落实工程管护主体时，一是可以采取工程产权拍卖、承包、股份制、租赁等形式落实管护主体；二是采取分级产权移交，落实管护主体；对较大型的工程产权、跨村的小型农田水利工程及设施移交给乡镇水利站进行管护；对田间水利工程，由村统一管护或农户分散管护，通过这些措施积极推进农村小型水利设施产权制度改革，充分调动群众参与建设和管护小型农田水利工程的积极性。此外要积极探索在“一事一议”农村集体经济组织管理体制下开展农田水利工程建设与管护新途径、新办法，使小型农田水利工程发挥最大的效益。

另一发面，科学的整合管理对象，形成高效管理。在规划管理对象时，对于大尺度、区域性农村水利设施，应该联系实际，通过整合项目区，化散为片，实行片区规划、片区治理，可以收到很好的效益。主要依据：第一，单位投资少；第二，对区域环境贡献大；第三，可实施统一监管、成本低；第四，可发挥规模效应、统筹城乡环境设施；第五，治理效果易于保持。其次，结合实际、突出建设重点，在基础条件较好的地区先行建成一批规模化、标准化、智能化高效节水农业综合示范区，增强示范效应，创造经验和典型。

4. 加强领导，落实制度

建立健全各级领导机构，充分发挥党委、政府的组织和领导作用，推动水利建设大发展。如农村饮水安全、中央财政小型农田水利重点县、农村河道疏浚整治等工程，成立以副书记为组长，分管县长为副组长，财政、国土、水利等部门及涉及乡镇主要负责人为成员的领导小组，保证了农田水利工程的顺利实施。将小型农田水利设施建设与干部政绩考核相结合，建立健全了一整套组织调度、监督检查和奖惩机制，充分调动各级领导干部搞好小型农田水利设施建设的积极性和主动性，促进了工程建设在全县范围内的广泛开展。同时，将全县11个水利站纳入目标考核，实行“每月汇报、季度总结、年终考核”，动真碰硬，不打和牌。

其次从严格执行制度入手，充分发挥工程效益。首先是落实建设管理制度，优化施工组织，强化施工进度，深化质量监管，切实抓好各项水利工程建设。其次是加强资金管理，严格资金管理制度，严明财经纪律，实行财务独立核算制度，确保专款专用，实现资金、工程和人员安全。再次是执行建后运行管理制度，建立行之有效、群众认可的管理机制，真正把各项水利工程建好、管好、用好，使老百姓能够实实在在受益得利。

5. 狠抓质量，树立品牌

农村水利工程建设的质量管理和质量控制，是整个工程建设中的难点，也是关键点。影响工程质量的诸多因素中，施工单位的质量控制是主体，业主及管理各方要为施工创造必要的质量保证条件。要加强施工过程中的质量控制，始终坚持把工程质量摆在首位，深入开展“质量安全月”活动，不断强化干部职工质量意识。健全质量管理体系，严把工程“四关”（规划关、设计关、施工关、验收关），严格落实“四制”（项目法人责任制、招投标制、建设监理制、合同管理制），努力做到出新品、创精品，打造灌南农田水利新品牌。

加强原材料和中间产品检测。施工、监理和建设单位分别制定检测计划。对进场原材料和中间产品均实行报验制度，由监理单位和施工单位人员联合进行检查、检验，初检合格才能进场。施工落实“三检制”，每道工序完工后都要经过班组初检、施工队复检、质检科终检三道检查。专职质检员终检合格后，才能进入下道工序施工。对重要隐蔽工程，监理人员必须旁站监理，控制现场工程质量，防止施工人员偷工减料。施工资料与工程进度同步，及时验收。监理工程师对施工单位工序报验资料要及时根据验收情况签字确认，杜绝工程实施后补资料的情况发生。

三、关于农村水利建设与管理的思考

今后工作思路：一是坚持以人为本、民生优先。着力解决人民群众最关心最直接最现实的水利问题，大力发展民生水利，让人民群众得益受惠。二是坚持科学治水、人水和谐。遵循水的自然规律和经济社会发展规律，合理开发利、优化配置、有效保护水资源。三是坚持标本兼治、统筹兼顾。实行防洪除涝抗旱并举、开源节流保护并重、建设管理改革并进，充分发挥农田水利建设的综合效益。四是坚持政府主导、社会参与。在用足、用好上级专项资金的同时，积极鼓励社会资本参与农田水利基础设施建设，支持农民参与农村水利建设管理，形成政府社会协同治水兴水的合力。五是坚持深化改革、创新机制。用改革的办法解决制约农田水利发展的深层次矛盾，加强水利重点领域和关键环节改革攻坚，形成有利于水利科学发展的体制机制，增强水利发展的活力和动力。

参考文献

[1]李大峰. 从八百河治理项目的实践谈水利工程建设管理的几项重点工作. 江苏水利. 2012（10）.

[2]徐少芳. 小型水利工程建设探讨. 江西建材. 2012（03）.

关于小型农田水利重点县建设的实践与思考

周明球　孟令娣

摘　要：本文简要分析了灌南县小型农田水利重点县建设的具体实践，为加强工程建设管理提出调整各级资金配套比例、增加工程长效管护费用、提高工程建设档次等措施促进重点县建设。

关键词：水利重点县　建设　实践　思考

一、重点县建设概况

2009年7月，灌南县成为国家首批中央财政小型农田水利重点县400家，江苏省19家之一，工程分2009-2011年三年建设，总投资8159.86万元，集中实施全县14个乡镇70个村小型农田水利工程，以村为单位连片治理、综合配套，进行小型农田水利工程建设，疏浚中小沟，提高农田排水能力；更新改造泵站，提高灌溉水保证率；配套桥、渡、涵、闸等渠系建筑物，建设混凝土防渗渠道，提高灌溉水利用率，增强农业抗御自然灾害能力，为项目区粮食安全、用水安全、生态环境安全提供保障。累计新增灌溉面积3.6万亩，改善灌溉面积22.8万亩，改善排涝面积26.4万亩；实现项目区灌溉保证率80%以上，年增产粮食583万公斤的效益目标。工程在全省率先通过部、省级验收并已全面发挥效益。

二、主要做法

（一）强化组织领导，确保重点县建设科学规范。一是健全组织机构。灌南县成立专门领导小组，由县分管领导任组长，水利、财政、农委及有关乡镇主要领导为成员，负责工程的建设领导，组织发动，资金协调，矛盾处理等工作。各乡镇均成立相应机构，乡镇主要领导亲自挂帅、亲自组织、亲自督查，协调解决水利建设中的矛盾和问题，保证工程顺利实施。各有关部门各司其职，通力协作，推进重点县工作的顺利开展。二是坚持科学规划。邀请省市相关部门领导和水利专家，对灌南县情况进行调研论证，在此基础上形成《江苏省灌南县农田水利发展规划》，作为全县农田水利建设纲领性文件。对发改委、财政、国土、农开、水利等部门的涉农项目进行有效整合，按照“渠道不乱、用途不变、优势互补、形成合力”的原则，科学规划，协同建设，有效地避免了重复投资、各自为战的现象。三是广泛宣传发动。每年组织召开全县冬春水利建设动员大会，全面部署重点县工作，县政府与各乡镇签订责任状，明确具体项目、具体目标，加大工作推进力度。新闻媒体跟踪报道实施过程中的典型事例、先进事迹及工作进展情况等。各项目区通过悬挂横幅、刷墙标、广播宣传等多种形式大力宣传重点县项目的作用和意义，充分调动基层群众支持参与重点县建设的积极性和主动性，使重点县项目建设深入人心。

（二）严格过程管理，确保重点县建设优质高效。一是规范建设程序。按重点县项目管理办法要求，全面落实项目法人、招标投标、建设监理、合同管理、决算审核等各项制度，规范工程建设程序，全程公开公示，接受社会监督，从源头上保证工程安全、资金安全、人员安全。二是重抓质量监管。落实项目法人职责，认真督查工程施工质量，严格控制原材料质量，要求达到国家规定标准。邀请市质监部门参与质检验收工作。形成建设单位负责、监理单位控制、施工单位保证、政府部门监督“四位一体”的保证体系，确保工程实现质量管理目标。三是加强督查考核。县政府将重点县建设工作列为全县农村工作考核重要内容，每年度均组织县水利、财政等部门，组成小型农田水利重点县项目县级验收小组，在乡镇自验的基础上，县验收小组逐村进行复验，确保工程序时推进，高效完成。四是重视长效管护。研究出台《灌南县农村河道长效管理制度》《灌南县小型农田水利工程管理办法》等制度文件，按照“组建规范、产权明晰、管理自主”的原则，在全县 14 个乡镇全部推行“灌区管理所或水利站＋农民用水者协会＋用水户”的管理模式，将所建的小农水工程产权或使用权划归农民用水户协会所有，形成以协会管护为主、基层水利服务组织指导为辅的管护制度，真正实现“建得起、用得好、有效益、管长远”的目标，使小农水重点县项目建设成为精细管理、服务长远的典范。

（三）加强资金管控，确保重点县建设严肃透明。一是确保专款专用。按照省厅关于小型农田水利工程建设资金使用管理办法的规定，专门出台《灌南县小型农田水利重点县建设和资金管理办法》等政策文件，严格执行相关的管理制度，实行县级财政报账制，加强工程建设资金管理，确保专款专用。二是确保及时拨付。按照“政府主导、整合资金、集中投入、整村推进”的思路，每年根据项目预算编制情况，统筹安排项目资金，确保财政配套资金足额到位，同时按照有关政策，采取“一事一议”的方法，确保农民筹资筹劳落到实处。三是确保过程透明。严格要求县财政局和项目实施单位，对下拨的资金单独设账、专人管理、独立核算，在项目的日常报账中，会同项目主管单位对照项目实施方案进行认真审核把关，确保财政资金使用到位。审计、监察等部门全程参与对资金使用情况的审计监督，确保资金使用全过程公开透明，确保这一民生工程经得起群众检验，真正造福于民。

三年来，累计完成投资 8159.86 万元，其中，省级以上投资 5700 万元，县财政配套 2000 万元，群众以劳代资 459.86 万元。合计新建防渗渠道 217 公里、更新改造泵站 84 座、建设渠系配套建筑物 6010 座、疏浚沟渠 188 公里、土方 109 万立方米。全县农田水利现状得到显著改善，给群众生产生活带来了极大便利。三年来，省市主管部门先后在我县召开了 10 余次现场会；《半月谈》《新华日报》《中国财经报》《中国水利报》等 10 多家媒体先后对我县工程推进中的创新做法和先进经验进行了全面报道。

三、建设中的几点思考

重点县工程具有单项工程小，面积分布广，规模形式多样，总体数量庞大，涉及矛盾较多，地方配套资金比例大等特点。通过项目的实施，对以下几方面要进一步思考和研究：

1. 缩小重点县地方配套资金比例

按照省厅关于重点县县级配套标准，三年重点县级财政需配套资金 2000 万元，占总投资的 30%。而且目前灌南县已成功立项为全国第四批重点县，三年总投资 1.029 亿元，县级又需配套 2360 万元，再加上农村饮水安全，灌区改造等一大批水利工程，县级每年配套资金量较大，灌南县为苏北贫困县，地方财政薄弱，县财政落实巨额配套资金确有一定困难。造成地方想争取项目为民办实事，又担心落实配套资金力不从心。鉴于此，建议增加省级以上资金补助比例，缩小或取消地方配套资金，有多少钱，办多少事，进一步调动基层的积极性。

2. 增加工程长效管护费用

在重点县建设过程中，我县以乡镇为单位成立了 14 个农民用水户协会，采取“灌区管理所或水利站+用水户协会+农户”的管理方式，加强对工程的长效管护。目前，面广量大的水利工程由于长时间运行，存在一家程度的损坏，由于缺少维修和人员管理经费，造成工程不能长久发挥效益。建议在工程总投资中提出一定比例，如 1%~2%的管护经费，专门用于工程的长效管护。

3. 提高工程建设档次

江苏省提出要在全国率先实现水利现代化，小农水工程也是水利现代化中重要的一环，水利人要改变思想，摒弃以前笨重粗放的结构形式，特别是一些涵闸、泵站等房屋形式，要彻底摆脱“火柴盒”的老土造型，要提高建设档次和标准，打造景观水利，生态水利和文明水利，与现代化环境相协调，反映新时期水利与时俱进的精神，成为田间一道亮丽的风景线。

四、结语

中央财政小型农田水利重点县具有很强的公益性，工程的建设，有利于大幅度提升农业综合生产能力和抗灾减灾能力；有利于集中连片规模化建设，促进现代农业发展；有利于推进农田水利建设管理体制机制创新，为工程长久发挥效益提供保障；有利于调动政府、部门和农民群众的积极性，形成农田水利建设的强大合力。我们相信随着重点县工程的逐年推进，农田水利工程一定会越来越好，为社会经济发展做出更大的贡献。

推进农村水利现代化发展刍议

李恒玉

摘　要：本文通过分析农村水利现代化与农业现代化的关系，阐述了农村水利现代化的涵义，提出当前推进农村水利现代化进程的主要任务、应遵循的原则和发展策略及相关措施。

关键词：水利　现代化　策略　思考

一、农村水利现代化的涵义及评价指标

“现代”是个相对的历史概念，是和“传统”比较而言。现代化既是我们国家多少代人的梦想，我们党和国家几代领导集体提出的奋斗目标，又是我们国家从不发达到发达漫长的发展过程。过去的新浦传统农村水利与很低的农业生产力发展水平相适应，施工建设、作业方式主要靠人力、畜力、手工劳动，劳动工具主要采用锄头、铁锹、手推车，建筑材料主要采用木材、黏土、石灰、砖、块石等，技术进步缓慢，管理十分粗放，缺乏理论基础和技术体系，主要靠言传身教的经验型。现在还有某些地方的沟渠土方开挖方法、沟畦地面灌水方法与古代差别不大。

现代农村水利就是用现代的观点、理念指导农村水利，用现代材料设备装备农村水利，用现代科学技术改造农村水利，用现代方法经营管理农村水利，使农业、农村有更强的抗御自然灾害能力，为农业生产、农民生活、农村生态环境条件不断改善提供强有力的保障，促进土地产出率、水的利用率、农村水利施工、灌排作业、灌排管理劳动生产率大幅度提高，实现水资源可持续利用、农业可持续发展。农村水利现代化的核心是科学化，目标是实现水资源的可持续利用，从而为农业、农村现代化提供保障。

农村水利现代化是水利现代化、农业现代化、国家现代化的组成部分。作为农业、农村基础设施的农村水利要为农业、农村现代化提供保障，应适当超前。但同时，推进农村水利现代化，又需要一定的水利基础和较发达的经济社会作前提条件。现代化是个国际性的概念。尽管国外没有非常清晰、具体的统一标准，但还是有客观共识的。各地区都在为最终实现农村水利现代化而奋斗。但不同地区、不同历史发展阶段有不同的工作任务重点。就本市区而言，目前，发达地区围绕着扩大灌排面积、提高灌排保证率、提高水利化水平开展工作，水利化是现阶段的目标任务。不能把水利化等同于现代化，不能把解决农民温饱的抗旱灌溉措施和基本生存条件的人畜饮水工程当做现代化的目标任务。哪些地方、什么时间可以提出加

快农村水利现代化进程的奋斗目标，必须要与当地经济社会发展的客观水平相适应。否则，现代化就起不到振奋人心、凝聚力量、团结群众齐心协力加快农村水利发展的作用。

为了推进现代化建立一套客观、综合、科学的评价方法和指标体系是必要的。它有利于明确方向、统一思路、找出差距，为科学决策提供依据。对于如何从一个地区范围衡量评价实现现代化的程度，包括什么是水利现代化、什么是农村水利现代化的标准尺度，这是一个大家正在研究探讨的课题。本人认为，农村水利现代化评价指标的建立应当体现综合、系统、宏观等特点，把重点放在保障功能的发挥和最终效果上，而不应局限于某几项工程或技术。应包括如下具体指标：抗御干旱洪涝自然灾害的能力或减轻灾害损失程度；各种先进实用技术推广普及程度；建设施工与灌排作业灌排管理劳动生产率；水的利用率和生产效率；社会化灌溉排水服务体系善程度；农村饮用水卫生安全和自来水普及程度；居民对农村与水有关的环境满意程度；从业人员素质水平；是否有建立了良性发展的管理体制与运行机制等。在一级指标下面，可以根据不同地方情况，设若干更直观、更容易操作的二级指标。有了指标，还要有量化标准，如灌排作业劳动生产率。

外省市发达地区中，已有部分中小泵站实现了无人值守，自动监控的。我市及本区现在是 1 至 2 个人管一个泵站，作为现代化的第一阶段目标，可以减少到一个人管一个泵站，在水利现代化不断升级的若干年里，设想是一个人可管几个泵站，由中心控制室自动监测控制，这样一个人就可以管几千亩甚至上万亩的灌排作业，再配合气象预报、田间墒情、沟渠水位流量等信息采集和分析处理，灌排作业和管理劳动生产率就可以达到很高的水平。

农村水利是认识和利用自然规律、改造自然的事业，不同地区自然条件差异很大，农村水利内容有很大区别。农村水利现代化的评价指标，应当充分包容不同类型地区特点，如干旱与丰水、山区与平原、水田与旱作物等。有一定的横向可比性，同时应尽量反映现代化的共性特征和本质，便于及时准确地监测指导现代化进程。新浦区水利现代化，主要是与自己条件类似地区比，或自己跟自己的过去比。

这里要强调指出，"现代化"本身是一个宏观、综合的概念，是一个由经济社会、人、资源、生态环境等许多方面组成的系统长期发展的结果。研究建立具有综合性的农业等行业现代化评价指标是有必要的。但如果大大小小各个行业、各个部门、各地区都建立自己的现代化评价指标体系就不一定妥当。建立一套评价指标，有利于跟踪监测、评估现代化进程和实现程度，有助于领导机关科学决策、指导，但也可能产生束缚干部群众手脚，影响创新能力发挥的负面作用。农村水利现代化评价指标，只起测评、参考作用，并且主要供有关研究单位使用，千万不要成为行政机关层层分解任务、签订目标责任状、考核政绩的指标任务。那样的话，这项工作就走入误区。

二、推进农村水利现代化的任务和原则

农村水利现代化必须紧紧围绕国家本省市现代化的总目标、任务、要求，农业、农村现代化的具体目标、任务要求开展自己的工作。查资料分析，按照中央的总体部署，到 21 世

纪中叶，全国将达到当时中等发达国家水平，就是说总体上基本实现现代化。这就明确了农村水利现代化的长远目标和任务。现阶段我国还处于社会主义初级阶段，人均 GDP 仅有 800 美元，人民生活刚刚达到小康水平，农业、农村、农民都在为全面建设小康社会努力奋斗。作为基础保障的农村水利的主要任务是提高水利化程度。按目前经济社会发展速度，到 2020 年建成全面小康社会，人均 GDP 达到 3000 美元，城乡二元结构得到根本性改变，基本实现工业化，城市化水平达到 60%，生态环境状况得到明显改善，人民过上相当富裕的生活，全国总体上可以说初步实现现代化。这也就是说全国的农村水利中期目标是 2020 年或稍晚一些时候初步实现现代化。实际上，到那时，中西部一些经济社会基础条件差的地区可能仍与初步现代化存在一定差距，而东部沿海经济发达地区，已进入基本实现现代化，向全面现代化方向迈进。

在新浦区境内，农村水利现代化主要任务大致可归纳为如下几个方面：

一是对现有灌排设施、生活饮用水设施进行配套完善、技术改造，提高其服务功能和保障程度。结合城乡统筹，做到防洪安全保证程度高、遇旱能灌、遇涝能排、生活饮用水达到国家卫生标准，可靠程度与方便程度达到小城镇水平。

二是建立功能齐全、服务优良的社会化农村水利技术推广服务体系，推广普及包括高效用水技术、机电排灌节能技术、自动化灌排技术、机械化施工技术、信息采集监测、分析处理、人工智能技术，高分子合成材料等在内的新技术、新工艺、新材料、新方法，提高农村水利的科技含量，对以人力、经验、砖石等为主的传统农村水利进行现代化技术改造。

三是通过培训，提高水利人员素质，增强水行政主管等机构能力，让懂得现代化，掌握现代化设施使用方法和技术的人去从事加快现代化的工作。

四是改革现行管理体制和运行机制，完善政策法规，使推进现代化所需资金，政策性亏损补偿有稳定可靠来源，明确设施资产所有权，政府、专业管理机构、农民、市场机制在发展农村水利事业中分别扮演什么角色，责任、权利、义务关系界定清楚。

五是把农村水环境改善、生活环境美化、生态环境保护作为农村水利的重要任务提到重要议事日程。

上述任务都是围绕增强农村水利对农业、农村现代化的服务和保障能力，提高水资源优化配置、高效利用、节约保护水平和劳动生产率水平等开展的。

三、新浦区农村水利发展现状

在经济全球化的形势下，农产品面临日益激烈的竞争，竞争不仅表现在价格方面，更重要的是质量方面。只有坚持水资源可持续利用、农业可持续发展、人与自然和谐相处的新理念，才能保证灌溉排水为农产品品质提供保障，农村水利建设与管理的理念要调整。所有这些都表明，农业现代化的进程在加快。作为农业、农村经济社会发展基础设施的农村水利必须适应变化了的客观形势要求，加快自身的现代化建设步伐。

经过六十多年的建设，新浦区农业与农村已经发展到了一个新的阶段。粮食、蔬菜等农产品从长期供不应求，变为供需基本平衡，部分地区、部分品种供大于求；农村人员务农人口大幅度减少，农民生活水平日益提高，农业机械化不断升级，农业生产条件明显改善；农田水利机械化施工、灌溉排水机械化作业逐步提高；农业结构调整、高效农业、出口创汇农业对灌溉排水保证程度、精准程度，以及与水有关的环境条件提出了越来越高的要求。普及自来水保证饮水安全提到了农村基础设施建设议事日程，在中央、省市的支持下，全区境内建设有骨干河道如蔷薇河、东站引河、烧香河、排淡河、大浦河、临洪河、玉带河、妇联河、东盐河、龙尾河、鲁兰河、乌龙河、准沭新河、马河、等河道及大中沟 437 条；建大沟级桥、涵、闸 1646 座，中沟级桥、涵、闸 3910 座；修建防渗渠道 120 公里，修建小型水库 6 座（其中，小（一）型水库 2 座，小（二）型水库 4 座）总蓄水库容 256 万立方米；塘坝和引水工程 17 座，蓄水量 58.11 万立方米；建机电排灌站 327 座，26608 千瓦；拥有堤防工程 6 处，长度为 258.6 千米，堤防保护人口 25 万人；新增有效灌溉面积 25.8 万亩，旱涝保收面积 17 万亩，治理除涝面积 20.5 万亩，治理水土流失面积 75.9 平方公里，改造中低产田 15.8 万亩；修筑机耕路 638 公里，完成水利工程土石方 9485 万立方米，投入水利资金 53032 万。农村人均收入达 11200 元，农民饮水安全及生产生活水环境得到了改善。

四、推动农村水利现代化的相关建议及配套措施

（一）推进农村水利现代化的几点建议：

1．要坚持农村水利可持续发展原则。

推进农村水利现代化，提高对现代农业的保障能力，主要内容是采用渠道防渗、涵闸节制等多种措施提高水的利用率。但是在对渠道进行衬砌防渗修建时，还要考虑可能对地下水补给、渠道两侧林草生态产生的不良影响。这里有个人与自然和谐相处的观念问题。灌区推行节水灌溉，水的有效利用率和生产效率大幅度提高，经济进一步发展，但有的地方分给下游河道、生态环境的水比例减少，从流域、区域范围看，这种发展不符合可持续发展原则。从防洪和改善环境考虑，对河道进行整治，必要的护砌是正确的，但把河道两侧都搞成没有生机、不透水、不透气的混凝土板，其合理性就值的考虑了。本地浦南镇区所做景观沟渠全部用砼板块护砌，两岸就显示不出绿色生态景观。

2．要围绕农业、农村现代化建设开展工作。

农村水利现代化不是为水利而水利，必须围绕地方经济社会现代化的总体部署和要求，农业、农村现代化的任务要求，确定自己的目标任务。现代农村水利在不同地区、不同自然、经济社会条件下有不同的做法。水田与旱作物、丰水与干旱缺水等不同类型地区，水利本身的做法、特点就有很大区别，现代化的做法当然也不一样。可以说，农村水利现代化没有固定的、统一的模式，而是各地方结合自己特点创造出来的。

3．要适合当地实情、注重工程实效。

加快推进农村水利现代化，要适合当地实情，发展工程的效益，能给集体和农民带来实惠，不是为了让别人参观、装点门面，出政绩。作为基础设施的农村水利现代化，要有较大资金投入，稳增亩产超总产，以尽少的投入产出最大效益。

4. 要提倡循环渐进，逐步梯次推进。

农村水利是一个长期的、艰巨的任务，是一项系统性、综合性很强的工作，推进速度快与慢，不光取决于主观愿望需求，还受制于投入能力，使用者素质等客观环境条件。有些同志把现代化看得很简单，总想把10年、20年才能完成的任务用5年完成，愿望虽好，结果是欲速则不达。有些地方把作为一个复杂系统的现代化简化为几个单项工程建设，如渠道衬砌化、管道化、田间灌水喷灌化等等，认为完成了这些任务，就基本实现现代化，显然这种做法不正确。我们用政府的力量推进现代化，用行政的方法去组织发动实施，有它积极的一面，但有时候也有弊病，常常不尊重客观规律，急于求成、急功近利。

（二）推进农村水利现代化的配套措施

市区都在探索农村水利现代化工作思路，抓试点，我认为基础最好、最具备条件在全市区范围全面推进农村水利现代化的是浦南镇。虽然其他地区的经济社会发展水平也比较高，但受水资源条件局限，现代化难度更大些。浦南作为新浦一个正在崛起的现代化滨和新城，有条件在郊区农村水利现代化方面走在全市前列，为其他地方城乡统筹的探索、积累更多更好的经验。

1. 研究、认识现代化建设规律，分析总结发达地区农村水利现代化的做法和经验，认识现代化发展规律，认准发展方向和趋势，从中吸取对我们有益的东西，在此基础上形成农村水利现代化的基本理论。要加强这方面的信息沟通、经验交流，培训骨干，引进高等院校、科研单位、生产管理单位的高才生，组成一支懂得现代化、熟悉现代化、能干现代化的队伍。目前，本地区这方面的力量太单薄，很不适应形势发展要求。

2. 制定有科学依据、切实可行的农村水利现代化发展规划，明确本地区现代化的长远目标、任务，分阶段的具体任务和实施计划。由于现代化是探索性的工作，规划有可能不完善，用滚动的方法，隔几年进行一次补充修改。规划应当是民主决策的结果，通过地方人大讨论批准，坚持不懈地干下去。不能换一届领导班子，换一个思路，使规划可有可无，不起作用。

3. 发挥政府在推进农村水利现代化中的主导作用。推进农村水利现代化，是政府行为，制定规划、协调各有关部门关系、筹措资金、检查监督、指导服务、制定配套政策法规等都应由政府去做。作为公益性较强、非营利的公共基础设施，建设所需资金的大部分比例应由政府解决，同时也要运用市场机制，在社会上筹措资金，形成多元化投入机制。

4. 部门协作配合。农村水利现代化不是水利部门一家的事，涉及计划、国土、财政、农业、林业、环保、政策研究等许多部门，必须在政府统一组织领导下，分工协作、紧密配合。

5. 发挥农民主体作用，调动农民参与积极性。农民是农村水利现代化事业的主体。在现代化规划、实施方案制定、验收、运行管理等到各个环节都要吸收农民参与，让农民当家做主，享受应有的权利，承担应尽的义务。这是农村水利现代化有长久活力的重要因素之一。

6．把科技进步作为推动农村水利现代化的强大武器。农村水利现代化，说到底，是用先进技术改造传统方法与技术。各种机械化、半机械化、自动化灌水技术、施工技术、高效用水技术、信息技术、新材料运用等等的研究开发，推广应用，科技体制改革都应当成为推进现代化的重点任务。

推进农村水利现代化，要采用正确的策略，从各地来看，农村水利现代化应当有先有后、有快有慢、水平有高有低，是一个多样化、动态的发展过程，要先易后难，由简到繁，不能遍地开花，齐头并进，要先选择经济实力雄厚，工作基础较好的地方进行试点，由点到面，逐步推开。

连云港市农村水环境问题分析及其治理对策

贾玉山

摘　要： 根据我市农村地区水环境污染现状，通过分析水土流失、自然灾害等对农村水环境造成的污染，提出了保护农村水环境、改善农村水环境的一些建议措施。

关键词： 农村水环境　水土流失　旱涝自然灾害　污染　治理

农村水环境是指分布在广大农村的河流、沟渠、池塘、水库等地表水体、土壤水和地下水体的总称。我市辖 3 个区、4 个县，有乡镇 84 个，乡村户数 90.81 万户，全市总人口 505.18 万人，乡村人口达 358.71 万人。近几年，农村水环境状况恶化，污染事故时有发生，不仅影响粮食安全，而且成为该地区农民健康与生命的“隐形杀手”。按照水利部确定的可持续发展水利的治水思路的要求，针对“洪涝灾害、水资源短缺、水环境恶化和水土流失”这四大水利问题，特别是农村经济发展中一直被忽视的一个重要问题——农村水环境日益恶化的问题，已经到了刻不容缓的地步！

一、农村水环境状况

（一）自然条件

连云港市位于江苏省东北部，地理坐标处于 E：118°24′48″～119°52′09″，N：34°11′45″～35°07′00″。连云港市位于鲁东南丘陵与苏北平原结合部，整个地形自西向东倾斜。地貌基本上分为中部平原区、西部岗岭区和东部沿海区。区域地形地貌复杂，类型较多。连云港水系属于淮河流域沂沭泗水系，新沂河、新沭河为沂沭地区主要的排洪通道，均从连云港市通过，市内尚有锈针河、龙尾河、范河、兴庄河、青口河、蔷薇河、柴米河、善后河、盐河等 40 多条河流，其中 10 多条直接入海。

（二）水资源

连云港市水资源由地表水资源和地下水资源组成，多年平均总量为 23.14 亿 m^3。其中地表水为主体，地表水资源主要由境内水资源和过境水资源组成。连云港市区，是本市径流值最高区，多年平均径流深为 281.3mm；东北部赣榆山丘区，多年平均年径流深为 279.3mm；处于中西部的东海县，丘陵面积较大，多年平均径流深为 256.1mm；南部的灌云、灌南县多年平均径流深为 239.5mm。平均全市多年径流深为 256.9mm，合地表水资源量 19.1 亿 m^3。

（三）水质

连云港市各主要饮用水源区小塔山水库、石梁河水库监测水域各时期均达标，水质状况良好；西双湖、车轴河、沭新河水域水质情况良好，基本维持III类水平；蔷薇河、青口河水域水质状况部分时段不满足水功能区目标值，还有其他水域水质状况均未达其水功能区水质目标，主要超标项目为高锰酸盐指数、五日生化需氧量、氨氮、总磷、氟化物。其中，蔷薇河、鲁兰河等水域由于蔷薇河沿线新增工业企业较多，如硅加工企业，企业污水通过支流进入蔷薇河，造成水体中氟化物含量超标。从空间上看，局部区域的污染比较严重，主要是省市交界处、工矿企业和居民生活集中区，这些河段水质基本上全年超标。从时间上看，汛前水质污染较严重。

由于我市农业人口居多，种种原因导致对农村水环境问题一直不够重视，农村水环境状况存在恶化趋势，污染事故时有发生，直接威胁着居住在广大农村地区农民的身体健康。

二、农村水环境存在的主要问题

乡镇企业的污水排放、化肥、农药不合理使用所导致的农村面源污染、迅速发展起来的集中式养殖场的污染以及居民生活污水等地表径流和废弃物的乱排乱堆等对水环境造成的污染问题已众所周知，但水土流失、旱涝灾害对水环境的污染等问题因目前缺乏相对明确的估算方法，常常被忽视，没有引起足够的重视。

（一）水土流失导致水环境恶化

水土流失是在水力、风力等外力的作用下，造成水土资源破坏和损失，包括土地表层侵蚀及水的损失。水土流失与面源污染是一个共生现象。面源污染没有确定的时空间位置，污染源分散、范围大、难于监测和控制，具有不能用排放标准来衡量的特点。面污染源的载体主要集中在地表径流，污染物质主要是氮、磷、氟等物质和农药。

我市年平均降雨量900mm，主要集中于7、8、9三个月，约占全年降雨量的2/3。年最大降雨量1380.7mm，最小降雨量520.7mm。降雨年际间分配不均，同时地表质地松散、易风化，再加上人为不合理的活动，水土流失严重。我市水土流失主要来自三个方面：坡耕地、开发建设项目、西北部的丘陵地区。现代工农业的不断发展，不断向土地投入的化肥、农药，其结果污染了土地并通过水土流失将污染物输入各类水体，造成了土壤有机质的迅速下降，土壤结构不断被破坏，土地肥力逐年衰减。

水土流失直接影响水环境的水量和水质两个方面：①水土流失造成河泊泥沙淤积，水体浑浊，过流断面减小，降低了河泊的防洪能力；②径流和泥沙携带大量的肥、农药等污染物进入水体，造成水体富营养化，引起水环境恶化；同时化肥、农药、病菌等污染物的进入，影响水生生物生存环境，影响了水生生物的生长，进而影响了水生植物对水体的进化功能。因此，水土流失不仅使得农业资源遭到破坏引起土壤退化，降低土地生产力，而且造成水环境的水质恶化。

（二）自然灾害频繁加剧农村水环境恶化

近年来，我市自然灾害频繁，降雨大部分集中在汛期，甚至是汛期当中的几场大雨，而且年际丰枯变化很大，形成非涝即旱、旱涝交替发生的局面，尤其最近几年，其影响范围以及破坏程度有加剧的趋势。同时，我市处于各水系的末端，是洪水入海口，是著名的洪水走廊。根据监测数据显示：全市境内流域的主要干流、支流和湖泊、水库的水质总体状况良好。但有些支流污染较为严重，随着农民生活水平的不断提高，塑料、玻璃、废旧电池等不可降解物在村道两旁、田边地头、水塘沟渠等随处可见；生活垃圾利用率极低，大部分都在城郊和乡村露天堆放，未采取任何处理措施，病毒细菌滋生，其渗漏液污染地表水和地下水，导致水环境恶化。枯水季节这些居民生活污水和废弃物在河槽内积蓄，到了汛期，这些积蓄的劣质水、污染物集中下泄，这种面源污染对水质的影响范围广、危害大，使干流和沿河湖泊水质大部分都受到严重影响。

三、水环境污染的影响

连云港市是一个农业市，农村人口占全市总人口的71%，农村人口主要分布在东南沿海圩区和西北部的低山丘陵区，这些地区农村的生产、生活用水均以地表水和浅层地下水为主。随着农村经济的发展和人口的增长，对水环境造成的污染越来越严重，广大农民认识不到自己在不知不觉中对水环境造成的污染，造成农村饮用水没有安全可靠的水源，严重影响了农民群众的身体健康。水环境的恶化同时也造成整个农村生活环境的恶化，造成恶性循环，对农村的社会稳定造成不利影响，最终影响农村经济的发展。

四、农村水环境的保护与治理

我市地处沂沭泗河流域下游，水资源相对充足，应进行水环境容量研究和核算，充分利用水体的自我净化能力对污染源进行治理。同时，根据《国务院关于环境保护若干问题的决定》以及水利部和国家环保局确定的农村水环境保护工作的指导思想："以提高农村地区人民的生活水平和环境质量为目的，使水资源开发利用和水环境保护并重，结合农村的资源优势、地理特点和经济发展状况，加强水的高效利用，控制农业面源污染，积极推动污水处理设施的建设，实施农村废物的资源化和能源化，实现农村社会和经济在21世纪的可持续发展。"制定水环境保护措施时，并结合自身的经济、环境特点，达到经济效益和环境效益的统一，达到治理和保护水环境的目的。

五、农村水环境综合治理和保护对策

（一）农村水环境保护

水环境包括水量和水质两个方面，二者缺一不可。应在满足一定水质目标要求的基础上，按照水利部《水功能区管理办法》编制农村水环境保护规划，科学治水，节约用水，维护水体的良好水质，防止水源枯竭，实现水资源的合理配置。同时要加快水务管理体制改革，对供水、节水、排水、中水回用、污水处理等涉水事务进行统一管理。

农业面源的污染已成为水环境污染、湖泊水库富营养化的主要影响因素。在控制乡镇企业污水排放、化肥与农药不合理使用等对水环境造成污染问题的同时，应进一步跟踪当代农村最新的发展趋势，充分重视水土流失、旱涝自然灾害等对水环境造成的污染，并结合各种法律、政策、宣传教育、水污染治理技术等综合手段，重视并加强农村地区特别是小城镇地区的环境规划。

（二）加强水土保持的治理力度、走生态农业的道路

治理农村水环境，防止土壤侵蚀，减少泥水体流失，必须改变没有水土保持措施的传统耕作方式，走生态农业的道路。第一，结合农村不同区域各自特点，实行生态平衡施肥技术和生态防治技术，从源头上控制化肥和农药的大量施用；第二，采取有效的水土保持措施及管理方式可以防止侵蚀，减少径流，控制水质的退化。第三，结合节水灌溉技术，提高农业水、肥利用效率。从根本上来讲，我市农业生产必须走生态农业的道路，搞好产业结构调整；同时采取工程措施、技术措施等，增强水环境的其自我修复能力。只有这样，才能有效遏制水土流失，实现我市水环境和农业的可持续发展。

（三）加大农村生活环境的整治

传统的生活习惯养成农民随地乱倒垃圾的习惯，道路两旁、沟渠河道随意堆放。目前，靠近道路的村庄，在道路两侧均间隔设置砖砌无盖垃圾池，在远离道路的村庄却没有设置。但农民保护环境的意识不强，很多人并不把垃圾放入垃圾池中，还是随意丢在路旁、沟渠内。同时，垃圾处理不及时，往往几个月也不处理一次，造成一遇雨天垃圾污水就流入河道内。这就要求政府部门加强宣传教育力度，是农民认识到保护环境、爱护环境的重要性，同时增加垃圾池的数量，各村各组无盲点，并增大、加强垃圾处理频率，尽量减少污染源。

从总体上看，全市对农村水污染的问题还不够重视。事实上，造成我市农村环境污染种类繁多，污水产生量大、分布面积广，许多问题的解决已超过了农民力所能及的范围。有关部门如果不及早重视、防范、治理，将会造成比城市水环境更复杂、更有害、更难治理和恢复的局面。水是生命之源，农业之本。喝上、用上洁净水、有效的保护水环境不仅是农民的迫切需求，也是农业发展的迫切需要。

浅析连云港市农村水环境整治情况

张　鹏　周　英

摘　要：连云港市地处沂、沭泗河水系下游，汛期是洪水走廊，旱季是用水末梢。要实现农村水环境的灌溉、排水、供水功能，其首要因素是要求水环境保持畅通，蓄、调、引、排、灌控制运用自如，而连云港市大部分河道、水塘开挖于 20 世纪五六十年代，已运行多年，淤积严重，引排水能力锐减，部分水体污染、发臭，严重危害了水环境质量，迫切要求全面疏浚整治。2003－2012 年，连云港市实施农村水环境整治工程，恢复了水体的引排功能、生态功能和景观功能。经过十年使用运行，部分水体淤积速度较快，水体淤塞严重，引排水不畅通，直接影响工农业生产、农村经济发展、水环境质量。实施新一轮农村水环境整治，明显改善水环境灌排功能和水质质量势在必行。

关键词：农村　水环境　整治

1．连云港近年来水环境实践及存在问题

良好的农村水环境质量，要求农村河道、河塘保持畅通，蓄、调、引、排、灌控制运用自如。而农村河道多开挖年代久远，运行多年，河床淤积严重，引排水能力锐减，部分河水污染，水体发臭，严重危害了水环境质量，迫切要求全面整治。2003－2012 年，连云港市实施农村河道疏浚整治工程，恢复了水环境的引排功能、生态功能和景观功能。共疏浚河道 1800 条 8535 公里，疏浚土方 18217 万立方米，工程投入资金 99412 万元；共疏浚河塘 19178 条（个），长度 9102.7 公里，土方量 10081 万立方米，工程投入资金 36318 万元。

几年来的农村水环境整治取得了一定经验和较大的成效。但也存在不少问题。一是水环境长效管理机制不健全，特别是村庄河塘，未能有效建立起常年专人管理机制，除部分河塘承包植树和水产养殖外，其余河塘管理资金难以落实，长效管理机制尚需进一步落实。二是水环境整治质量标准不够高。如河堤土方乱堆乱放，疏浚后的河堤不成形，没有达到口线顺直、坡面平光、底面平整的标准。三是水环境整治资金投入不足。由于投入有限，桥、涵、闸以及护坡、跌水等河道建筑物配套要求没有达到，河道疏浚后淤积速度不能得到有效控制，影响了河道的整体效益的有效发挥。四是部分河道淤积速度比较快，河道淤塞严重，引排水不畅通，直接影响工农业生产和农村经济的发展。经统计农村骨干河道 108 条，淤积长度 694.6 公里，现状淤积土方量 1505.2 万立方米；中小型河道 600 条，淤积长度 2601 公里，现状淤

积土方量4133万立方米；河塘现状淤积量4031.2万立方米。

2．实施新一轮治理必要性和紧迫性

（1）农村环境整治的迫切需要

农村是农民赖以生存、世代生活与从事生产活动的主要场所，改善农村水环境是农村基础建设内容。近几年来城市生态环境已经开始明显改善，农村生态环境保护也取得一定成效，但总体上问题仍较突出，特别是水环境恶化还未得到根本遏制。有的河道水草丛生，水流不畅，河床抬高，水系破坏严重，引排功能下降，削弱了农业综合生产能力；有的河道变成了垃圾场，河水污染，水体发臭，农村水环境恶化，影响了农民的生活质量。因此，迫切需要整治农村水环境，恢复水环境的引排功能、灌溉功能，改善农村的水生态和水景观环境。

（2）发展现代高效农业的迫切需要

良好的农村水环境是发展农业、提高农业综合生产能力的主要支撑。大力推进农村水环境整治，可以畅通水系，恢复河道引排蓄能力，提高农田抗御洪涝旱等自然灾害的能力，使农业获得较好、稳定的收成，为发展现代高效农业提供支撑和保障。做好这件事，还能促进水土资源开发，从多方面保障和促进农村经济发展，增加农民收入。

（3）改善饮水水源地必要性

近年来，大力实施的农村饮水安全工程的水源地，除少部分地下水外，多为农村地表水。农村地表水体淤积严重，水流不畅，河床抬高，水系破坏严重，引排功能下降，部分农村水体变成了垃圾场，人畜粪便、生活垃圾直接排入，造成水体污染，水体发臭，农村水环境恶化，水质普遍在三至五类，严重影响了农民的身体健康和生活质量。通过水环境整治，恢复其原设计标准，增加水体的自净能力，有利于改善水源地水质。

3．实施新一轮农村水环境整治规划

（1）整治内容

按照《连云港市2013-2015年农村河道轮浚规划》，从2013～2015年，共将疏浚骨干河道有108条，淤积长度694.6公里，土方量1505.2万立方米；中小型河道600条，淤积长度2601公里，土方量4133.4万立方米；河塘1242个行政村，现状淤积量4031.5万立方米。

（2）治理技术

农村水环境自然性较强,生态状况保持较好,但是自然水体的防洪能力大多较弱,所以,对这类水体的治理既要充分维护现有的自然生态状况,也要能大大提高水体的防洪能力。水体生态治理中,能展现水体特色的关键因素是水体构造型式。综合各种治理技术和治理措施,农村水环境的生态治理包括自然生态型治理、工程生态型治理以及景观生态治理三种治理模式。自然生态型治理是选择适于生长的植被种植在水体岸顶、坡面和水边,利用植物的根、茎、叶来固岸。山区等冲刷较为严重的水体,防洪要求较高。对这些水体的治理必须采用一些工程措施,才能有效地保护水体的结构稳定性和安全性,同时还必须采用生态措施,维护好水体的生态环境。景观生态型治理模式主要是从满足景观功能的角度对水体加以治理,将水体的生态要求和景观要求综合考虑,充分考虑水体所处的地理环境、风土人情，将各种独立的人文景观元素有规律地组合在一起。它将美学作为一个和谐和令人愉快的整体。此模式充分体现了“以人为本”、“人与自然和谐相处”的理念,符合科学发展观要求。

（3）长效管护措施

为实现责任与权利相统一，长效管理与水利建设相促进，水土保持与经济效益相结合，需加强水环境的长效管理。连云港市制定了农村水环境长效管理意见，指导全市水环境长效管理走向科学化、规范化、制度化。对于骨干河道，主要由县区水利部门成立专门的河道堤防管理所，各管理单位对所划分的管理范围依法进行管理，按照“分级管理、分级负担”的原则，层层落实管理工作责任制。对于中小型河道，大多由乡镇水利站负责管理，水利站根据各河道实际情况采取股份制、租赁制、承包制等形式下放乡级河道管理使用权，充分调动管理使用人员的积极性，促进河道良性运行。在建立河塘轮浚整治的长效管理机制的同时积极探索政府适当补助、河塘资源合理利用、受益群众自我管理相结合的长效管理制度，因地制宜、积极试点。具体包括四个方面：一是成立村容管理机构。由村民委员会建立制度，成立村容管理领导小组，明确专人负责，把村容村貌管理作为村民自治一项重要内容；二是落实管护费用。采取池塘整治后养殖承包、堤防绿化承包、土方转换、土地复垦等方式，筹集和落实管理经费；三是明确管护人员，对整治后的河塘和村容村貌长期管护；四是建立管护制度。对整治后的河塘、垃圾池等，由管护人员定期进行清理，村容管理领导小组进行监督和检查，同时加大宣传力度，让群众自觉将垃圾送到固定存放点，保持村容整洁。

4．效益分析

（1）增加灌排效益

农村水环境整治后，不仅解决了制约农业生产发展的灌溉和排涝问题，而且为工业生产、水产养殖、群众生活生产提供了较稳定的水源保证，促进了地方经济的发展与社会的稳定。2013-2015 年将新增达标堤防 209 公里，增加排涝能力 2370 立方米/秒，增加排涝面积 1056.8 平方公里，增加有效灌溉面积 62 万亩，复垦土地 74389 亩，增加旱涝保收田 65 万亩，植树造林 245 万株，新增绿化面积 1254 万平方米。

（2）改善生态环境方面

农村水环境整治后，淤积多年的河底泥得以清除，使死臭水变活，增加水体含氧量，改善河塘水质，水质等级可由目前的普遍Ⅳ级提高到Ⅲ级以上水质，可保障农民饮水安全，减少疾病威胁。对农村水环境综合运用水土保持技术进行综合治理，增加绿化面积，减少水土流失，减轻沟河泥沙淤积，改观生态面貌，营造“水清、岸绿、河畅、景美”的河渠生态环境，改善村民的居住环境。

参考文献

[1] 冯骞. 农村水环境治理. 南京：河海大学出版社，2011.

连云港市农村水利建设景观设计探讨

吉　宁　刘成高　王其兵

摘　要： 2011年,中央、省相继出台一号文件要求加快水利改革发展，江苏省委、省政府提出两个率先，率先全面建成小康社会，率先基本实现现代化。新农村建设“生产发展、生活宽裕、乡风文明、村容整洁、管理民主”和实现水利现代化对农村水利建设提出了更高的要求，随着各级加大农村水利建设的投入，在农村水利建设中应该注重农村水利景观特点，将农村小型水利设施与周边环境相适应，融入地域文化特征，注重生态保护，做到工程效益与环境效益的有机结合，促进新农村建设和水利现代化进程。

关键词： 农村　水利　景观　探讨

一、农村水利工程景观建设的意义

1. 景观建设是新农村建设的需要

改革开放以来，随着农村经济的发展和农村人口的增长，农村生态环境压力大大加重，农村河道环境遭到严重破坏，河道水体水质恶化，水与生态系统其他要素间的连通渠道被人为割断，农村水利景观现状直接制约着新农村建设目标的实现。进行农村水利景观建设是改变农村环境“脏、乱、差”的必要和有效的途径。

2. 景观建设是提高生活水平的需要

农村农业生产、农村经济的发展都离不开水，农村水利景观的建设对增加农民收入、提高生活水平大有益处，农村水利景观建设既能有效改善农村水环境，提高水质，同时也改善了农村投资发展的软环境，促进当地经济规模化发展。农村水利景观的建设能有效促进农村生态环境的治理和恢复保护，发挥涵养水源，改善农村小气候的作用，提高农村居民的生活品质。

3. 景观建设是实现水利现代化的需要

一直以来，我市农村水利工程建设只注重工程的功能性和稳定性，忽视构筑物与水域的融合、生态环保及美观效果。近年，全市在农村水利建设中开始注重工程景观的设计，考虑的往往只是单体建筑的景观，缺乏水体、水工建筑物和景观绿化等方面的综合考虑，缺少整体的景观规划。实现现代化不仅要注重农村水利工程的功能需求，更应该注重农村水利工程与周围生态、环境的有机结合，打造农村水利景观。

二、连云港市农村水利工程景观现状

1. 农村河道、渠道景观建设现状

连云港市位于江苏省东北部，处于我国沿海中部的黄海之滨，沂沭泗水系最下游，共有县乡河道 1657 条 8301 公里，防渗渠道 5044 公里。近年来，在农村河道疏浚整治和渠道衬砌中，开始在部分河道、渠道中尝试生态护坡、植树绿化等方法，打造绿色生态廊道，形成了朱稽付河、老六塘河、叮当河等绿色滨水景观带，在混凝土护坡渠道上推广植草砖护砌，恢复渠道生态修复能力。

2. 泵站、水闸建筑物工程景观现状

连云港市通过水利灌区改造、小型农田水利重点县和农开农业综合开发等部门投入拥有小型灌溉、排涝泵站 4358 座，引、排水闸 9981 座。近年来，全市在农村饮水安全、农村小型泵站等建筑物的设计中增加了风格及色彩的变化，引入青瓦白墙的徽派风格，建筑物周边设置绿化景观，与周边环境进行融合，逐渐展示农村水利的独特风格。

3. 桥、涵等建筑物工程景观现状

连云港市众多的跨越沟、渠的桥梁、涵洞、渡槽等建筑物分布在全市各级灌、排河道、沟渠上，结构多从工程的实用性、安全性考虑，基本没有景观效果。

三、农村水利建设景观探讨

1. 打造滨水景观

过去，在河道、渠道的护岸主要考虑的是行洪、排涝、蓄水、防渗等基本功能，主要采用浆砌石、干砌石、现浇或预制混凝土等硬质型护岸，使得鱼类、两栖类、昆虫类等与人类生存息息相关的动物和微生物失去了栖息、繁衍和避难的场所，水体的自净能力被大大削弱，对周围气候环境、景观环境产生一定的影响。在河道护岸设计时，除了要考虑河道的安全性外，周边环境和生态系统的影响也不容忽视，在农村河道整治中应减少传统的浆砌石、混凝土等硬质型护岸，恢复水土之间相互作用的通道，可以采用植物型护岸和动物型护岸等生态型护岸。充分利用护岸植物的发达根系、茂密的枝叶及水生护岸植物的净化能力，达到防止水土流失的目的，增强水体的自净能力，同时形成一道沿河绿色走廊。考虑水生、两栖类动物和昆虫的生理特性，提高生物的多样性，保护农村的生态环境，提供休憩、亲近自然的场所。

2. 打造工程景观

农村水利建设涉及水闸、泵站、桥梁、渡槽等众多水工建筑物，这些一个个独立的工程与周边的河道、渠道共同构成了农村水利整体景观。对于水闸、泵站等高耸结构，在不削弱功能的前提下，在全市范围内推广统一的水利外观风格，建筑物周边设置绿化景观进行点缀，由点的景观打造带动面的景观打造，形成全市农村水利建设风格，展示现代水利的形象。桥梁、渡槽等建筑物应与河道护岸、沿河绿化及周边道路一起进行总体设计，形成统一风格。

3. 打造文化景观

从古至今，农村水利一直伴随社会的进步发展，大到 2000 多年前的秦国修建“世界水利文化的鼻祖”都江堰，小到赣榆县 20 世纪五六十年代修建红领巾水库、三八水库，同时因地域不同，也展现出不同的地方文化特色。通过挖掘水文化，将文化与水利工程、与工程景观结合，通过文字篆刻等方式展示水利文化，如灌云县潮河湾新沂河水利纪念广场等。

参考文献

[1] 陈菁，吕萍. 农村水景观建设[M]. 南京：河海大学出版社，2011.

[2] 崔军，周凤扬，陈玉斐，周万洋. 淮安市小型水利工程景观设计现状与思考[J]. 中国水利,2013（04）:42-43.

[3] 王钊，卓美行，陶洪波，王崑. 农田水利与乡村景观融合方式的研究[J]. 中国农村水利水电,2012（04）:14-17.

浅议推进连云港市水利绿化发展措施

张　鹏　刘成高

摘　要：水利绿化是水利工作的重要内容之一，是强化水土保持、广辟工程管理经费、美化扮亮绿化水利的重要措施。扎实推进水利绿化建设水平将有效促进水利事业可持续发展，为新农村建设发挥积极作用。本文从规划计划、资金投入、长效机制建立等几个方面总结了连云港市水利绿化工作成效。

关键词：农村　水环境　整治

今年，是全面贯彻落实党的十八大精神的开局之年，也是连云港市加快推进新型城镇化建设，全面提升城乡形象的关键一年。围绕建设生态文明城市，水利绿化工作要按照“上规模扩绿增量、重特色提升品质、强功能改善民生、抓行业服务发展”的要求，大力度、高标准、全方位推进水利绿化工作，加快建设绿色美丽新港城。

1．科学制定规划，协调水利绿化发展

按照“建设一片，成功一片，见效一片”的原则，对水利绿化建设进行科学布置，与水利发展相适应，做到与工程建设项目相结合，完善工程管理设施，提高管理水平；与新农村建设相结合，绿化村庄河塘，改善宜居条件；与防治水土流失相结合，强化水土保持基础；与多种经营相结合，拓宽河道管理经费来源。今年先后编制完成了《水利绿化实施方案》《水土保持规划》《农村河道疏浚整治轮浚规划》等一系列涉及水利绿化的规划，实现了水利绿化建设科学有序协调推进，绿色河堤面貌得到了极大的改善。

2．狠抓前期计划，确保工程计划质量

水利绿化特点是面广量大，内容繁多。有河渠的地方就应该有绿化，年均完成2万余亩，约130万株，形成了以赣榆县朱稽付河300亩、海州区孙庄大沟150亩等生态景观绿化典型，以灌云县叮当河1500亩、灌南县老六塘河900亩等经济林绿化典型，以东海县新沭河200亩、新浦区东站引河450亩等抚育更新成片造林绿化典型，以临洪大浦站、石梁河水库管理区等园林绿化典型。计划工作质量直接影响水利绿化效果和效益。为此，我们将水利绿化项目年度实施方案编制工作作为重要工作内容。年初就开始层层现场调研、调查、测量，反复核对，对县级等主要河道采取GPS定位技术，确定河长、面积、株数。各乡镇水利（务）站统计后由县水利部门汇总，根据调研情况完善方案，最终形成全市年度水利绿化实施方案。

3．整合绿化资金，逐年加大投入

坚持政府引导、多元筹资，市场化运作，加大水利绿化投入。各级水利部门制定优惠政策吸引群众参与绿化造林。农村河道多通过对外发包河堤等方式，组织群众、社会资本参与河堤绿化。结合河道疏浚整治等水利项目，筹集省以上专项资金700万元。水利管理部门也积极参与绿化造林，新浦区河道管理所筹集资金32万元，进行东站引河河堤绿化造林，完成450亩、8万株。市石梁河水库管理处结合实施海陵湖水利风景区生态园绿化工程，投入63万元，完成栽植苗木包括樱桃、红枫、大叶女贞等68亩。赣榆县、东海县在实施县城区河道疏浚整治时配合县住建等部门，进行河堤两岸园林绿化造林1200亩，提升绿化档次，美化环境，开发区建设部门也对曹圩河（盐池西路~昌圩路段）进行城区景观重点打造。

4．加强管养，提高成活率和保存率

水利绿化造林“三分栽七分管”。要求“一栽就管”，明确管护主体和责任人，依法签订管护合同，建立长效管护机制，确保栽一片、成一片。按照“谁栽植，谁养护，谁受益”，签订养护合同，巩固绿化成果。充分利用河堤绿化的水源优势，紧紧抓住春夏期间幼树生长的关键时期，对新栽树木及时浇灌。对季节性干涸河道，水利部门想方设法调度水源，确保幼树灌溉就近用水。加大巡查工作力度，保护幼树不被破坏。实行科学管理，完善制度，一方面由水政监察队伍加强河堤巡查，另一方面加大宣传力度，沿河、沿村广泛宣传，提高群众爱绿护绿意识，减少破坏事件发生。同时与有关部门密切联系，建立工作协作关系，形成多层次的执法巡查网络。

水利绿化是水利工作的重要内容之一，是强化水土保持、广辟工程管理经费、美化扮亮绿化水利的重要措施，扎实推进水利绿化建设水平将有效促进水利事业可持续发展，为新农村建设发挥积极作用。

连云港市海滨大道连云新城段工程水土流失预测及水土保持损益分析

徐天文　刘成高

摘　要：公路工程属于建设类项目，其主体工程和临时工程施工均会扰动原地表，产生水土流失。本文以连云港市海滨大道连云新城段工程为例，预测了工程建设可能带来的水土流失，并通过水土流失影响指数（*SWII*）对本工程的水土流失影响进行了定量分析。结果表明，本工程建设新增水土流失总量为 4932.82t；水土流失影响指数为 0.2725，低于我国公路行业平均水平。

关键词：海滨大道　水土流失　损益分析

1. 项目区域及工程概况

（1）工程概况

连云港市海滨大道是展现我市山、海、港、城特色，促进港口、产业、城市一体化发展，体现国际化海滨城市的旅游观光大道和快速通道（包括 BRT 快速公交）。海滨大道连云新城段工程主线总长 9.405km，道路全线规划断面为 6 车道，设计速度为 60km/h，其中桥梁 2 座，长 536m，隧道 1 条，长 400m。工程建设时间为一年，于 2013 年 1 月开工，2013 年 12 月建成通车。

项目建设区主要包括道路工程区、桥隧工程区、附属工程区、施工便道区、施工临时设施区。水土流失防治责任范围面积共计 81.54hm^2，包括永久占地 67.75 hm^2，临时占地 8.66 hm^2，直接影响区 5.13hm^2。全线土石方挖填总量为 58.04 万 m^3，其中挖方总量 4.94 万 m^3，填方总量为 53.10 万 m^3，外购方 48.16 万 m^3。

（2）项目区域概况

项目区所在连云港市地跨北纬 33°58′—35°07′，东经 118°24′—119°48′，属北亚热带向暖温带过渡地带，海洋性季风气候，四季分明，光照充足，雨热同季。多年平均气温 14.2℃，一月平均气温-0.4℃，七月平均气温 27.4℃，年最高气温 40.2℃，年最低气温-18℃，冬季最大冻土厚度 0.22m。春冬两季多北风、西北风，夏秋两季则东南风居多，平均风速 3.3m/s。

多年平均降雨量 900.6mm，主要集中于 7、8、9 三个月，约占全年降雨量的 2/3。年最大降雨量 1380.7mm，最小降雨量 520.7mm。日最大降雨量 304.2mm。降雪集中于 12 月至次年 2 月，最大积雪厚度 280mm。多年平均蒸发量 855.1mm。多年平均日照 2450.2h。全年无霜期 215d。项目区原始地貌属滨海平原，主要土壤为盐渍土、吹填淤泥土，植被覆盖较差，公路用地范围内植被稀少，以芦苇、杂草、大米草、盐蒿子为主。

2. 水土流失预测

在实地调研查勘及分析工程设计资料的基础上，分析工程建设占地、破坏原地貌，估算弃方量；在调查分析估判原地貌和建设扰动土地水土流失的基础上预测新增水土流失量；从各方面综合分析评价防治责任范围内的水土流失程度、强度、危害及其对周围区域的影响，为合理布设水土保持防治措施，制定水土保持监测方案提供依据[1-2]。

（1）水土流失预测内容及方法

公路工程属线性工程，水土流失主要发生于工程扰动区内，根据《开发建设项目水土保持技术规范》（GB 50433-2008）的要求，结合本项目具体建设内容，水土流失预测内容包括工程扰动原地貌面积、损坏占压水土保持设施的面积和数量、可能造成的水土流失面积和强度预测以及可能造成水土流失危害预测。针对上述预测内容，扰动原地貌、破坏地表植被面积、损坏占压水土保持设施面积、弃土量预测、可能造成水土流失量预测采取定量计算，水土流失危害预测采用定性分析(见表 1)。

表 1　　水土流失预测内容表

项目	预测内容	预测方法
扰动原地貌，损坏土地和植被情况预测	在防治责任范围内，分别对永久占地和临时用地进行统计，并计算出扰动地表、占压土地和损坏草地植被面积	定量计算
损坏水土保持设施预测	水土保持设施包括原地貌、植被，已实施的水土保持植物措施和工程措施	定量计算
弃土量预测	包括道路工程、桥梁工程及附属工程弃土量等	定量计算
可能造成水土流失量预测	根据工程建设中水土流失影响因子、水土流失类型和分布情况及其水土流失背景资料，确定工程建设可能造成的水土流失面积、水土流失强度指标及流失量	定量计算
水土流失危害预测	工程建设中可能造成的水土流失危害	定性分析

（2）水土流失预测结果及分析

本工程扰动原地貌，损坏土表和植被的面积，即工程扰动地表面积，为永久占地和临时用地之和，共计 76.41hm^2；破坏占压水土保持设施面积为 40.6hm^2；工程挖方量 4.94 万 m^3，填方量为 53.10 万 m^3，挖方全部用于回填，另需外购方 48.16 万 m^3，无弃方；经预测，本工程建设新增水土流失总量为 4932.82t。

从各预测单元来看，道路工程区新增土壤流失 3810.58t，占新增总量的 77.25%；桥隧工程区新增土壤流失 156.66t，占新增总量的 3.18%；附属工程区新增土壤流失 595.33t，占新增总量的 12.07%；施工便道区新增土壤流失 171.46t，占新增总量的 3.48%；施工设施区新增土壤流失 198.79t，占新增总量的 4.03%。可以看出，本工程道路工程区新增土壤流失量 > 附属工程区新增土壤流失量 > 施工设施区新增土壤流失量 > 施工便道区新增土壤流失量 > 桥隧工程区新增土壤流失量，具体见图 1。同时可以确定出本工程水土流失重点防治区段为道路工程区。

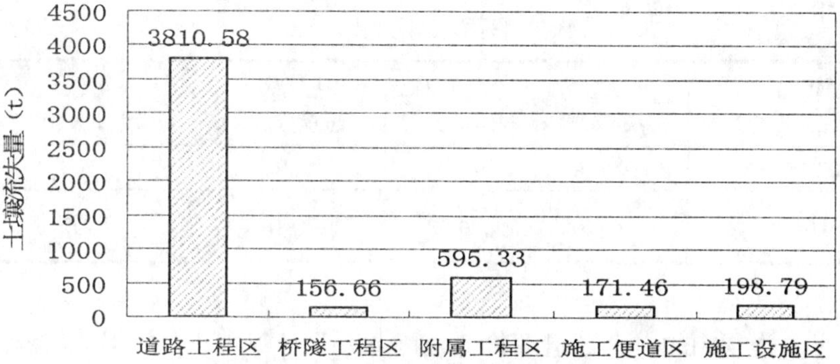

图 1　各预测单元新增土壤流失量

从预测时段来看，本工程施工期工程建设扰动地表新增水土流失量为 4457.9t，占新增水土流失总量的 90.4%；自然恢复期新增水土流失量为 474.92t，占新增水土流失总量的 9.6%，具体见图 2，因此施工期是水土流失重点防护阶段。

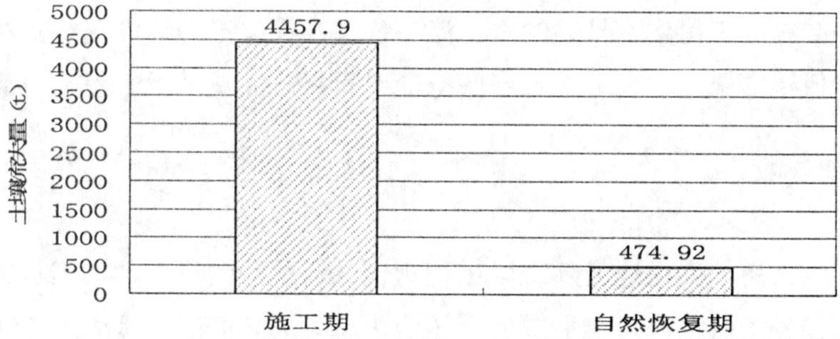

图 2　各预测时段新增土壤流失量

3. 水土保持损益分析

水土流失影响指数（*SWII*）评价模型是姜德文在分析研究了 1000 多个不同行业、不同区域的开发建设项目水土保持方案案例的基础上，将水土保持损益分析中的关键影响指标进行加权后求和，从而构建的一种反映建设项目水土流失影响程度的方法[3]，目前已广泛应用于各行业开发建设项目水土保持损益分析。水土流失影响指数评价模型的核心是建立无量纲的 *SWII* 指数，计算 *SWII* 指数需要对水土流失影响最直接、最有影响力的 5 个关键指标：占地面积与影响范围、对地表扰动程度、影响时间、造成的水土流失总量和不可恢复程度（见表 2）。水土流失影响指数计算公式为：

$$SWII = \sum_{i=5}^{5} a_i \times x_i$$

式中：a_i 为第 i 个因子的权重，i =1，2，3…5；

x_i 为第 i 个因子数据归一后的值，i =1，2，3…5。

表 2　　　　　　　　　　　水土流失影响指数计算表

影响因子	占地面积与影响范围（x_1）	地表扰动强度（x_2）	影响时间（x_3）	水土流失总量（x_4）	不可恢复比（x_5）	*SWII*
权重	0.215	0.228	0.158	0.194	0.205	0.2725
归一化值	0.35	0.08	0.08	0.16	0.66	

SWII 是对水土流失影响的一个定量评价值，因此，当计算得出的 *SWII* 值愈小时，说明建设项目对水土流失的影响范围及面积愈小、对地表的扰动强度愈小、影响的时间愈短、造成的水土流失量愈小、不可恢复的面积愈小，这些都是对水土保持有利的；反之，当 *SWII* 值愈大时，造成的水土流失影响愈大，对水土保持愈不利。经计算，本工程的 *SWII* 为 0.2725，低于公路行业平均水平 0.2743，说明工程对水土流失的影响程度较小。从计算结果来看，5 项影响因子中数值较高的是占地面积与影响范围和不可恢复比两项。因此，可以通过以下两方面进行改进来减缓因工程建设带来的水土流失危害：优化工程选址选线，尽可能减少占地面积；增加水土保持措施，扩大工程水土保持治理面积，以减少因工程建设而造成的水土流失。

4．小结

本文以连云港市海滨大道连云新城段工程为例，通过预测得出，本工程如不采取有效的水土流失防治措施预测时段内可能造成的土壤流失总量为 5505.2t，新增流失量为 4932.82t，水土流失重点防护时段为施工期，水土流失重点防治区段为道路工程区。通过计算本工程的 *SWII* 为 0.2725，低于公路行业平均水平，说明工程对水土流失的影响程度较小。此外，还可采取减少扰动面积及影响范围，增加水土保持措施等方式进一步减缓因工程建设带来的水土流失危害。

参考文献

[1] 肖飞. 公路水土流失类型及预测方法研究[J]. 水土保持应用技术，2008（6）：34-36.

[2] 杨文利，伍木根. 公路建设项目水土保持方案编制初探[J]. 水土保持研究，2000, 7（3）：62-64.

[3] 姜德文. 开发建设项目水土保持损益分析研究[M]. 北京：中国水利水电出版社，2008:131-135.

关于病险水闸除险加固设计工作的思考

赵志徐　高见　徐珊

摘　要:本文结合笔者近两年的学习与研究，对赣榆县病险水闸的除险加固设计进行了分析探讨，并提出一些个人看法，与大家共同讨论。

关键词:病险水闸　加固设计　设计前期　复核

引言

赣榆县水闸绝大部分建于 20 世纪七八十年代，由于当时技术经济条件的限制，大多数工程设计标准较低，同时建成后运行管理制度不完善，工程正常维修养护经费无正常渠道投入，工程更新改造、除险加固费用投入不足，在运行过程中逐渐产生老化病害，导致工程的安全性、适用性和耐久性下降，功能得不到正常发挥，甚至产生安全隐患。为了更好地了解全县病险水闸工程当前的工情、险情，有必要对存在问题较为严重的病险水闸进行实地现状调查及现场检测，根据各闸工程现状调查及现场检测的情况并结合工程运行管理情况，对病险水闸进行加固设计，使水闸工程发挥其作用，保护人民生命财产的安全。

1．设计前期资料的分析整理。

（1）原始资料收集

充分利用收集到的水闸工程原始资料，可以节省大量时间和减少不必要的投资。

（2）水闸安全鉴定成果

水闸安全鉴定成果主要包括现状调查分析、现场安全检测、工程复核计算和安全评价。因此，水闸安全鉴定可作为开展除险加固设计的重要参考资料。由于安全鉴定更着重于现场观测、检测的结果，水闸安全鉴定的成果不能完全代替设计人员必要的复核和验算。设计人员必要时可与安全鉴定人员充分沟通，取得现场安全检测和工程复核计算的原始资料，为采取更合理的处理措施提供依据。

（3）水闸除险加固规划和批准文件

水闸除险加固规划和批准文件是除险加固设计的重要依据。除险加固规划和批准文件，准确地说明了水闸除险加固设计需要的深度和设计范围，对开展设计具有指导意义。

2．补充工程勘察应遵循的原则

当水闸经安全鉴定需进行除险加固时，应首先分析原设计勘察资料、施工资料、竣工资料以及水闸安全鉴定中的勘察资料是否能满足除险加固设计要求。当确有必要补充勘察时，应直接针对存在问题安排勘察工作。工程勘察时，除遵循一般地质勘察要求外，尚需遵循以下原则：水闸除险加固设计工程地质勘察的对象应根据设计要求确定；原工程勘察资料收集不全或没有，而除险加固设计又需要资料时需进行补充工程勘察；水闸除险加固设计的工程布置范围超出原工程勘察资料勘察范围的，应进行补充勘察；闸基存在不良工程地质问题，原勘察资料又说明不了问题，应进行补充勘察以确定处理方案；补充勘察应以不扰动原建筑物基础或影响其安全为原则。水闸除险加固工程设计地质勘察应在安全鉴定的基础上，对水闸工程的险情和隐患及其他有关地质问题进行详细勘察，结合设计单位的设计要求，分析地质病害和隐患产生的原因，并评价其危险程度，提供水闸除险加固设计所需要的地质资料，并对加固处理措施提出建议。

3．工程任务和规模的复核对于新建的水闸工程，其工程任务和规模是由所在河流的流域规划以及需求所确定的。而对除险加固的水闸工程，其任务和规模原则上不会发生变化，但也会因为除险加固措施的实施而发生改变。

（1）等级划分及洪水标准

病险水闸除险加固设计时，首先应复核建筑物等别与级别。目前需要除险加固设计的水闸，多修建于 20 世纪 90 年代之前。在不同时期，国家有不同的相关规范来确定工程的等级。因此，水闸除险加固应以满足水闸正常使用功能和自身防洪安全为原则。在除险加固设计时，应以最新修正的规划数据为依据，按新的规范要求对工程等别进行复核和重新确定。目前，复核水闸建筑物等别与建筑物级别时，主要以《水闸设计规范（s1265—2001）》为依据确定建筑物的等别与级别。山区、丘陵区水利枢纽工程等别应按国家现行的《水利水电工程等别划分及洪水标准（s1252—2000）》确定。

（2）特征水位

根据水闸的功能不同，设计水位包括设计洪水位、正常蓄水位、设计引水位等。设计中引起特征水位变化的主要有两种情况：一是对应设计流量变化引起设计水位的变化，这与水闸等级变化以及流域水文情况变化相关。水闸等级变化、流域防洪标准变化以及流域内修建水库等改变了来水条件、水文系列延长引起的洪水频率变化等都可能引起设计流量的变化，而设计流量变化势必要求重新复核对应的设计水位。二是设计流量不变的情况下，河道冲淤、断面变化等引起的同流量水位的变化。

4．工程布置及建筑物的加固设计

（1）工程布置安全鉴定中需要除险加固的三类闸，除险加固设计原则上一般不改变原闸的工程总体布置和主要建筑物型式。需要延长渗径和消能防冲段的水闸，应按原闸轴线进行布置，并符合《水闸设计规范》（s1265—2001）的相关规定。

（2）水力设计

水力设计一般包括：过流能力验算、拟定闸门控制运行方式和消能防冲设计计算。病险水闸除险加固设计时，影响水闸过流能力的主要因素包括设计水位的变化、孔口断面尺寸和型式的变化、过水涵洞断面尺寸以及涵洞长度的变化、消能防冲设施变化等。设计时应根据复核后的特征水位和规模，对水闸的过流能力进行复核。当采取加厚底板尺寸、加固闸墩以及增加底坎等措施时，过流面积、水流流态以及下游的出流状态都可能发生变化，需要重新复核水闸的过流能力。尤其要注意流态的变化，需要根据实际情况而采取和原设计以及安全鉴定时不同的过流能力计算公式来进行验算。如果水闸为穿堤涵闸，闸室后紧邻的涵洞断面尺寸、长度变化都可能引起过流能力的变化。尤其是涵洞延长时，尚需重新判断涵洞的流态，即涵洞为有压、无压、半有压和长洞、短洞以及淹没出流和非淹没出流等不同的水流型式，据此选择合适的计算公式验算其过流能力。

（3）防渗排水设计

水闸的防渗排水设计主要是根据闸基地质情况及上下游水位条件等进行设计计算，其内容包括：进行水闸的地下轮廓布置，设计防渗、排水设施的型式、布置、构造和尺寸；渗流压力计算；渗流坡降计算，验算地基抗渗稳定性；滤层设计；防渗帷幕及排水孔设计；永久缝止水设计。除险加固的水闸应根据水闸存在的问题，按水闸实际的防渗、排水设施型式、布置、构造和尺寸进行防渗排水设计验算。不同水闸存在问题不同，在除险加固设计时也应根据加固设计采取的措施，对改建后的排水设施进行复核计算。必须注意的是，一旦改变了原防渗措施，须对渗流压力进行计算，因为新增的防渗设施可能会改变渗流压力分布，影响到闸室稳定。防渗设计时，一方面要注意特征水位变化引起的计算条件的变化，另一方面，也需尽可能根据已建水闸多年观测的数据对地质参数进行必要的复核。

（4）闸室结构布置及稳定性分析

三类闸除险加固时，首先需根据新的设计条件对原结构进行分析计算，然后结合安全鉴定中结构存在的问题，采取必要的工程措施进行加固，同时按加固后的结构尺寸重新进行结构分析和稳定验算。验算时应尽可能考虑工程措施中新老材料之间的差异性，以及这些差异将对工程安全运行带来的影响。水闸结构分析及稳定计算时，其荷载的计算也应考虑设计参数的改变。同时，荷载组合中应对检修工况荷载组合进行充分的考虑。有抗震要求时，应根据《水工建筑物抗震设计规范（s1203—97）》的规定，对抗震设防烈度超过 6 度的水工建筑物进行结构抗震设计校核。

（5）地基处理及设计

当水闸发生不均匀沉降或者地基总体沉降量较大时，需根据地质情况重新复核地基承载力。闸室加固、防渗措施改变时都需要重新验算地基承载力。当地基已发生较大不均匀沉降时，需根据已有地质资料认真复核地基承载力，确定合理的加固措施。必要时增加地质勘探工作，取得更为合理的地基土的物理力学指标，确保采取的措施合理、经济且施工可行。

5. 闸门、启闭机

闸门、启闭机不论是钢筋混凝土闸门还是钢闸门，随着使用年限的延长，自身结构均会出现不同程度的老化、损坏。对于钢闸门，当其结构发生严重锈蚀而导致截面削弱，应进行结构强度、刚度和稳定性验算。对闸门的零部件和埋件等发生严重锈蚀或磨损的，应按实际截面进行强度复核。当主要设计参数发生改变时，尤其是挡水高度等发生变化时，必须对闸门强度进行验算。启闭机以及相应的电气控制设备主要存在的问题是设备老化。当需要进行设备更新时，除考虑启闭力外，还应尽可能选择量产、标准化程度高的设备，方便日后的维修养护。

小型农田水利工程建设中存在的问题及对策

李　志

摘　要： 笔者结合多年在小型水利工程建设中的工作经验积累，发掘工程建设所存在的问题，并提出相应的解决方案。

关键词： 农田水利　工程建设　问题及对策

前言

随着我国经济的迅速发展，水利建设也发展较快。小型农田水利工程是指为解决耕地浇灌和旱田节水灌溉而修建的小型水利工程，不包括万亩以上灌区的渠系工程。小型农田水利建设是农业发展的最基础要素，是农村实现可持续发展的必要条件。

财政部、水利部于2011年1月11日联合下发“财农（2011）1号《关于进一步加强小型农田水利重点县建设管理工作确保如期实现重点县建设目标的意见》”，剑指小型农田水利建设问题，一针见血。小型农田水利设施是农业基础设施的重要组成部分，是提高农业综合生产能力的重要前提条件，是全面建设小康社会的重要基础保障。

为了积极响应国家关于水利工程建设的号召，进一步解决因农田水利设施建设与管理的落后而制约粮食生产能力提高的突出的矛盾和问题，笔者根据农田水利工程建设与管理的现状提出了几点相应的建议：

1．小型农田水利工程建设中的问题

小型农田水利工程与农民的日常生活和农业生产工具都是密切相关，有着千丝万缕的联系。但是，诸如此类的一些水利工程在建设中大都容易出现各种各样的问题，给农业生产和日常的农村经营带来许多不便和损失。主要表现在以下几个方面：

（1）缺乏筹资渠道

工程建设降低小型农田水利工程建设除应急的抗旱节水灌排和国家统一调配的少量资金由政府投资外，其他的政府投入几乎为零，所需建设和运维资金基本上由农民自筹。几年来农民收入尽管有了大幅提高，但由于农资产品价格上涨，导致农民生产和生活成本剧增，自筹难度也非常大，小型农田水利工程建设资金很难及时到位，总是一拖再拖，导致小型水利工程的建设由于资金短缺，最后不得不降低标准建设，高标准制订计划低标准验收完工。

这样就导致水利工程建设普遍标准低，过早地失去了起原本设想的使用价值。

（2）缺乏整体规划，工程目的不明，重复建设隐患多

小型农田水利工程建设大部分是各级乡镇、村级等小单位小圈子内自己基层单位组织农民筹资建设，区域性的工程建设，缺乏全局发展性战略眼光，在合理开发和社会经济效益等诸多方面都无法统一兼顾。这样修建成功后，就容易造成重复建设、工程管理人员也无法配备到位，而且在工程质量方面也会留下隐患，最后导致工程烂尾废弃。

（3）工程质量不能达标，后续维护难以为继

小型农田水利工程属于新农村建设中的基础浇灌设施，大多为当地小型工程队伍承建，虽然在农田灌排、区域规划也制定了一些相关的建设和运维标准，但缺少必要的前期计划制定、工程实施、监督监察、完工验收等工程实施和运维方面的管理措施，再加上施工人员多为当地农民队伍，施工单位属于无资质施工，缺乏质量意识，相关的建设标准徒有虚名，大多没有专门质检部门和专职的监理人员，直接后果就是导致工程质量无法达标，后续养护更无从谈起，致使多数工程成了有人建无人管、不达标、无人维护的三无工程。

2. 小型农田水利工程建设问题的对策

（1）拓宽筹资渠道，多元化投资，提高建设标准

多年来小型农田水利工程建设的筹资渠道过窄，资金投入少，制约了水利工程建设标准的提高。为了解决这一困境，应该遵循投资主体多元化、投入形式多样化原则，建立健全新的投入机制，进一步探索政府和全社会联合办水利的路子。根据市场经济的要求，逐步建立以政府、农民、社会各界共同参与的多层次、多渠道、多元化投资机制，使政府引导、市场运作、社会筹资有机结合。按照谁投资、谁管理、谁受益原则，采取多种形式，放宽政策条件，积极引入社会资金，提高农田水利基本建设的总体投入水平和建设标准。

（2）建立健全管理机制，完善项目审批流程

建立健全领导负责制，各乡（镇）人民政府，县直有关单位要高度重视农田水利基础设施建设工作，切实承担起小型农田水利基础设施建设的组织责任，真正把小型农田水利基础设施建设作为发展现代农业的突破口，建设社会主义新农村的重要内容，纳入当地经济社会发展规划。

农田水利工程所包含的项目众多，应该有一个完整的审批流程，合理规划、统一布局。合理规划是任何完整工程建设的首要前提，也是合理利用资源、最大程度发挥经济效益的首要因素，更能避免农村水利项目建设的盲目性和重复性。

（3）建立监管体系，提高监管质量

完善的监管体系是任何工程的质量保证的最根本要素，小型农田水利工程也不例外。要确保修建的工程高标准高质量，就必须建立一套健全完善的工程监管体系。主要从以下两个方面入手：

第一，严把工程设计和招投标过程关 。根据实施工程的规模，从严制定工程队伍资质

准入制度，严禁资质低甚或无资质的单位和个人通过不正当手段参与水利工程设计；任何水利工程的建设都必须经行政主管部门招投标进行。招投标过程至少要3家以上的具有准入资格的单位参与，引入竞争机制严把设计资格入门关。

第二，工程实行施工准入制和监理制度。施工单位工程师、技术人员，包括施工人员等都必须具备施工准入证，要求持证上岗，施工准入证由行政主管部门发放并检审；从工程施工阶段开始，建设单位配备的具有资质的质检人员马上到位，时时检测工程实施情况，详细填写质检记录，从工程所需材料，工程实施基础数据，到一些重要的工序及隐蔽工程的质量检查验收，必要时还需到有关权威部门做鉴定，从严把好质量关。

3. 结语

水利是农业的命脉，小型农田水利工程是农村发展的基石，在发展农业和提高农民生活水平中有着举足轻重的作用，是农村建设和真正提高农民生活水平的基础产业。坚持政府主导、农民主体、市场运作、社会参与的原则，逐步建立起农田水利建设健康发展新路子，为现代农业发展、建设社会主义新农村奠定坚实的基础。

参考文献

[1]小型农田水利工程项目建设工作要统筹谋划突出重点[J].农村财政与财务,2009,(11):11-12.

[2]张华波.小型农田水利工程建设和管理问题的探讨[J].农业科技与信息,2009,(20):33-34.

[3]陈孝琴.小型农田水利工程建设问题的探讨[J].机电信息,2010,(6):17.

浅析灌云县西部岗岭治理对策

仇　勇

摘　要：西部岗岭地区是灌云县的重点贫困带，涉及36个村，9万亩土地，多年来旱涝不保收和地质条件差是致贫的重要原因，岗岭地区地质条件属兜浆土壤，地表土层土壤中含砂石成分较高，属典型的薄土，易涝易旱，以旱为主，20世纪五六十年代建设的水系、泵站、渠系、水塘、水库老化，破损严重，现行利用率很低，多年来由于种种原因造成对西部岗岭地区的重视不够、认识不到位、投入少、硬件不过硬、软件管理维护不足、机制不够健全。通过对灌云县西部岗岭地区抗旱及水源工程的建设与运行管理进行分析，结合实际，提出了几点对策与建议。

关键词：西部岭地　建设　管理　探讨

2011年，是中央政策对水利最给力的一年。中央1号文件提出，要把水利作为国家基础实施建设的重要领域，把农田水利作为农村基础设施建设的重点任务，把严格水资源管理作为转变经济发展方式的重要举措，标志着党和国家将水利工作摆上了重要议事日程。省委、省政府、市委市政府也都相继出台了《关于加快水利改革发展推进水利现代化建设的实施意见》。为全面了解灌云县西部岗岭地区水利灌溉工作情况，灌云县组成调研组，多次深入到龙苴、陡沟、南岗走村入户，对西部岗岭地区的灌溉用水现状和存在问题进行了调研。

一、基本情况

灌云县东临黄海，西与沭阳、东海两县接壤，南以新沂河中泓与灌南相邻，北与新浦、海州地区相邻。全县总面积1539平方公里，其中耕地面积128万亩。

灌云县大约在1194-1855年成陆，由于海水倒灌和浸渍，土壤含盐量较高，中部地区垦殖较早，通过自然淋滤和人工改良，已基本脱盐，土壤微碱;东部沿海地区垦殖时间较晚，含盐量较高，有较强的石灰反映;西部岗岭地区由基岩风化堆积而成棕壤，缓坡地由于受到黄泛影响，表面覆盖着黄泛冲积物，土壤为中性，在中西部交界处有少部分湖湘沉积母质发育而成的砂姜黑土。

灌云县地势自西向东为一平缓坡地，中东部为黄泛冲积平原，面积约1314平方公里，占全县土地面积的85.39%，地面高程自西向东为3.0～1.6米，东部局部洼地的高程在1.6～1.8米左右；西部有一条狭长的岭地，分布在南岗、陡沟、龙苴三乡镇内，面积约218平方公里，占全县土地面积14.18%，地面高程在3.0～25.0米之间；境内还零星分布着低山，面积约6.58平方公里，占全县面积0.43%，海拔高度226.6米至几十米不等。

灌云县岗岭地区涉及龙苴、陡沟、南岗3个乡镇 ，共有岭地面积9万亩，人口近13万人，岭地海拔平均在15米左右，最高在16.5米,而县平原地区在3米左右。据调查，3个乡镇共有电灌站、提水站125座，塘坝31个，水库28个，灌溉面积约8.2万亩。其中正常运行的电站37座，带病运行的46座，修复可以运行的33座，报废无法修复的9座。灌云县西部岗岭地区受地形地质条件的制约，随地势海拔的增加，灌溉资源紧、灌溉难度大，同时北方季节性缺水频发，灌溉在很大程度上“等天下雨，靠天吃饭”，完全寄希望于气候，一旦气候异常往往导致收成严重减产，如去冬今春这场大旱就使该地区遭受严重经济损失，群众反映强烈。

调查发现：岗岭地区3个乡镇是灌云县的重点贫困带，涉及36个村，9万亩土地，多年来旱涝不保收和地质条件差是致贫的重要原因。岗岭地区地质条件属兜浆土壤，地表土层土壤中含砂石成分较高，属典型的薄土，易涝易旱，以旱为主，地表土层在1米左右。20世纪五六十年代建设的水系、泵站、渠系、水塘、水库老化，破损严重，现行利用率很低。多年来由于种种原因造成对西部岗岭地区的重视不够、认识不到位、投入少、硬件不过硬、软件管理维护不足、机制不够健全：岭地地下陶土、石料等资源非常丰富，有很好的综合开发利用价值，如同手拿金饭碗没饭吃。近年来虽经扶贫等多项措施的努力，但还没有从根本上彻底扭转岭地治理措施，抓住今年中央一号文件的机遇，认真调研分析，广泛征求基层干部群众的意见和建议，找准问题的根源和解决问题的切入点，有针对性地制定科学治理方案，建立长效机制，有计划、有组织地分批分期实施，以达到彻底综合治岭，既解决岭地抗旱问题，又能综合开发岭地下丰富的石料等资源，最终实现该地区尽快脱贫，使经济进入快速发展的轨道。

二、存在问题

1. 对岗岭地区发展重视不够、认识不足、投入不到位。水利设施建设对缺水的岗岭地区显得尤为重要。多年来，由于多种原因使各级政府对岭地的发展缺少足够的重视，没有整体上、根本上系统的规划与治理解决方案，也没有深刻认识到土地贫瘠、灌溉用水困难给岗岭地区的社会、经济发展、群众生活带来诸多不便，是致使该地区一直成为灌云县经济贫困带的一个重要方面。

2. 农村水利基础设施、配套设施条件较差。一是原有设施基础不牢。按有关规定，电灌站水泵、电机、电线等设施的使用年限为 15 年。据调查统计，电灌站、小水库、小塘堰大多建于上世纪 50 年代至 60 年代，西部岗岭地区也不例外，使用年限已“超役”，亟待更新改造。加之受历史条件的制约，不少项目上马仓促，勘测、规划、设计技术缺乏，资金不足，配套不全，施工条件简陋，工程质量较差，许多电站已不能运行，少部分破损严重且已无法修复。同时多年来机电设备磨损、老化严重，能源消耗高，运行费用高，排灌机泵长期带病运行，效率低下，出水量一般只能达到设计能力的三分之二，用电量又比现行设备高，群众难以承受。二是新增设施建设不够。灌溉区水利工程续建改造与节水改造范围过小，资金投入不足，平时只靠水利部门一点微薄的业务经费投入和项目投入为主，其他方面投入较少。三是水利配套不完善。电灌站配套农渠存在淤塞、进出水渠不畅等现象，输水率低，渗漏损失大；涵闸等建筑物老化，排涝设施较少；小型水库防洪标准普遍偏低，乡镇的塘坝缺少管理规划，特别是近几年新开的小石塘，存在严重的安全隐患。

3．基层干部、群众作用的发挥存在一定的局限性。一是缺乏可持续引水灌溉意识。农民在使用灌溉设施过程中重建轻管，缺乏维护意识，往往只用不修，农民只有当前用水意识，缺乏长远治水排水观念，依赖性强，自身主动性、积极性差。二是缺乏明确的灌溉主体意识。农民消极面对自然资源的匮乏，将改变自然现状寄望于外界因素，对于农村水利灌溉的老化破损，农民埋怨多于关心，漠视多于监督，农村水利兴修采取“一事一议”的方法很难获得共鸣，群众兴修积极性普遍不高。三是缺乏足够的劳动力投入。灌云县西部岗岭地区农村青壮劳力外出打工很多，留守人员多为妇女、老人、儿童，劳动力素质低，组织协调能力弱，难以承担水利灌溉的人力需求。因此农村水利设施的建设、维修、养护，劳动力投入严重不足，每年的农村基础设施建设工作安排虽然较为到位，但难以落实，水利设施工作进展缓慢。

4．灌溉效率低。灌云县节水灌溉工作起步较晚，未形成规模，大部分灌溉渠系未进行硬化。灌云县喷灌、滴灌、微灌等节水灌溉项目几乎为零，没有起到示范作用。另一方面农民组织化程度较低，各自为政，节水和大局意识淡漠，缺少统一的功能，用水浪费。

5．水利灌溉管理体制不健全。一是“一事一议”取代“两工”之后，国家对农田水利建设的投入进一步减少，由于缺乏政策和资金支持，乡镇水利站目前属于自收自支性质，无大的经济实力自主管理水利工程，也没有能力组织农田水利建设，同时由于农民自身能力有限，致使农田水利建设陷入困局。二是由于有些地方出现拖欠、截留、挪用灌溉水电费情况，导致必要的灌溉工程管理经费无从筹措，灌溉工程长期负债运行，管理人员待遇难以保障。

6．岗岭地区地下石料、矿土未得到很好的综合开发利用。西部岗岭地区岭地表层土在1米左右，地下的石矿、红土、陶土等资源很丰富，目前均未得到很好的开采利用。由于之前对开发利用石塘、石坝、矿土资源缺少统一规划和规范管理，大部分处于无序开采的境况，后被责令停止。

三、治理对策

1.引起重视，提高认识，制定科学治岭规划。县委、县政府及相关部门应高度重视岗岭地区的工作，深入该地区认真调查研究，广泛征求基层干部群众的意见和建议，结合中央一号文件精神和县农村工作会议精神，正确处理好治标与治本的关系，突出从治本入手，因地制宜，制定科学计划。在水资源缺乏的西部岗岭地区，首先要解决的是蓄水和提水的问题，应集中改造塘坝、水库等蓄水工程，拦截地面产生的降雨汇流。对于岗岭地区现有电灌站、水库、塘坝，按规划先易后难分批进行修复、改造和完善，解决水源问题，连接电灌站与水库，充分发挥现有电灌站的整体效益，提高综合利用率，也可以降低成本，减少农民的灌溉负担。在今后电灌站、水库、塘坝的建设过程中，应充分考虑地形，做到科学规划、合理布局。要打破村村建站的传统模式，根据需水量和可供水量、气象预报等情况，统筹安排电站、水库、塘坝等蓄水设施的建设。应积极引导和鼓励农民群众积极配合政府整体规划建设“跨镇、跨村”的大中型多极电灌站，功能配套完善，逐步淘汰“设备老化、运行费高”的小型电灌站。同时，在建设过程中要注重对地下石料的开采，特别是抓住灌云县临港产业区开发、道路桥梁建设对石料需求量大的机会，使开采的石料发挥最大的经济效益，再将利益反哺塘坝建设和管理，可以实现一举多得。

2. 创新投入机制，多渠道加大投入。鉴于电灌站具有公益性的特点，必须建立“国家投入为主，社会投入和农民自筹为辅”的长效多渠道投入机制。一方面要加大政府投入力度。县乡财政应逐年安排一定数量的电灌站新建和改造资金，对涉农项目如水利、扶贫、农机、农业综合开发、新农村建设、土地整理等项目都应加大对岗岭地区建设的资金投入。要提高“小泵站、小塘坝、小水渠”等的建设水平，尤其要重视西部岗岭地区作为用水困难地区的水利基础设施建设，提高抗旱经费、农水经费等灌溉补贴标准。其次要广泛吸纳社会资金。在符合有关法律法规和农田水利基础设施建设，提高抗旱经费、农水经费等灌溉补贴标准。其次要广泛吸纳社会资金。在符合有关法律法规和农田水利规划前提下，鼓励单位和个人购买或投资电灌站，实行市场化经营，积极吸引社会资本投入小型农田水利工程养护、修复和开发利用。第三要提高村集体与农户参与水平。鼓励农民自己投资或股份合作新建水利。

3. 创新技术，高效“用水”。首先，要利用推广节水技术。利用推广渠道衬砌、管道输水、喷灌、滴灌与渗管等农业节水灌溉技术，提高输水效率。要积极推行畦种畦灌、覆膜灌溉等田间节水灌溉技术。其次，发展节水农业。要适时对农作物结构进行合理调整，大力发展与节水灌溉技术相适应的高效经济作物，不断提高投入产出比和单位用水的产出效益，要因地制宜地发展抗旱优良作物品种，减少灌溉水的需求量。要充分利用岭地地下水水位高、保水性好、容易提高地温的优势发展适宜的设施栽培，可作重点发展。

4. 完善制度，统筹“管水”。一是深化经营管理体制改革。根据电灌站的类型，采取不同的管理方式。对控灌面积大，抽水时间长的站，可以由政府集体直管，也可以对外公开招标承包或拍卖经营权，调动经营者管理和投资电灌站的积极性，努力实现电灌站的可持续发展。对控灌面积小，抽水时间短的站，采取落实专人的管理办法，明确职责，保证及时抽水，保证设备不丢失。二是研究制定维护费、折旧费收取、管理、使用的长效机制。最好由乡镇建立维修改造专项基金，按站建账，统一管理，专户储存，调剂使用。三是加强电灌站管护。各乡镇、村应建立电灌站的管护制度，落实管护责任，明确管护人员，防止电灌设施、设备因管护不到位而有所遗失、偷盗、损坏。四是解决多级提水电费负担问题。群众只负担多级提水电费中的一级，其他由政府负担。

5. 综合治岭，规范管理，协调发展。在治水的同时，县委、县政府要组织专门机构，成立岭地综合开发领导小组，并制定和出台相关政策文件，有组织、有计划地开展工作。要协调乡镇、国土、规划、水利、交通、公安、建设、电力等部门，合力支持项目的开发实施。结合土地开发复垦整理、土地增减挂钩项目调解部分土地指标，翻砂改土，由县有关部门牵头，以村组为单位，对开发塘坝所产生的石块、砂土、泥石，可以作为建筑材料，用于铺路、沿海开发垫地等城市建设中，开发中不怕发生矛盾，应相信基层干部和群众，只要我们从大局出发为民众着想，公开公正办事，把农民利益放在第一位，对于开发中带来的经济收入首先是用于补偿农户土地等费用；二是用于修水塘水库费用；三是用于维护水库、建抽水泵站、电力电费等；四是可增加乡镇财政、村集体和农民的收入，带动地方相关产业的发展。

关于灌云县叮当河中型灌区节水配套情况的调查分析

何磊成　王海荣

摘　要：叮当河灌区位于灌云县中西部，西临叮当河，东至盐河，南至新沂河，北至古泊善后河。灌区内总面积221.78平方公里，耕地面积19.88万亩，有效灌溉面积15.09万亩。灌溉效益范围包括侍庄乡、伊山镇的老伊山乡、小伊乡三个乡镇66个行政村的全部农田，涉及乡村总人口16.57万人。

关键词：叮当河灌区　节水配套　调查研究

一、灌区基本情况

灌云县叮当河灌区原属淮阴地区叮当河自流灌区的主要组成部分，目前已自成体系。现改造为提水灌区。经过几十年的建设，灌区内灌排水系已基本形成，农业生产条件也得到了一定程度的改善，促进了该地区的经济发展。灌区辖侍庄乡、伊山镇的老伊山乡和小伊乡三个乡镇的全部农田，涉及66个行政村，乡村总人口16.57万人，耕地面积19.88万亩，有效灌溉面积15.09万亩。灌区种植结构为：水稻11.75万亩，三麦14.00万亩，玉米1.48万亩，其他作物1.03万亩，棉花0.23万亩，复种指数为1.460，粮食总产13157.4万公斤，三麦单产396公斤，水稻单产505公斤，该区为优质水稻生产基础之一。

叮当河灌区规划设计和施工自1963年开始，至1968年春，整个灌区建设已初具规模，形成了以叮当河和大、中沟为主框架的水系网络，灌区建成后，灌云县又先后对灌区的主要骨干控制工程进行了建设，为了提高叮当河的引排水能力，灌云县分别于1970年冬、1983年冬、1998年冬拓浚了叮当河南北段河道23.5km，于1971年5月和1999年结合新沂河整治对叮当河涵洞进行新建和除险加固，并先后在叮当河东岸兴建了5座节制闸，使叮当河成为县内善南地区第一道梯级控制线，以控制适宜的灌溉和排涝水位。灌区内现有灌溉泵站200座，灌溉渠道982.12km，配套建筑物1856座；排水涵闸135座，排水沟851.26km，配套建筑物1407座。骨干工程经多年运行，破损严重，带病运行，完好率仅达45%左右。

二、灌区骨干工程存在的主要问题

叮当河灌区有着几十年的历史，是该县有名的中型灌区，灌区内栽种水稻与三麦有着悠久的历史和丰富的经验，但由于灌区建设较早，工程老化不健全，田间工程不配套，多数为临时性工程，水资源浪费损失严重，制约发展灌区粮食生产，阻碍了灌区长远的发展。

灌区骨干工程多建于上世纪六七十年代，为该区经济发展做出了巨大贡献，但由于长期超负荷运行，加之投入不足，维修养护和更新改造不及时，骨干工程老化严重。涵闸破损，泵站设备老化，装置效率低下，灌溉水利用率降低等现象日益严重。随着社会经济的进一步发展，灌区内各行各业对水利基础设施提出了许多新的更高的要求，现状灌排能力与设计灌排标准、水资源利用率低与节水改造、水资源优化之间的矛盾日益突出，目前灌区存在的问题主要表现以下几个方面：

(1)取水口及渠首建筑物

灌区大多数水利配套建筑物均是 20 世纪六七十年代建设，目前已不能满足农业生产的要求。由于年久失修，取水建筑物存在不同程度的破损，如建筑物闸门的启闭不灵与锈损，翼墙开裂，护坦损坏，砼构件炭化露筋，泵房老化，水泵效率下降，渗漏水严重等。

(2)灌溉水利用系数低

输水渠道 80%为土渠，有的渠道断面狭小，有水引不进，水位抬不高，有的渠道淤积，杂草丛生，阻水严重，输水时间长，流量不足，渠道渗漏严重等，使得灌溉得不到保证，局部地区以及局部高地农田灌溉保证率严重下降，需要进行疏浚和渠堤加高培厚。目前灌溉水利用系数仅为 0.5，形成有限水资源得不到充分利用。

(3) 配套设施不全，水资源分配不合理

灌区灌溉设施配套不全，缺乏必要的调控工程和测水量水设施，水资源无法合理调配，导致上游渠道引水过量，水资源利用率低下，下游渠道引水不足，灌水困难，也造成灌水技术粗放，不利于灌区推广节水灌溉。

多年来，灌区内骨干渠系配套建筑物由于投资不足，加之无维修保养经费，现状渠系配套建筑物完好率仅 45%左右，灌区内渠系配套建筑物与现状渠系不相配套，普遍出现阻水、束水现象，节制不严造成漏水现象也较为严重，加之灌溉制度因种植结构调整而改变等因素，一些建筑物已不能适应灌溉用水的形势变化和发展。为适应现代化灌区的节水、管理、调控等要求。需对灌区内骨干渠系配套建筑物工程进行续建配套和加固改造。

(4) 管理设施差

目前灌区水利骨干工程的管理，仍延续传统的人工值守，人工调控，手工操作的方法，管理设施、手段落后，新技术应用少，科技含量低，已不适应节水灌溉与现代管理的需要，也影响了工程效益的正常发挥。另外管理所因投入资金较少，管理设施较差，管理房屋破损甚至无管理用房，办公环境拥挤，办公设施简陋，导致管理水平与工作效率低下。

三、灌区水量平衡分析及水质分析

通过对灌区供需水平衡分析，叮当河中型灌区现状年 75%灌溉保证率缺水 536.8 万立方米；灌区节水配套改造项目实施后，设计水平年 2015 年灌区余水 678.2 万立方米，满足灌区用水需求。灌区几条骨干河流水质经该县环境监测站检测，为Ⅲ~Ⅳ类水质，符合《农田灌溉水质标准》，可用于农田灌溉。

四、灌区节水配套改造的必要性

灌云县是全国商品粮生产基地。叮当河灌区耕地面积 19.88 万亩，是灌云县粮食生产基地之一。灌区涉及侍庄乡、伊山镇的老伊山乡、小伊乡三个乡镇的全部农田，水利工程多建于 20 世纪六七十年代，建设时间早，建设标准低，加上村先后经历合并、分开再合并的过程，村与村之间的利益驱使，造成在相当一段时间内在水利设施使用上各自为政，配套的渠系建筑物运行损坏严重。辖区内现有泵站，桥涵、干支渠及配套建筑物已经不能满足当前农业发展的需要。

叮当河总长 25.7 公里，排涝流量 57.8 m^3/s，其中叮当河南段 8.7 公里河道由灌云县水利局于 1998 年冬按五年一遇排涝标准进行疏浚，北段河道标准不足 5 年一遇。17 条乡级大沟除少数几条外，均不足 5 年一遇标准。

随着近年来农业产业结构调整和灌云县经济开发区的建设，对水利基础设施提出了更高要求。现状灌排能力与设计灌排标准、水资源利用粗放与节水改造、水资源优化之间的矛盾日益突出。部分地区粮食产量低而不稳。同时由于建筑物及渠系不配套，沟渠跑、渗、漏水严重，灌溉水利用系数不足 0.5，行成一方面水资源紧缺，一方面水资源又白白浪费的局面。因此，要保持工农业持续稳定增长，加快农业产业结构调整，提高粮食生产能力，促进农村经济发展，除了选择优良品种、科学种植外，还必须有良好的水利基础条件作保证。

灌区虽然有中央农资补贴旱改水田间工程实施，但是仅仅涉及少量田间中小沟疏浚土方及部分建筑物改造，并不能改变灌区水利现状。因此对灌区进行续建配套和节水改造非常迫切、十分必要。

五、灌区节水配套改造建设管理及建后运行管护

叮当河灌区节水配套改造项目批复后，灌云县将成立叮当河灌区节水配套改造工程建设领导小组，分别由县长、分管副县长担任正、副组长，成员由财政、水利、纪检、供电等部门领导和相关乡镇的乡镇长组成。其中：财政部门负责项目财政资金的筹措，及时落实和拨付建设资金，并对资金的使用进行监督管理；水利部门负责协调相关部门做好工程项目规划、可行性研究报告、初步设计或实施方案编制等工作，具体组织和指导项目的实施及运行管理，对应用于叮当河灌区节水配套改造项目的相关产品进行监管；纪检监察部门负责对建设实行监察督查；供电部门负责优先安排叮当河灌区节水配套改造项目建设电力设施的用电申请和设备安装，并保证及时对工程供电。受益乡（镇）负责落实乡镇财政配套资金，全力协调处理本乡镇境内工程建设过程中发生的矛盾纠纷。县水利局还将根据工程建设管理要求成立农业综合开发叮当河灌区节水配套改造工程建设处，具体负责工程建设管理工作。

实行项目法人责任制，建设监理制、招标投标制和合同管理制。成立叮当河灌区节水配套改造工程建设处，负责工程的招标投标以及项目建设质量、进度、资金、安全等管理工作。

严格执行国家、省、市资金管理的有关规定，建立健全资金使用等各项规章制度，严格资金管理，实行县级财政报账制，做到专款专用，严禁截留、挤占和挪用工程经费。同时对工程资金的使用进行财务审计。

项目运行管理实践中，应始终坚持以人为本，把农民用水户的利益放在首位，以提高农村水利的抗灾能力和管理水平，促进农业综合生产能力提高，促进节约用水和农民增收，实现项目区人口、资源、环境和经济社会的和谐发展，保障农业和农村经济的可持续发展为目标，统一认识，认真探索，扎实推进，使农民用水户参与灌溉管理工作取得显著进展。积极推行灌区管理体制改革，成立农民用水户协会，促使农民积极参与项目区管理，提高项目区的管理水平，增强实际管理效果。建立健全管理制度，保证水利工程安全高效运行。

项目完成后应及时办理交接手续，落实有关管护主体，管理所明确专管人员，订立岗位责任制及控制运用检查制度，以保证工程效益正常发挥。骨干工程由灌区管理所具体负责管理，及时管好用好工程；各用水户协会具体负责对干、支渠以下及配套建筑物的管理，使用和维护以及支、支渠所辖地用水调度和水费收缴，并将所得经费纳入县级财政预算。

六、创新科学技术，严抓工程质量

在灌区节水配套改造项目建设中，大力推广泵站沉井技术、渠道防渗技术及建筑物装配技术。中部乡镇的泵站土建工程大部分选择沉井法施工，该工艺具有技术先进、节省投资、操作方便，对邻近建筑物影响较小等优点。防渗渠道施工以现浇工艺为主体的梯形防渗渠道作为主要断面设计形式，具有施工简便、经济实用、坚固耐久、整体性好、节约投资、美观大方等优点，受到各级专家、领导和当地干群的普遍好评。同时，在工程实施中大力推广和应用建筑物装配技术，装配式建筑物具有建造速度快、受气候约束条件小、节省劳动力、在短期内可交付使用、交叉作业有序并可有效减少施工成本等优点，在下一步农水工程建设中将进行大规模推广应用。

七、结语

灌区节水配套改造项目的建设，不仅能够取得较好的经济效益，而且社会效益也将会十分显著。项目实施后，改善和提高农业生产基础条件，促进农村基础设施的建设，带动农村面貌的改变和农村环境的治理，为农业产业结构调整和农民脱贫致富以及农村经济的发展创造条件，更重要的是能够促进区域经济的共同发展和为农村稳定奠定基础。

灌云县农村饮水安全工程长效管理机制的探索

王海荣　何磊成

摘　要： 作为新亚欧大陆桥东桥头堡的连云港市，处于我国沿海、沿长江和沿陇海兰新产业带的交会区域，是长江三角洲重要组成部分，拥有巨大的发展潜力。灌云县作为连云港四县之一，近年来，灌云县委县政府坚持“港、区、城三位一体统筹推进”的发展思路，加快了临港开发的速度，提升了沿海开发的品质，紧紧抓住国家加大对农村饮水安全投入的机遇，高度重视农村饮水安全问题，实施了一批农村饮水安全工程，分布在全县 15 个乡镇的 127 个行政村中，规划新建水厂 9 座、管道延伸 4 处，工程总投资 13767 万元，计划在 2010 年底前解决 28.3 万人农村饮水安全问题。随着一批农村饮水安全工程相继建成投入运行，如何使这一关爱民生的工程建得起，管得好，长受益，建立长效管理机制尤其重要。

关键词： 沿海开发　饮水安全　长效管理

一、自然地理概况

灌云县位于江苏省东北部，东部濒临黄海；西部与宿迁市沭阳县及连云港市东海县为邻；南部隔新沂河与连云港市灌南县相邻；北部与连云港市海州、新浦两区接壤，隶属于连云港市，是国务院首批批准的对外开放县之一。全县总面积 1834 平方公里，耕地面积为 1023 平方公里，水域面积为 455 平方公里。下辖 7 个镇、12 个乡，省属 3 个农盐场、县属 6 个农林场圃。全县共有 318 个行政村，总人口 104 万，其中，农业人口 62 万，农业人口占全县总人口的 59.6%。

灌云县处于暖温带南部边缘，冬季受北方高原南下的季风侵袭，以寒冷少雨天气为主，夏季受来自海洋的东南季风控制，天气炎热多雨，春秋两季处于南北季风交替时期，形成四季分明，差异明显，干、湿、冷、暖天气多变的气候特征。常年平均气温 13.6℃，极端最高气温 40℃，极端最低气温-21.7℃．年均无霜期 206 天；年日照平均 2417 小时。多年平均降雨量为 938mm，年际间变化较大，季节间变化明显，年降水量最多的 1990 年达到 1245mm，最少的 1978 年仅有 539mm，年内降水主要集中在七、八、九三个月，占全年降水的 70%。

二、农村饮水安全工程现状

自 20 世纪 80 年代初开始建设以来，灌云县农村饮水安全工程在上级的扶持下，历经 20 多年的发展，农村安全饮水工程有了很大的发展。据 2004 年农村饮水安全调查报告，灌云县共建设农村水厂114座，有60.92万人（集中式供水人口）饮用上了自来水，占农村总人口的70.31%。但由于灌云县经济基础薄弱，已建成的水厂先天不足，有的水质较差，有的设计标准低，规模小，设施简陋，供水能力不足，输水主管路管径小，压力低等问题突出，不能满足需求。加之工业废水和生活污水不达标排放，农药、化肥用量不断增加，地表水和浅层地下水污染严重，成为疾病发生和传播的主要媒介。灌云县还有4.04万人使用不安全自来水，占自来水使用人口的6.63%。目前饮水不安全问题已成为人民群众最关心、最迫切、最需解决的问题。因此，兴办农村饮水工程十分必要，非常迫切。

根据我县2005年4月份调查情况，全县饮水不安全人口数为56万人，但省级安排“十一五”期间解决我县饮水不安全人口仅28.3万人，其中饮水不安全类型为：氟超标44800人，苦咸水106900人，污染严重的地下水6679人，污染严重的地表水10989人，水量不足、保证率低、取水不便人数89357人，其他饮水水质不达标（含血吸虫人口）24300人。灌云县委、县政府高度重视农村饮水安全工程建设工作，抓住国家加大对农村饮水安投入的机遇，大力发扬求真务实、开拓创新精神，强化措施，狠抓落实，确保农村饮水安全工程任务落实到位。具体分年计划为：2008年度全面完成东王集乡和伊山镇两个一期供水工程建设任务，共解决19个行政村5.47万人饮水不安全问题；2009年度完成鲁河、白蚬（含下车）、杨集（含沂北）、侍庄（含东王集二期）、小伊和同兴共6个供水工程项目，解决涉及9个乡（镇）63个行政村13.56万人饮水不安全问题；2010年度计划实施龙苴、伊山二期、陡沟（含南岗）、伊芦和四队共5个供水工程项目，解决45个行政村9.27万人饮水不安全问题，计划在2010年底前，解决28.3万人农村饮水安全问题，规划新建水厂9座、管道延伸4处，工程总投资13767万元。

在农村饮水安全工程建设和管理中，各级政府及有关部门因地制宜，高起点、高标准地科学规划工程布局。目前我县已明确农村饮水安全工程长效管理机制模式，成立灌云县云泰供水公司，各乡镇以水利服务站为主体设立供水分公司，对农村水厂人员、财务、固定资产等进行统一管理，实行独立核算、自负盈亏的市场化运作机制，确保农村饮水安全工程效益的长期发挥，有力地促进了新农村建设，解放了生产力，改善了农村生态环境。

农村饮水安全工程实施以来，工程质量良好，受到广大受益群众的欢迎。工程运行以来，为农村带来了巨大的经济效益、社会效益和生态效益，被农民群众誉为“德政工程”“民心工程”。广大受益群众充分感受到了党和群众的温暖，分享到了改革开放的成果，增强了农民参与意识和民主意识，促进了社会和谐，有力地推动了社会主义新农村建设。但由于认识、资金、管理等因素，农村饮水安全工程在运行管理上还存在一些问题。

三、农村饮水安全管理存在的问题

1.对实施长效管理的重要性和紧迫性认识不足。如何确保工程长期发挥效益，思想认识是关键。调查发现，“重建轻管”的现象和意识仍然存在，表面上很重视，但在具体如何操作上却没有动作，对管理中存在的问题不去探索如何解决。

2. 饮水安全实施中群众参与意识不强。有些地方老百姓把看上去清洁的水等同于安全、合格的饮用水（特别是上了年纪的老年人），认为自来水又要交钱，又不如自家的井水好喝，导致建好的自来水却没人喝。水价制定过程中，群众的参与度不够理想，群众对水价制定过程不够了解，未能很好体现政府在公共产品管理上政策倾向的公平性和公开性，一定程度上会影响群众对水价的接受程度，也影响到工程今后的水费收缴工作。调查发现，凡是农村原有压水井和靠近河流的村庄，农民用水都用河水和浅层地下水，水厂供水只用来烧饭，水厂供水量很小；有的居民外出打工，常年不在家，不愿意通水；有的居民已由农村搬入县城居住，不需要通水；有的老人和子女住在一起，两户甚至几户只通水一户，接用自来水的积极性不高，影响了水厂的效益。

3. 农村饮水安全工程供水水质合格率偏低。根据2008年公布的由国家爱委会、卫生部开展的全国饮用水与环境卫生现状调查显示，我国超过四成的农村饮用水未达到卫生指标，主要是微生物指标不达标，灌云县情况也不容乐观，经卫生部门检测，大部分水厂水质不达标，造成水质不达标的原因之一是水资源紧缺，而农村水环境恶化的趋势尚未遏止，增加了水资源保护的难度，成为威胁农村水质不达标的主要原因；二是缺少水质监测设备和人员，水质检测不成问题外，广大农村水厂由于缺少经验，管理人员少，没有水质监测设备，更谈不上专职检验人员，目前也没有建立完善的水质检验试验室，影响了水质的日常检测。

4. 工程管理制度不健全，管理水平有待提高。调查发现，在管理层面或是具体工程层面，管理制度不够健全、落实程度不够等现象还是普遍存在的。不少工程的管理维护人员没有经过专业培训，业务素质和管理能力较低，不能适应日常工程维护和饮水安全管理的要求。特别是个别供水工程缺乏专业的管理人员，造成运行过程中出现问题得不到及时、有效的解决；管理制度或没有，或不健全、不完善。

四、建立农村饮水安全长效机制的建议

工程运行管理模式决定着供水工程能否长期发挥效益。针对当前农村供水管理方面的问题以及分析以往农村水厂建设和运行管理方面的经验教训，现对饮水安全长效机制提出如下建议：

1. 明确责任，强化思想意识。保障农村饮水安全，如同保障城市居民饮水安全一样，属于公共事业的一部分，责任主体是政府。从长久看，农村水厂的管理问题，需要从机构、制度、法规等方面做出长期性的安排。

2. 保护水源，建立应急预案。水源是饮水工程的基础，必须加强对农村饮水安全工程的水源保护。首先，应做好水源保护规划，合理划定保护区范围，实行挂牌保护；其次建立严格的保护措施，禁止在保护区内开展开展可能污染水源的活动。同时应大力宣传水源保护条例，不断提高农民群众的环保意识，自觉保护水源地卫生环境。农村饮水安全工程建成后，应建立农村安全饮用水应急预案。当发生水源污染及干旱水量不足等突发事件时，做好应急工作，解决供水之急。

3．出台政策，合理确定水价。县政府应结合实际情况出台相关文件，协调物价、税务、卫生和电力等部门，一方面制定优惠政策，保障经营者合理收益，优惠政策只针对农村饮水安全工程；另一方面约束经营者，保护用水户的权益。农村饮水安全工程水价制定中要科学测算成本，既要保证工程有必要的运行管理经费，又要考虑群众的承受能力，同时要发挥价格杠杆对节水的促进作用，合理确定水价，并报物价部门批准。在水费计收中应加大对农民用水户的宣传力度，使其转变思想观念，提高安全用水、水是商品、节约用水等意识。

4．加强培训，健全管理制度。水行政主管部门和相关业务部门应组织农村水厂管理人员开展专业知识、实际应用、法律法规、规章制度的培训工作，逐步建立起一支熟悉供水工程的相关技术，能熟练地使用和正确维护管理农村饮水安全工程的专业化队伍。同时建立健康档案，每年进行健康体检，确保水质检测人员健康安全。国家已经出台《农村饮水安全工程管理办法》。落实这一办法，需要根据我县具体的管理模式，分门别类制定管理细则，指导各个水厂完善管理制度。尤其是对供水质量、时间、服务以及财产、财务管理，主管部门要加强指导，建立信息上报、反馈的渠道，及时提出整改意见，充分发挥工程效益。

五、结语

饮水思源，更需思“远”。 服务沿海开发，加快农村饮水安全工程，可以进一步解决沿海开发大规模用好淡水的问题，事关沿海地区发展环境和产业竞争力，是适应工业化、城镇化进程，抢抓江苏沿海开发上升为国家战略的机遇，进一步优化区域投资环境的迫切需要；事关广大人民群众的身体健康，是从根本上改善饮用水水质的有效途径。投入巨资建设的农村饮水安全工程，必须通过健全合理的运行管理来保障其长期可持续使用。灌云县将针对存在问题，出台长效管理的相关政策和措施，为饮水安全工程的运行管理 “保驾护航”， 确保工程建得成、管得好、用得起、长受益。

浅谈如何挖掘“小农水”重点县工程的宣传亮点

徐建赟

摘要：小农水工程面广量大，在农民群众中的影响越来越大，已经成为政府与人民群众的沟通桥梁。本文从“凸显惠民政策的‘聚焦点’”“寻找工程建设的‘创新点’”和“发现施工过程的‘新鲜事’”三个方面，阐述了如何充分挖掘小农水重点县工程立项、施工、建设及管护过程中的宣传亮点，放大这一惠民工程的“金字招牌”效应，更好地发挥小型农田水利重点县工程的社会效益。

关键词：重点县　宣传　亮点挖掘

近年来，灌南县小型农田水利重点县工程建设，按照“政府主导、规划先行，集中投入、整片推进，协会优先、良性管理，绩效考评、当年见效”的建设思路，充分结合该县县情，积极创新思路，稳步推进小农水重点县建设。四年来，共计完成项目总投资11589万元，其中，中央补助资金4056万元，省级补助4172万元，县级财政配套2782万元，群众投劳折资579万元。2009—2011连续三年以优秀等级通过省级验收，2012年更是以全省第二、苏北第一的优异成绩通过省级考评，为该县成功赢得了第四批重点县项目。如今，小农水重点县工程当地群众称为实实在在的“民心工程”，已经成为全县惠农工程的金字招牌。那么，如何充分挖掘小农水重点县工程立项、施工、建设及管护过程中的宣传亮点，放大这一民生工程的惠民效应，我认为可以从三个方面着手。

一、凸显惠民政策的“聚焦点”

小农水工程直接服务群众，广面量大。我们在宣传时可以挖掘省市政府及部门惠民政策中一些好理念、好政策、好做法，从不同程度解读农水工程的政策、方案，形成惠民政策的聚集点。

(一)找准政策的集聚点。2013年，市委十一届五次全会提出2013年为“农田水利设施建设年”，市人代会将农村防洪排涝列入“2013年十大民生工程”，市委书记李强强调，我市要围绕城市防洪、农村水利、饮用水安全等重点环节，狠抓各项任务的推动和落实，争取今年城市防洪能力有大提升、农村水利建设有大变样、城市饮用水质有大改善。去年以来，我市上下认真贯彻落实中央和省市关于加强“三农”发展的一系列重要决策部署，将农村水利作为发展农业、服务民生、推进新农村建设的重要举措，投入建设资金7.3亿元，大力实施以农村饮水安全、农村河道疏浚整治、大中型灌区改造、小型农田水利重点县等为重点的农村水利工程建设，初步形成了农村水利大投入、大发展、大提升的格局。在如此大的宏观背景本身就是一个宣传亮点，再结合重点县建设目标和任务要求，制定总体建设方案和年度实施计划进行宣传，就更能让重点县工程深入民心。

（二）找准实施的“突出点”。各个县区在重点县工程建设时，总会结合自身县情实际，从不同角度执行中央及省市政策，实施过程中总会出现与众不同的政策解读的突出的地方，我们新闻宣传时应特别关注。如灌南是农业生产大县，现有耕地面积 89.45 万亩。过去，为提高粮食产量，增加农民收入，各级政府出台了多项惠农措施，年年增加投入，但由于政出多门，规划不统一，配套跟不上，管理不衔接，很难达到工程投资的预期效果。水利部门经过精心调研，结合县域实际分析问题的症结所在，起草了《关于灌南县农田水利发展情况的规划报告》（讨论稿），在邀请省市专家论证的基础上，报请县政府常务会议讨论批复，形成了《江苏省灌南县农田水利发展规划》作为全县农田水利建设纲领性文件，按照“渠道不乱、用途不变、优势互补、形成合力”的原则，科学规划，协同建设，有效地避免了重复投资，各自为战的现象。在工程建设中，灌南小农水工程着力做到“两个确保，三个结合”。两个确保：一是在财政资金比较紧张的情况下，确保配套资金足额到位；二是按照有关政策，采取“一事一议”的方法，确保农民投资投劳落到实处。三个结合：一是与县内的灌区节水配套改造相结合，进行配套建设，充分发挥灌区改造的综合效益；二是与农村河道疏浚整治相结合，保证项目区灌得上，排得出；三是与财政、农开、国土等部门项目相结合，实行连片治理，真正实现治理一片，效益发挥一片的目的。

二、寻找工程建设的“创新点”

中央财政小型农田水利重点县施工过程中，各个项目区、施工单位的工程建设往往会有很多独到的创新之处，我们要全面寻找工程建设中亮点，放大工程中创新之处。

（一）宣传项目看点。灌南县小农水重点县工程按照“连片建设、整体推进”的方式，抓好小农水重点县建设，努力做到建一片，成一片，长期发挥效益一片。目前已建设一批“形象佳、质量优、有亮点”的重点县工程示范点，已成为全县惠农政策成果的展示点、相关行业经验交流的学习点。如该县积极推广斗农门、渠桥、U 型渡槽等预制构件轻型装配式结构，改变以往笨重、阻水现象，进一步规范工程项目的设计标准，提升小农水项目的设计水平。在全省率先推广 GPS 定点定位技术、水稻浅湿灌溉技术，极大地提高了工程经济效益。同时，在重点县工程中创新实施防渗渠生态带技术，在新修的水泥防渗渠中，每隔 60 米设计一动物逃生带，共设置 5000 多个生态带，每年可拯救 80 万只小动物，生态效益巨大，该创新被《新华日报》《中国财经报》作了专题宣传报道。

（二）宣传资金效益。按照整合资金提效益，集中财力办大事的思路，在小农水重点县建设的模式下，我县坚持集中连片、整体推进，实现了资金使用效益的充分发挥，实现了由各自为战向整合资金转变，由分散投入向集中投入转变，由平均分配向突出重点转变，由单项建设向整体推进转变，由重建轻管向建管并重转变，由一般监管向全面绩效考评转变，使小农水重点县项目建设成为整合资金、提升效益的典范。

（三）宣传管护经验。在项目实施过程中，灌南县大力推行项目法人责任制、招标投标制、建设监理制和合同管理制、公示制、竣工验收制、工程 GPS 定位制度等，强化质量监管，工程质量、数量有保证，实现了“水能顺畅进田，机械便捷下田”目标。在确保农田水利工程完好的前提下，坚持责、权、利相统一，实行谁受益、谁管理，落实工程管护责任。灌南县重点县工程按照“组建规范、产权明晰、管理自主”的原则，着力推进农民用水户协会规范建设，在各个重点县项目区成立农民用水户协会，采用“水管单位＋农民用水户协会＋用水户”的管理模式，将所建的小农水工程产权或使用权明确归村组成立的农民用水户协会所有，调动农民群众参与农田水利建设与管理的积极性，实现“建得起、用得好、有效益、管长远”的目标。

三、发现施工过程的“新鲜事”

施工过程中，老百姓直接参与重点县工程建设，他们的声音最能反映群众的呼声，我们要善于发现施工过程中的新鲜事，通过群众的视角、感受、声音来把工程建设的亮点展示出来，不断形成重点县工程的良好口碑。

如灌南县在重点县工程中实行“义务监督员”制度一度成为群众议论的热点。在项目区受益的群众中，各村推选 3~5 名责任心强、思想觉悟高的村干部、老党员和群众代表，组成农民义务监督员队伍，形成了主管局、建设处、项目部、监理公司、农民义务监督员五方面共同严把工程质量关的良好工作局面。义务监督员配合监理单位做好现场工程建设材料进场审查、施工过程检测、建后工程管护，使施工过程更加透明化，群众对这一民生工程的信赖度逐渐增强。我们在新闻宣传过程中，只要把群众的亲身经历、切身感受如实在描绘出来，再引导他们谈谈和以往工程建设不同的地方，自然能形成良好的新闻宣传素材。

灌南县“十二五”农村饮水安全工程的展望

谢兆利　林星辰

摘　要:在总结灌南县“十一五”饮水安全工程实施情况，分析农村供水设施情况及供水能力，剖析农村饮水安全面临的问题，展望灌南县“十二五”饮水安全工程。

关键词：农村饮水安全　工程展望

一、“十一五”农村饮水安全工程实施情况

灌南县农村饮水安全工程起步于20世纪80年代，至2004年全县建成小水厂156座。2008年县委、县政府抓住全国饮水安全工程建设契机，严格按照省市总体部署，紧紧围绕目标要求，精心组织、科学规划，实施了灌南县“十一五”农村饮水安全工程。通过工程改造措施将原有156座小水厂整合成48座规模水厂。工程分三期实施，一期改扩建水厂15座，二期改扩建水厂16座，三期改扩建水厂17座。工程于2009年初开工，至2010年底完工，于2011年底全部通过竣工验收。

灌南县“十一五”农村饮水安全工程共下达资金10420万元，其中中央投资2455万元，省级投资5507万元,县级配套2458万元。工程主要建设内容为：新凿深井33眼，新改建房屋9258m^2，更新机泵设备160台（套），改造PE塑料管道1812.21公里，开挖土方101.51万m^3，新增入户工程5.47万套。项目实施后新增供水能力2.9万m^3/d，全县农村自来水入户率达98%，近80%水厂实现了全天候供水，解决了全县“十一五”期间的21.34万农村人口的饮水不安全问题，同时改善饮水安全人口42.4万人，全县63.74万农村居民全部喝上了清洁、安全、卫生的饮用水。工程满足《村镇供水工程技术规范》和《农村饮用水安全卫生评价指标体系》中水质、水量、方便程度、保证率等四项指标的安全标准。工程达到了预期的效果，得到了群众的普遍认可。

二、农村供水设施情况及供水能力

据统计我县14个乡镇共有49座集中式供水工程，其中1座地表水厂只供我县县城区约10万人饮用水（含新安镇的镇中村和曹庄村2.26万农村人口），其他48座地下水规模水厂供14个乡镇的237个行政村约66.1万人农村居民饮水。

1. 区域供水规划及实施现状

我县目前只有城区一座地表水厂，即灌南县城区地表水厂。水厂于2009年6月底开工

建设，2010年5月通水。水源地为北六塘河，供水能力为2.5万m^3/d。供水范围为县城区和新安镇的镇中村和曹庄村部分，人口共计约10万人。

2. 集中式供水工程现状

我县农村现有48座集中式供水工程，分布在全县14个乡镇。水源地为地下水，供水规模为13.6万m^3/d。全县农村总人口为68.36万人，饮用地下水的人口为66.1万人，地表水的2.26万人。现有饮水不安全人口为44.76万，其中出厂水质不达标的为4.58万人，水量、保证率不达标的为40.18万人。

三、农村饮水安全面临的主要问题

从《灌南县农村饮水安全现状调查报告》(2012年)情况来看，我县总人口76.16万人，农村总人口68.36万人，行政村数237个。农村人口中尚余44.76万人属饮水不安全，其中4.58万人属于饮用水质不合格的地下水，40.18万人属于水量、保证率不达标的。饮水不安全人口遍及全县14个乡镇。

1. 原因分析

⑴水质调查情况

随着地下水的不断开采，地下水位逐年下降，不少地下水取水点水质不稳定，特别是我县东北四个乡镇，由于化工园区和船舶工业园的建设，地下水水质、水量无法保证。为真实了解我县农村饮水现状，水利局从疾控中心调取2011年下半年所有不合格的水质检测报告共19份进行分析统计。主要是氯化物、溶解性固体、菌落总数、总或耐热大肠菌群有不同程度的超标，具体情况详见下表。

水质检测报告统计表

序号	乡镇	水厂名称	不达标指标			
			氯化物≤300	溶解性固体≤1500	菌落总数≤500	总/耐热大肠菌群不得检出
1	堆沟港镇	黄姚水厂	347.4	1194		2/0
2		四圩水厂	261	1094		13/5
3		王庄水厂	650.3	1658		
4	五队乡	七队水厂	537.8	1503	3100	
5		东南水厂			3100	
6		浦三水厂		1066	2400	13/5
7	田楼乡	振东水厂	381.5	1151		
8	长茂镇	西盘水厂			1700	
9	北陈集	三友水厂			190	2/0
10		水利水厂			650	
11	张店镇	马台水厂			1200	2/0
12	孟兴庄镇	镇区水厂				2/0
13	新集乡	戈正水厂	433	1254		
14	新安镇	惠祥生水厂			160	5/2
15		大庙水厂			520	
16	李集乡	月源水厂				5/2
17		徐庄水厂				2/0
18	百禄镇	高胡水厂			1200	
19		大新水厂				8/2

⑵历史遗留、建成时间、建设资金来源、管理机制、运行机制、水源条件等方面问题

灌南县农村改水起步于上世纪80年代，至2004年底，全县建成农村水厂156座，其中县“爱委会”与个人共同出资兴办水厂148座。156座水厂全部取用深层地下水源。但当时由于资金困难，建设标准低下，经多年运行，部分深井塌孔，设备老化，管网破损，存在水源不安全、供水无保障等问题。我县从2008年开始实施覆盖全县14个乡镇237个行政村灌南县“十一五”农村饮水安全工程，至2011年底已全面完成灌南县农村饮水安全“十一五”实施规划中的全县21.34万饮水不安全人口，同时改善饮水安全人口42.4万人。

灌南县“十一五”农村饮水安全工程建设取得了一定成效，但由于资金投入有限，仍有部分管网未能更新改造。随着建成工程的投入使用，运行管理成为广大农民群众饮水是否安全的关键所在。我县农村饮水安全工程在管理、运行机制上，存在一些困难和急需解决的实际问题。

2. 农村饮水安全面临的主要问题

我县共49座集中式供水水厂，有48座水源是地下水，只有1座是地表水水源。由于灌南县工业用水和生活用水方面的多年过度开采，我县的地下水位逐年下降，目前地下水埋深已达50米，每年仍以2.8米左右的速度下降，已形成了以新安镇为中心，面积约40平方千米的漏斗区，同时水质指标也逐年下降，已不宜继续大规模开采。随着农村居民生活水平的不断提高，用水量也在不断增加，省厅核批的地下水资源量已不能满足全县农村居民用水需求。地下水的水量、水质已不能满足、保证全县68.36万农村居民的用水需求。单一水源的供水方式从根源上无法保证高保证率供水，这已成为我县农村居民饮水安全的隐患。农村居民改饮用地表水，建设地表水厂，实行区域供水，推进城乡供水一体化是彻底解决我县农村居民饮水问题的唯一途径。而地表水水质性缺水制约着我县地表水厂的建设。

四、灌南县“十二五”农村饮水安全工程的展望

为落实科学发展观，统筹城乡发展，实现城乡联网供水，加快城乡居民一体化进程，提高城乡供水安全，解决我县“十二五”期间的44.76万农村居民饮水安全问题，促进区域协调发展，推进城乡供水一体化发展，结合我县建设局委托浙江大学城乡规划设计研究院编制了《灌南县城给水工程专项规划》，灌南县水利局会同县发改委、县住建局于编制了《灌南县农村饮水安全工程 2013-2017 年实施规划》。规划将区域水厂的服务范围从城市扩大到小城镇和农村，彻底解决农村地区水量不足、水质不达标问题，加快饮用水水质不达标地区供水管网敷设进度，我县将规划建设地表水厂3座及供水管网工程。

1. 灌南县“十二五”农村饮水安全工程总体布局

（1）为做好农村供水与区域水资源开发利用和保护的结合，合理配置水资源，实施规划计划分别以北六塘河、通榆河、硕项湖为水源地建设3座地表水厂，硕项湖和新沂河南偏泓作为城市应急水源，地下水资源作为城市备用水源。

（2）为做好城乡供水一体化的有机结合，实施规划计划实施区域供水管网工程，新建

加压站、更新镇内管网，实现同质同网供水。

（3）遵循“整体规划、合理布局、统一标准、分步实施”的原则，利用卫生部门的已具备水质检测能力的县疾控中心建设标准化农村供水水质检测中心，加强对农村饮水工程监测。

2. 灌南县“十二五”农村饮水安全工程的展望

灌南县供水格局为：

三大主力水厂：北六塘河水厂、硕项湖水厂、田楼水厂。

四条供水动脉：人民路供水主动脉、袁李线供水主动脉、新张公路-涟新公路供水主动脉、产业大道供水主动脉。

灌南县“十二五”农村饮水安全工程的建设内容为新建地表水厂（含加压站）3 座、输水主管道 152.1km、水质检测设备和检测中心建设等。工程总投资为 42555 万元。具体如下：

根据我县水源条件、行政区划、饮水不安全问题类型及分布等将我县城乡供水片区分东北片，西北片和东南片。

⑴东北片区：以通榆河为水源地在长茂镇境内建设规模为日处理能力近期 6 万 m^3/d、远期 12 万 m^3/d 田楼地表水厂 1 座及供水管网 84.33km。供水范围为我县堆沟、五队、田楼、长茂、三口镇及北陈集（部分），片区面积 368.4 平方公里，人口为 23.44 万人，解决片区内因饮用水质不合格和水量、保证率不达标的饮水不安全人口 16.67 万人，同时改善辖区内的 6.77 万人饮水问题。工程投资 15009 万元。

⑵东南片区：以硕项湖为水源地在新安镇境内建设规模为日处理能力近期 5 万 m^3/d、远期 10 万 m^3/d 硕项湖地表水 1 座及供水管网 52.38km。供水范围为我县新集、花园、百禄、新安镇及李集（部分），片区面积 419.9 平方公里，人口为 26.01 万人。解决片区内因饮用水质不合格和水量、保证率不达标的饮水不安全人口 16.72 人，同时改善辖区内的 9.29 人饮水问题。工程投资 12066 万元。

⑶西北片区： 以北六塘河为水源地在李集乡境内建设规模为日处理能力近期 2.5 万 m^3/d、远期 5 万 m^3/d 六塘河地表水厂 1 座及供水管网 62.18km。供水范围为我县李集（部分）、汤沟、孟兴庄、张店、北陈集（部分）等，片区面积 241.59 平方公里，人口为 18.91 万人。解决片区内因饮用水质不合格和水量、保证率不达标的饮水不安全人口 11.37 万人，同时改善辖区内的 7.54 万人饮水问题。工程投资 15480 万元。

基于农村河塘健康理论的河道疏浚规划

王 轶

摘 要：基于新农村建设河道治理方面的需求，以农村河塘健康理论来指导河塘疏浚。在海州区农村河道现状及存在问题分析和诊断的基础上，从水资源开发现状和生态保护方面分析了平原区农村河塘健康的内涵。在开发和保护中，应维持农村河道良性循环状态，从而实现河塘健康，外在表现为服务功能健全、断面结构稳定、水质优良、生态系统健康。在规划和管理农村河塘方面，指出了较为明确的方向，具有重要的导向意义。

关键词：新农村 河塘健康理论 河道疏浚 平原区

关于河流健康和湖泊健康的理论，大多是借助河湖生态系统健康理论而提出的。起始研究阶段是关注河流和湖泊生态(生物)系统健康，随后扩展到河湖的水文特征等物理系统、微生物和细菌等作用的生物化学系统、整个服务功能的社会经济系统，即发展为广义的河湖健康理论。

在开发利用河流和池塘过程中，通过建造水库堤防、修建水渠、灌溉取水、发展农业造成的水体污染等，改变了河流与池塘的下垫面和水环境，对农村的河流和池塘造成了一系列的伤害。主要表现为农村河流的河道淤塞、引排不畅、水质恶化、景观效果差，农村池塘的蓄水能力减弱、水体污染严重。如何改变农村河道和池塘的状况，怎么判定农村河塘是否健康，如何实施河道疏浚工程来开展现代化新农村建设，对河道疏浚是值得探索和具有指导意义。

1. 农村河塘健康理论

随着河流健康理论的发展，以及研究侧重点的不同，形成了不同的河流健康理论。对于河流健康的内涵，文伏波等[1]认为，主要集中在河流自身的健康和人水和谐的健康。

农村的河流和水塘首先具备自身的生机和活力，结合吴阿娜等[2]运用内容分析法提炼出有代表性6个指标，就要满足水质水量等水文条件，形态结构和河床底质等地理地质条件，以及附属的生物与河岸带等生态条件。另外，河流与水塘要为农村的生产生活服务，满足人类社会众多的合理性需求。人类在向自然索取的同时，加强了治理和保护，消除或预防河流和水塘的病态。通过相互促进和长期作用，人水博弈的最终结果，只能是达到开发与保护的平衡[3]，才能确保河塘的长期持续的健康状态。因此，农村河塘健康是在河塘自身健康（即结构稳定、水质优良和生态系统健康）的基础上，能够满足其社会服务功能，逐渐达到人水和谐的状态。

2. 农村河塘规划的背景和依据

江苏省委、省政府从深入贯彻落实科学发展观、统筹城乡协调发展、推进城乡一体化的高度，大力开展现代化新农村建设，在政策上要求用 3-5 年时间对全省村庄环境进行综合整治，推进村庄净化、绿化、美化和道路硬化，普遍改善环境面貌；围绕生态建设，着力抓好造林绿化和水环境治理。其中，村庄环境和河道沟塘是整治的重点之一。

海州区积极响应省市会议精神，及时编制河道疏浚规划，并且按照规划内容逐步实施。从 2007 年实施实施河道疏浚工程以来，改善农村水环境，净化水体；搞好植被绿化，减少水土流失；改善农业生态环境和居民生活环境，在保证居民身心健康方面具有重要意义。

根据河道淤积现状和淤积分析，存在疏浚的必要性和紧迫性，工程实施具有可行性。

3. 农村河塘的现状和存在的问题

从 2007 年开始，海州区开始疏浚辖区内河流。截止到目前，累计疏浚县级河道 30 条 241.37 千米，疏浚土方量 637.12 万立方米；疏浚乡级河道 59 条 271.18 千米，疏浚土方量 439.42 万立方米；修建建筑物 458 座，疏浚河塘 235 条（面），疏浚土方量 285.93 万立方米。通过实施疏浚工程，完成了河道清淤、水系沟通、清障工程、岸坡整治、堤防加固等综合性治理，实现了治理河流的河势稳定、河道通畅、水面清洁、岸坡整洁和绿化，同时清除河道内水草、漂浮物。

由于多年淤积一直未治理，主要原因是治理难度大，投资大，淤积严重等。根据调查测算数据，县级、乡级河道比降较小，土质为粉质黏土，易于被侵蚀和淘刷，造成河道淤积。坡比为 1:3.5~1:4，部分河段出现滑坡或塌方，整个河段水深明显变浅，与原规划相比，淤积深度达 1.2~3.8 米。以县级河道社界河淤积严重的河段为例，年平均淤积深度 0.26 米，年平均淤积量 1.35 万立方米。乡级河道拿新海中沟为例，平均河底宽度 4 米，内坡比 1:3.5，年平均淤积深度 0.18 米（主河道），年平均淤积量 0.42 万立方米。农村家河家塘长期淤积，淤积量也较大。拿新坝镇武圩村为例，有 2 条家河输入家塘，一直未疏浚，整个水面都有淤积。现状淤积量 3.1 万立方米，年淤积量 0.39 万立方米。

河道淤积十分严重，灌溉引水难，已影响农业生产、防洪保安，制约着农村经济的发展。

农业区河流除了灌溉，还兼顾防洪除涝的任务。主河槽淤积严重，除涝、行洪断面不够；两岸支沟汛期受大河的洪水顶托倒灌。

农村河塘的主要功能为排泄和处理雨水、生活污水。目前，水体不同程度受到污染，水质为较差，景观效果差，水环境较差。

另外，农村河塘疏浚还存在的几个主要问题，一是农田包干到户后，农民挤占河道垦种，导致河道断面变窄，恢复河道原设计断面，给工作造成难度。二是随着城镇化进程和新农村建设，部分河道标准有待提高，三是河道长效管理机制不健全，造成河道维持和保护力度不够，农民随意在河塘内养殖或取土等。

4．规划要点

基于农村河塘健康理论的探讨，河道疏浚工程作为河道治理项目，首先满足农村河塘自身的健康，同时应兼顾景观营造、纳污净化等社会服务功能，最终达到自然与人类和谐互促的综合治理效果。

（1）农村河塘自身健康规划

断面结构稳定

河流保持健康的生命，首先要实现冲淤基本平衡状态，保持河流纵横断面基本稳定的状态，即断面结构稳定。长期淤积的河道和水塘表明，淤积是大于冲刷的。平原区河道综合交错，且河道治理是分期实施的，因此不宜大幅度改变河道纵比降，仍然取0.05%~0.1%，规划尽量取上限。河道横断面受良田固有边线限制，且受河道周边产权划分的边界限制，因此在原河道范围适当扩展河道宽度，加大边坡坡度，加强边坡绿化和日常管理，维持边坡稳定。

水体水质优良

河道无水或水体污染严重，都不能说河流是健康的。海州区素有洪水走廊之称，即汛期有大量客水经过辖区区域性河道蔷薇河、泊洋河、玉带河和盐河。汛期也是小型河道、塘坝和小水库蓄水时期，因此，加大汛期蓄水量也是改善水体长期优质的主要途径。同时，需要加强水体之间的连通，保证水体物质、能量和信息的运动。另外，河道基质淤泥的清除和近岸挺水植物的吸附净化也是保证水质的重要途径。

生态系统健康

基于农村河道水生动植物的调查记录，常规鱼类、螺类、两栖类等水生生物都有分布，但种类较少。应该保护它们的生境，尤其是为两栖类创造良好的栖息环境。挺水植物芦苇、水菖蒲、千屈菜和香蒲相对较多，浮水植物、漂浮植物和沉水植物种类少，属于历次整治及管理清除的对象。另外，根据农村河道长效管护的内容，河面清洁和河道畅通遵循“三无”标准，其中无影响水生态的植物和无阻水高秆植物是维护生态健康的内容之一。此外，河道挺水植物应采取约束和清除措施，保证挺水植物不阻碍水体畅通。

（2）农村河塘的社会服务功能规划

防洪排涝功能规划

防洪是疏浚河道的重要服务功能，圩区河道和旱涝保收农田区域的河道都有排涝功能要求。对于防洪功能，主要是恢复河道原有的设计标准，根据城镇中长期发展规划和农村防洪体系规划，适当提高防洪标准，加大排洪过水断面。同时，参照江苏省农田水利现代化标准建设的内容，兼顾河道排涝功能设计，体现在与现有的排涝泵站、排水渠道衔接，发挥排涝功能。

供水功能规划

供水主要用于农田灌溉供水和作为水源地支流的供水。农田灌溉供水侧重于河道蓄水量及河道间的沟通，尤其与区域性大河的沟通，保证水源供水充分。作为水源地支流的供水侧重于补充必要的芦苇槽净化用水。河道和水塘相沟通，保证水体畅通，最终实现水体的自净化。

纳污净化功能规划

农村河道与水塘很大程度侧重于纳污和净化功能，尤其是靠近村庄的水体，这点功能格外突出。农田系统、新农村建设生活区、近郊城镇蔬菜花卉种植业、特色养殖业和食品粗加工业等，向水体排放农药化肥废液、生产生活污水、工业废水和生活垃圾，促成河塘的纳污功能。经过植物根系的吸附、化学物质的沉积降解等，污染物质在水体中得到净化[4]。通过河塘底泥的清除，有效清除废物。

景观营造功能规划

按照田块整体布局和景观营造要求，植被沿路规划，沿河规划。河道整齐笔直是一种美，蜿蜒曲折也是一种美，因此规整划一是总体审美要求。植物带状分布为主，块状分布为辅；河道岸坡自然，充满自然野趣。绿化美化设计侧重三个条带，从堤顶到水边划分为乔木（如意杨）、水保草皮、挺水植物（如芦苇），整治整齐规整，且便于水土保持和植被净化水体。

5．结语

河塘的疏浚需要兼顾多方内容，主要考虑水资源的开发与保护、水土流失治理、生物措施和工程措施的生态修复技术。其中，规划内容主要引入生态断面设计和保护、植被过滤带和水生生物重建，体现了如何保持农村河塘的健康生命的特色。在河流长期治理和使用中，应将河塘的服务功能健康和自身的健康统一起来，最终形成良性的互助关系，达到人水和谐。

参考文献

[1]文伏波，韩其为，许炯心，等．河流健康的定义与内涵[J]．水科学进展，2007，18(1)：140～150.

[2]吴阿娜，车越，杨凯．基于内容分析法的河流健康内涵及表征[J]．长江流域资源与环境，2008，17(6)：932～938.

[3]董哲仁．河流健康的内涵[J]．中国水利，2005，(4)：15-18.

[4]田景环，王轶，孙珂，等．人工湿地生态驳岸的建造设计与技术及其应用[J]．中国农村水利水电，2011，(7)：15-18

浅析小型农田水利工程质量管理中项目划分的原则与方法

王运昌　刘　莹　张钦宇

摘 要： 本文介绍了小型农田水利工程项目划分的作用、项目划分的基本概念、提出了小型农田水利工程项目划分存在的问题、项目划分的时间和依据以及具体的划分方法原则和方法。

关键词： 项目划分　农田水利工程　施工管理

引言

随着经济与社会的飞速发展，当前，农业和农村经济进入了一个新的发展阶段，小型农田水利工程项目在逐年增加，项目管理越来越规范，质量要求也越来越高。但小型农田水利工程质量管理中项目划分国家至今没有统一的标准和规程。如果完全按照大中型水利工程建设项目划分标准《水利水电工程施工质量检验与评定规程》（SL 176-2007）执行，一个投资两千万左右的小型农田水利重点县工程，光单位工程就要划分几百个，甚至上千个，而每个单位工程的分部工程和单元工程反而偏少，这样不仅不利于项目质量控制和评定，就是资料也难以整理，这是摆在基层水利工作者面前的一个难题，本人结合自己多年的工作经验，就如何开展项目划分提出一点看法，供同仁们商榷。

1. 水利工程项目划分的作用

一个水利水电工程的建成，从施工准备开始到竣工交付使用，要经过若干工序、工种的配合施工，而工程质量的形成不仅取决于原材料、配件、同时也取决于各工种、工序的作业质量，因此，为了实现对工程全方位、全过程的质量控制，按工程的形成过程，考虑设计的布局、施工布置等因素，将水利水电工程依次分为单位、分部、单元工程三级，单元工程是日常考核和质量评定的基本单位。项目划分的主要作用就是为了更有效的控制在建工程质量。

2. 基本概念

按照《水利水电工程施工质量检验与评定规程》（SL 176-2007）的规定，水利水电工程质量检验与评定应进行项目划分。项目按级划分为单位工程、分部工程、单元（工序）工程等三级。

2.1 单位工程

具有独立发挥作用或独立施工条件的建筑物。

2.2 分部工程

在一个建筑物内能组合发挥一种功能的建筑安装工程，是组成单位工程的部分。对单位工程安全、功能或效益起决定性作用的分部工程称为主要分部工程。

2.3 单元工程

在分部工程中由几个工序（或工种）施工完成的最小综合体，是日常质量考核的基本单位。

2.4 关键部位单元工程

对工程安全、或效益、或使用功能有显著影响的单元工程。

2.5 重要隐蔽单元工程

主要建筑物的地基开挖、地下洞室开挖、地基防渗、加固处理和排水等隐蔽工程中，对工程安全或使用功能有严重影响的单元工程。

3. 问题提出

项目划分是工程质量考核与评定工作不可缺少的步骤，是工程质量考核与评定工作的重要环节。项目划分正确与否关系到工程建设管理的全过程，关系到整个工程资料的整编，甚至会影响工程质量评定结果。对此，水利部针对大中型水利水电工程出台了《水利水电工程施工质量检验与评定规程》，并进行了多次修改，对工程项目划分作了明确规定。我省为了进一步做好项目划分的细化，针对大中型水利工程2008年又出台了江苏省地方标准《水利工程质量监督规程》DB 32-2008，使得大中型水利工程项目划分有了统一的标准。但是对小型农田水利工程从国家方面至今没有标准可依，省里也没有统一的要求，只是笼统的要求参照大中型《水利水电工程施工质量检验与评定规程》SL 176-2007执行。然而在具体划分过程中，操作起来既不方便，又不统一，给小型农田水利工程项目划分带来一定的难度。

所谓小型农田水利工程是指为解决耕地灌溉和农村人畜饮水而修建的田间灌排工程、小型灌区、灌区抗旱水源工程、小型水库、塘坝、蓄水池、水井、引水工程和小型泵站等。主要有排水沟、渠、截洪沟、堤防、塘坝等土方工程，分水闸、节制闸、退水闸、过路涵、跌水、渡槽、农桥、防渗渠、电灌站、排涝站、放水口等建筑物工程。它的特点是工程规模小，数量多，工程分散、形式多样，单个工程造价低，大一点的工程几十万如泵站，小一点的工程几百元如放水口。如小型农田水利重点县工程，如果完全按照《水利水电工程施工质量检验与评定规程》SL 176-2007执行，将每个建筑物和每条渠或排水沟划分为一个单位工程，一个项目中就有几百个单位工程甚至上千个单位工程，这样就造成了单位工程过多，由于每个单位工程小，而分部工程、单元工程数量明显偏少；如果将将同类工程划分为一个单位工程，在质量评定的时候会出现分部工程、单元工程界定不清。

4. 项目划分的时间和依据

一个水利工程，项目划分一般分两步进行，第一步是在开工前进行划分，主要考虑施工质量评定的宏观控制因素，划分的依据是根据工程项目的设计批复、施工设计方案、投资规模划分单位工程和分部工程。第二步是在开工后结合各施工单位的施工部署、工程结构、质量评定、施工工序以及现场条件等再划分单元工程。也就是说，开工后的划分主要是考虑施工质量评定的微观控制因素。项目划分由项目法人组织监理、设计及施工等单位进行，并确定主要单位工程、主要分部工程、重要隐蔽单元工程和关键部位单元工程。划分的技术人员应在熟悉设计文件，技术规范、规程的基础上，依据《水利水电工程施工质量评定规程》SL 176-2007 和江苏省地方标准《水利工程质量监督规程》DB 32-2008，结合工程的实际情况，共同研究制定出施工质量评定项目划分的实施意见，项目法人在主体工程开工前将项目划分表及说明书面报相应质量监督机构确认。

5. 项目划分的原则

小型农田水利项目的划分应结合工程自身的特点，遵循水利水电项目划分的原则进行。因为项目划分正确与否对工程质量评定结果有很大影响。质量评定项目的划分应从高层到低层的顺序进行，这样有利于从宏观上进行项目评定的总体规划，不至于在分期实施过程中，从低到高评定时出现级别和归类上的混乱。一般小型农田水利工程类型多，项目繁简不一，每一个工程都有其自己的特点，因此不能像房屋建筑工程那样把分项工程、分部工程、单位工程名称定死，应根据具体的工程情况进行具体的分析，这就要求划分的工程技术人员要有一定的施工和评定经验，否则会影响划分的效果。

6. 项目划分的方法

6.1 单位工程的划分

按照规程单位工程是指具有独立发挥作用或独立施工条件的建筑物。单位工程通常可以是一项独立的工程，也可以是独立工程中的一部分，一般按设计、施工部署和便于质量管理等原则来划分单位工程。如小型农田水利重点县工程，可以将年度建设任务作为一个项目，项目下包括若干个单位工程，单位工程可以按项目所在乡镇或村庄进行划分，内业资料按单位工程整编归档，这样有利于工程验收及移交。再比如堤防工程，建设类型有险工控导工程、堤防加高加厚工程、填塘固基工程等。原则上以 1 个批复文件为 1 项单位工程。有时考虑到堤防建设战线长、范围大，一个项目可能贯穿不同的县、乡，考虑到地方按行政区域负责组织建设的实际情况，当一个工程项目由若干项目法人负责组织建设时，可按每一项目法人所负责的工程划分为一个单位工程；当一个项目法人所负责组织建设的工程，可视规模及施工单位的不同，按照堤段长度划分为若干个单位工程。当一个行政区域内的建设工程较小且分散时(几个批文、分期实施等情况)，可将该行政区域内的项目法人所负责的工程合并划分为1个单位工程。三是灌区节水改造工程。按渠道级别(干、支渠)或工程建设期、段划分，以1条干(支)渠或同一建设期、段的渠道工程划分为1个单位工程，大型灌道建筑物也可以每座独立的建筑物划分为1个单位工程。 四是农村饮水安全工程，一个县区一年分批下达多处饮水工程，为了便于按工程建设时间先后次序进行管理，做到建设一批、验收一批、发挥效益一批。一般可将一个县区内同一批准文号的饮水工程划分为一个项目，全年下达几批投资计划就划分为几个项目。在一个项目中可将每个单独能够发挥工程效益的供水工程划分为一个单位工程，或将一个行政村或联村供水工程划分为一个单位工程，一个项目中可以包含多个单位工程。五是水土保持工程，可以按一个独立的小流域或较大的独立建筑物作为一个单位工程来划分。

6.2 分部工程的划分

分部工程是指在一个建筑物内能组合发挥一种功能的建筑安装工程,是组成单位工程的各个部分。在分部工程中,将其对单位工程的安全、功能或效益起主要控制作用的分部工程称为主要分部工程。分部工程划分时应注意:同一单位工程中,同类型的各个分部工程的工程量不宜相差太大，一般不超过50% 。不同建设类型的各分部工程的投资一般不宜相差太大，最好不超过50%。每个单位工程中分部工程的数目一般不宜少于5个。如农田水利重点县工程分部工程项目划分，由于重点县工程项目建设内容多，各种规格的小型泵站、涵洞、节制闸、退水闸、渡槽、渠桥、农桥、放水口等一般都有几百座或上千座，防渗渠几十公里甚至上百公里。如果按照规程划分，数量太多，即不利于工程质量评定，又不方便整编资料。因此可以将整个项目中的同类型工程划分为一个分部工程，这样即方便操作，又可以减少分部工程的数量。在比如堤防工程，堤防加高加厚、填塘固基等工程按施工桩号、段落长度来划分。根据堤身填筑断面的大小，按长度(1～2 km)和工程量(10000～20000 m^3)来划分分部工程。三是灌区节水改造工程。根据渠道级别(干、支、斗渠),按施工桩号、段落长度来划分。干渠以0.5～1.0 km划分为1分部工程。支、斗渠以1～2 km划分为1个分部工程,每个分部工程含10～20个单元工程。渠系建筑物视工程量的大小可划分为1个分部工程或几个分部工程，也可将几个较小的建筑物合并划分为1个分部工程。 四是农村安全饮水工程，可以将一处农村饮水工程内能组合发挥一种功能的建筑安装工程划分为一个分部工程，将其对单位工程的安全、功能或效益发挥起主要控制作用的分部工程称为主要分部工程。农村安全饮水单位工程一般包含的主要分部工程有机井工程、引水管道工程、水池工程、输配水管工程、管理房、机井房工程等。次要分部工程有水净化设施、输变电设备、水厂场院设施、院内硬化绿化、输水管线上的闸阀井设施等。五是水土保持工程，可以按照沟壑或区片或桩号治理、成片水平梯田、小型蓄排水工程、成片水保林、成片人工种草、封禁治理、水源及节水灌溉工程等进行划分。如大型谷坊坝坝基处理、坝体填筑、坝坡防护、溢流口门、坝体及坝基防渗工程等。

6.3 单元工程的划分

单元工程系指组成分部工程的、由一个或几个工种施工完成的最小综合体，是日常质量考核的基本单位。可按设计结构、施工部署或质量考核要求划分。建筑工程以层、块、段为单元工程；安装工程以工种、工序等为单元工程。如小型泵站工程可以划分为四个单元工程，即土方开挖和机电设备安装（作为重要隐蔽单元工程）、水工建筑物、泵房；再如小型水闸工程一般可以划分为三个单元工程，即土方开挖（作为重要隐蔽单元工程）、上下游连接段与闸室、闸门与启闭机安装与调试；防渗渠工程可以按照不同规格按 500m~1000m 划分为一个单元工程，对大于 1000m 可以按 2 个单元工程划分；其他小型建筑物[如过路涵洞、渠桥、小型节制闸（不带启闭机房的）、放水口等]一般可以划分为 3 个单元工程，即土方开挖工程、砌体工程和混凝土工程。再如河（渠）道开挖、填筑及衬砌一般单元工程划分界限宜设在变形缝或结构缝处，长度一般不大于 100m。一般情况下同一分部工程中各单元工程的工程量（或投资）不宜相差太大。

6.4 混凝土试块留置

小型农田水利工程混凝土试块留置如果按照大中型工程留置，不仅试块数量太多，而且试压费用也承担不起，笔者建议对同类型和建设地点在一个乡镇的项目按照数量多少进行留置，一般农桥 5~8 座为一组，小型水闸、渡槽、涵洞 5 座为一组，防渗渠 500 米为一组，渠桥 10 座为一组，放水口 50 座为一组，其他工程可根据实际情况按照方便控制工程质量进行。

7. 结语

现行的水利工程施工质量等级评定标准是以优良个数占总数的百分率计算的。而工程项目的划分主要是依据建筑物的组成特点及施工质量检验评定的需要来进行划分。项目划分正确与否，会影响对单位工程质量等级的评定。又因为单元工程是进行日常质量考核和质量评定的基本单位，所以项目划分最终要将工程项目划分到单元工程。然而现有的水利工程质量评定标准及评定表还不能满足小型农田水利工程建设的需要，这就需要建设单位或监理单位在工程施工前，补充相应的质量评定标准及评定表，以便工程质量等级有明确的程序和依据。同时呼吁尽快出台小型农田水利工程项目划分地方标准，只有这样才能做好项目划分，才能真正达到控制小型农田水利工程的目的质量。

混凝土防渗渠道的施工与运行管理

王其兵　谢兆利　吉宁

摘　要：本文通过对连云港市近年来混凝土防渗渠的设计和施工管理方面的实践来分析如何提高混凝土防渗渠工程的建设质量和运行管理的要点，提出相应的质量控制措施及运行管理方面的建议。

关键词：防渗渠道　施工　管理

近年来，随着中央和省对农村水利建设的投入不断加大，连云港市实施了小型农田水利重点县项目、大中型灌区节水改造项目、中央财政新增农资旱改水项目等一大批农田水利基本建设项目，全市节水灌溉面积达到了244.9万亩，占全市总耕地面积的43.4%，其中混凝土防渗渠道控制面积达232.53万亩。实践证明，混凝土防渗渠道具有良好的防渗效果，一般减少渗漏损失水量的85%以上，可以提高输水能力，减小渠道的断面尺寸和耐久性强的特点，并适用于不同的地形，气候和使用条件，能够有效控制地下水位，而且能够节省劳动力，达到提高灌溉效益，增产、增收的目的，在我市农田水利工程建设中得到了广泛应用。下面结合本人的工作实践谈谈现浇混凝土防渗渠道的断面选择、施工质量控制、工程运行管理等方面的一点体会。

一、合理选择结构形式是渠道防渗的基础

合理选择结构形式是混凝土防渗渠道设计的基础工作。防渗渠道断面设计是根据渠道控制灌溉面积、作物种植布局并结合地形、土质、地下水自然条件确定的。因此，渠道断面形式直接影响渠道的强度，整体性及使用年限。连云港市水利部门组织技术人员对灌溉渠道断面进行了大量的对比研究，最终选定了混凝土衬砌防渗渠作为主要形式。主要根据土质的不同因地制宜选取合适的断面形式，主要有梯形、U形和矩形三种断面形式。梯形断面具有施工方便，维修简捷的特点，但衬砌断面大，工程量多，整体性差，强度不高，稳定性相对较差，不适应填方或软基渠道。U型断面渠道，具有整体性好，强度高，各部位受力较均匀，产生裂缝少，施工勾缝少，断面尺寸小，占地少，施工方便，防止冻胀效果好的优点。U型防渗渠道，一般采用单层护面衬砌，在板与板之间设横向或纵向连接缝，自成一体，可有效地增加强度，防止冻胀。在防渗渠顶部设15~20cm的砼压顶，可有效地减少渠道淤积。矩形断面防渗渠采用混凝土实心砖砌筑，外抹2cm厚的水泥砂浆，具有施工土方工程量小、节省

耕地、结构稳定、施工方便、受天气等影响小等特点，在我市赣榆县的灌区改造和重点县工程中广泛应用。

二、切实加强施工管理确保工程质量

（一）地基处理

基础处理是做好混凝土防渗渠道的关键。渠道防渗工程施工前，应对渠道进行施工放样，具体的放样尺寸应按照设计图纸要求进行。放样出渠道底脚线和渠口线共四条线，然后进行机械开挖或人工开挖，土方的开挖应提前进行，使得地基的土的水分在自然风干下尽量降低以增强土基的强度，减轻冬季冻胀的破坏。对于新建渠道，挖方式渠道的基础比较坚硬，但其开挖面在开挖的过程中发生松动，在防渗体工程铺筑之前必须将其清理干净，然后回填，渠基整平、夯实。填方式渠道的基础比较松散，必须进行夯实。对于改建渠道防渗，提前停止放水并扒松渠基风干，然后根据实际情况回填新土并分层夯实，再重新放线开挖。无论是新建渠道还是改建渠道在回填夯实前，必须将渠床内的淤泥、腐质土、垃圾及隐藏的砖石清理干净。我市灌云县、灌南县 2009 年以来小型农田水利重点县工程中现浇混凝土梯形渠主要采用此法，建成运用后效果较为理想。

（二）混凝土浇筑

为保证混凝土防渗渠的施工质量，首先要控制混凝土配合比。配合比必须通过实验，满足设计技术指标和施工要求，并经审批后方可使用。其次要控制混凝土原材料质量。根据工程的具体情况合理选择与使用水泥；对少筋或无筋的混凝土结构，应选用较大的粗骨料粒径，表面应洁净无污染。细骨料应质地坚硬、级配良好。

混凝土衬砌渠道的施工多采用按伸缩缝分块浇筑，渠底、渠坡一般都采用跳仓法浇筑。施工顺序应按设计要求和施工的方便操作来确定，通常是先浇渠底，后浇渠坡，最后浇压顶，其优点在于先浇得渠底衬砌板可作为渠坡浇筑时的支承。而目前已出现全自动节水防渗渠现浇成型机，主要是通过渠槽两侧安放的轨道，利用机械主体前边两侧的导向滚轮，进行直线运动，在运动的同时，进料口中的混凝土被机械挤压密实，一条 U 型或梯形节水防渗渠在机械的行走中形成了。该方法具有现场浇筑，振捣一致、衬砌均匀、一次成型、表面光滑、混凝土密度高、工作效率高、操作方便，提高了渠身的防冻胀能力等优点，但是由于一次性投资大，对施工现场要求高，其应用推广受到了一定限制。目前，我市正在积极推广预制砼构件的防渗渠施工方法，此种施工方法的特点是砼 U 形板、放水口门均实行工厂化生产，质量有保证，达到 75%设计强度时即可运行至现场进行铺设，并且施工速度快，后期管理方便。重要一点是渠道断面要整齐，边坡要夯实，不能出现悬空铺设预制构件的现象。

为了不影响农田灌溉，农田水利工程建设多在冬、春两季进行，因此在北方防渗渠道施工要制定冬季混凝土施工技术措施，从而确保工程施工质量。在连续 5 日平均气温在 5℃以下，或最低气温在－5℃以下施工，应采取必要的技术措施，保证拌制所需的原料及制作和养护期内不结冰，不受冻，水泥宜选用硅酸盐水泥，标号不得低于 425 号，水灰比不应大于

0.6。冬季施工常用的保温方法：即在砼内加适量的早强剂及其他早强碱水剂，以提高砼及砂浆的早期强度。

混凝土的养护是提高和保证混凝土质量的重要环节，特别是混凝土衬砌结构壁薄，外露面积大的特点，养护工作尤为重要，必须专人负责。最常用的养护方法在混凝土的表面覆盖湿草帘、湿芦席。一般正常气温下，混凝土浇筑后6～18小时即可养护，根据采用水泥的不同和气温的不同养护的时间也不同，养护要勤洒水，始终保持混凝土表面湿润状态。在冬季，混凝土表面应覆盖塑料薄膜，上面覆盖稻草帘，为混凝土提供保温、保湿的环境，从而使混凝土强度得到保证。

（三）伸缩缝施工

为了适应温度变化，砼收缩，地基湿胀，冬季冻胀及不均匀沉陷等因素引起裂缝，砼护面应设置伸缩缝，可分为纵向缝和横向缝两种，垂直水流方向的横缝，一般间距8~10米，缝宽2cm左右，若底宽太大，则要设顺水方向的纵缝。伸缩缝，多采用梯形或矩形，在填筑缝时，首先要清理缝内泥土杂物，使缝壁清洁、干燥，接着在缝壁刷上沥青柴油混合物，再将拌和好并保持在110℃的焦油塑料胶泥灌入缝内，迅速向缝壁抹压，使胶泥与缝壁充分黏结，最后用热烙铁沿缝口压烙，使表面平整并粘牢。

三、运行管理与维护

混凝土防渗渠建成后，运行管理和维护的好坏，关系到渠道及其配套建筑物的使用寿命。在渠道的日常运行中，特别是在渠道防放水前、后或暴雨后，应进行全面检查，及时排除故障。在停水期间，渠道有无裂缝，有无渗漏，混凝土表面有无剥落，伸缩缝内充填物是否流失和漏水，以便及时维护处理。在灌溉期间要注意观察各段水流是否平稳正常，渠道内水位是否漫过压顶，以免水流入防渗层背后，带走泥沙影响渠基稳定。

此外，混凝土防渗渠在冬季的冻胀破坏，直接影响和缩短渠道使用寿命。因此在冬季运用时应注意：1.灌溉宜在平均气温高于0℃时进行，防止渠水结冰涨破防渗体；2.冬季雪后融化，要及时将积水排出渠道，以防在渠内结冰；3.要经常检查，发现破坏地方要及时维修，防止渠水渗入渠基反复冻融，导致大量防渗体的破坏；4.对于与挖方渠道相邻的农田，应在气温降至0℃以下，前半个月停止灌水，以防渠基土因含水量高而结冰，引起防渗渠的破坏。

加强防渗渠道运行管理，除了要有科学的管理措施外，还必须落实管理人员、制定严格的奖惩办法，只有依靠科学管理、规范管理才能将建好的混凝土防渗渠工程管好、用好，长期充分发挥工程效益。

参考文献

[1] 张艳.混凝土防渗工程中出现的技术问题及处理办法[J].中国科技博览,2010(12):176.

[2]陶家俊.农田水利管理[J].新农村与水丛书,2011(III):76-85.

[3] 刘祥柱. 水利水电工程施工[J].黄河水利出版社,2009,8.

浅谈连云港市农田水利工程 U 型渠道施工过程质量控制

张 鹏 梁晓欣 郭 涛

1. 引言

近年来在连云港市农田水利工程建设中，在长期积累实践的基础上，形成了 U 型渠道现浇混凝土衬砌经验。U 型渠道接近水力最佳断面，过水量接近最大，能减少混凝土用量，减少占用土地量，并具有较好的防渗效果。为了保证 U 型渠道现浇混凝土衬砌防渗渠道效果和耐久性，除了正确合理的设计以外，必须大力提高施工技术水平，加强对混凝土的品质、配合比质量以及混凝土拌和、运输、浇筑、养护等施工工艺的监督和管理，以保证施工质量，做到优质、经济、安全。

2. 基础工程施工控制

（1）施工准备

U 型渠道施工前，应进行详细的施工组织设计，充分做好料场、拌和场等施工工地的布置以及施工用电、用水、道路和机器设备准备工作，对试验和施工的设备进行检测和测试运行，确保混凝土衬砌渠床符合施工要求，为施工提供良好的条件。

（2）测量放线

土方工程施工前，应先根据设计技术交底的有关资料，对渠道中线、长度及水准高程进行复测，用经纬仪复核渠道的中心控制线，效核渠线的方向，两次测角误差不超过 30″。用钢尺复核渠道的长度，在渠道中线位置，每 50m 增加一个中心桩。弯道处 3～5m 设一个中心桩。用钢尺量距，误差不超过 1/1 000。其次，按四等水准要求控制高程，闭合精度要求控制在 20mm。每 200m 设一个临时高程点，作为开挖渠道高程控制点。最后，根据中心线和高程控制点，对渠道土方开挖或回填边线及临时堆土、取土界限放样。

填方渠道应满足如下技术要求：①清基，清除渠床内杂草虚土、腐殖质及隐藏的砖石等。②回填土应采取就近取用，减少拉运费用，并将回填土的含水量控制最佳含水量。③夯填时应根据实际情况确定施工方式，选用施工机械。④回填夯实采用分层夯实的方法，每层铺土厚度控制在 20～30cm 以内，分层夯实不得少于 4 遍，应杜绝漏夯、虚土层、橡皮土等现象发生，夯实后的干容重不小于1.55t/m³。

（3）渠槽开挖

U型渠道土方开挖。开挖质量是否合格，直接影响到渠道衬砌顺利进行。施工机械一般选用开沟机，适用于地势平坦且渠道较长的条件，开沟机作业时，必须沿U型渠道所放的开挖线均速行驶，而且要有专人随机察看，如发现有块石或粗树根等杂物，要立即处理。

3. 混凝土工程施工控制

（1）水的质量要求

水的质量要求。符合饮用标准的水均可用于拌制和养护混凝土。如果在极其缺水的艰苦条件下，也可以使用其他水如地表水、地下水或其他类型的水，但必须进行水质化验，符合《混凝土拌合用水标准》方可使用。

（2）水泥的质量控制

水泥品种较多，按用途和性能分为通用水泥、专用水泥及特种水泥。通用水泥主要用于一般土建工程。包括硅酸盐水泥、普通硅酸盐水泥、矿渣硅酸盐水泥、火山灰质硅酸盐水泥、粉煤硅酸盐水泥以及复合硅酸盐水泥。在使用水泥的时候必须区分水泥的品种及强度等级掌握其性能和使用方法，根据工程的具体情况合理选择与使用水泥，这样既可提高工程质量又能节约水泥。

注意对运到工地的水泥，应标明品种、强度等级、生产厂家和出厂批号，分别储存或分堆存放，不得混装。堆放位置设防潮层，距地面、边墙至少30cm，堆放高度不得超过15袋，留出运输通道。水泥在运输和储存过程中应防水防潮，对已受潮结块的水泥经处理并检验合格后方可使用。水泥储存时间按出厂日期计算，一般不得超过3个月。

（3）骨料的质量控制

骨料的质量好坏直接影响混凝土强度，应认真研究砂石骨料储量、物理力学指标、杂质含量。

砂子的质量控制。现浇砼所用的砂为中砂，采用级配良好、质地坚硬、颗粒洁净的天然河砂较好，用硬质岩石轧碎的人工砂也可以，要求质地坚硬、颗粒洁净，耐久性好，且不得包含团块、盐碱、壤土、有机物和其他有害杂质。

石子质量要求，按照国家现行标准规定石子最大粒径不应超过素砼板厚的1/2。对素混凝土结构，应选用较大的石子粒径。在施工中由于U型渠道断面衬砌厚度一般为80～40mm，石子应按粒径分成D20、D40两级。石子表面应洁净，如有裹粉、裹泥或被污染等应清除。

混凝土现浇U型渠道均有抗冻、抗渗要求，宜加入一些添加剂来提高其抗冻和抗渗性能。像PC-2型引气剂，具有引气、减水、提高砼抗渗和抗冻性能的功能，配制时按重量比。M型减水剂，具有减水、增气、提高强度和防渗防冻性能。

（4）混凝土标号的质量控制

现浇砼的配合比应满足强度、抗冻、抗渗及和易性要求。在U型渠道施工中，砼强度标号 C15,抗冻 F50,抗渗 W4,配料中水灰比的最大允许值为 0.6,砼的坍落度控制在 1~3cm。低温季节或渠床面较湿润时,坍落度宜适当减小；高温季节或渠床面较干燥时,宜适当增大。

（5）混凝土的浇筑

渠道采用配套的 U 型衬砌机进行衬砌,该机设有 U 型导向滑膜,进料粉料系统,中间安装振动设备,并配备一台柴油机作为驱动动力,在渠道的前面固定安装,用一根钢丝绳与衬砌机连接,拉动衬砌机均速前行。在衬砌前如果渠床干燥起土应首先洒水湿润,以避免浇筑好的砼板因水分过度流失表面出现细裂纹。衬砌机工作时,人工配合连续向进料口装入拌和好的砼,振动设备同时工作,渠道衬砌一次成型。为确衬砌保质量,衬砌机前进速度一般控制在 0.50～0.80m/min,同时在渠边准备 2×3m 的铁皮 3～4 张,作为砼的放置物。防止渠边的其他物质掺入砼。针对衬砌机是运动的,对运送来的砼在渠边的位置也得随时向前移动,根据衬砌机运动的速度,将后面的一张铁皮随时向前倒换,确保运送来的砼倾倒的位置与衬砌机同步。

（6）养护

砼的养护是保证和提高砼质量的重要环节,特别是 U 型渠道砼衬砌结构具有壁薄,外露面积大的特点,养护不及时,表面就会出现干裂缝隙,影响工程质量,因而养护工作尤为重要。必须专人负责。最常用的养护方法是在砼的表面覆盖湿草帘、湿芦席等物。一般正常气温下,砼浇筑后 6～18h 即可养护,根据实用水泥的不同和气温的不同,养护的时间也不同,养护要勤洒水,始终保持砼表面湿润状态。从而使砼充分得到养护。此外,还可在混凝土表面覆盖塑料薄膜,为混凝土提供保温、保湿的环境,从而使混凝土充分得到养护。

（7）施工质量控制和检查

为了保证混凝土的质量,除必须选择适宜的原材料及确定恰当的配合比外,在施工过程中还必须对混凝土原材料、混凝土拌和物及硬化混凝土进行质量检查和控制。

施工过程中,原材料的质量的优劣对混凝土的质量有很大的影响,为此,必须经常对混凝土原材料的各项技术性质、混凝土拌和物及硬化混凝土的各项技术性质进行检查。混凝土拌和组成材料质量应每天检查一次。坍落度每班至少检查三次,坍落度如果不再允许的范围内,应做处理,处理结果应作记录。在混凝土浇筑期间,根据浇筑量的大小,配合比的变化,浇筑部位的不同,施工班情况的不同,浇制混凝土强度试块,每组三块,需要浇制抗渗和抗冻试块,抗渗试块每组六块,抗冻试块数量根据试验要求而定。

4. 结语

目前，在连云港市各地农田水利工程建设中,由于 U 型混凝土渠道具有水力条件最优，良好的防渗效果，施工工艺比较成熟,在农田水利渠道衬砌中得到了广泛的应用。因此,必须大力提高施工技术水平,以保证施工质量,做到混凝土渠道防渗工程优质、经济、安全。

浅谈水工混凝土常见裂缝形成原因及控制常用方法

吉 宁 孙佃亮 李家密

摘 要：水工混凝土施工由于工期长，多数又是露天作业，受自然气候等多种因素的影响，经常会出现裂缝的问题，经过调研研究，提出施工裂缝中收缩裂缝、温度裂缝、沉陷裂缝以及其他它施工裂缝产生的原因和控制常用方法。

关键词：混凝土 裂缝 控制 方法

在水利工程中，水工混凝土施工由于工期长，多数又是露天作业，受自然气候等多种因素的影响，经常会出现裂缝的问题，不仅有损于外观，而且破坏混凝土结构、构件的整体性，降低刚度，引起钢筋锈蚀，更影响水工建筑物的寿命。笔者经过调查研究，水工混凝土的裂缝大多是在施工期间出现的，并且带有一定的规律性。如果在施工阶段控制住了裂缝，则在使用阶段开裂的可能性也就小了。常见的施工裂缝有收缩裂缝、温度裂缝、沉陷裂缝以及其他施工裂缝。施工中常见裂缝产生的原因和控制常用方法如下：

1．收缩裂缝

在工程施工中，为保证浇筑要求，混凝土要有一定的和易性（稠度），拌和时加入的水分往往比水泥水化作用需要的水分要多（一般多 4~5 倍）。这部分多余的水蒸发后，将会产生体积收缩，一般称为湿度收缩。另一方面水泥水化作用凝结，微观上也会产生体积收缩，称为自收缩。自收缩体积一般是湿度收缩的 1/5~1/10，湿度收缩是主要部分，这两部分组成混凝土的总收缩。根据有关文献的测定资料，混凝土的最终收缩值约在 0.2~0. 45%。收缩值的大小和水泥的品种、用量、拌和用水量、骨料的规格级配、振捣的密实度以及养护好坏等因素有关。如在良好（潮湿）的条件下比在干燥条件下养护的混凝土收缩值减少 6~8%。

施工中常见的混凝土收缩裂缝有塑性收缩裂缝、干燥收缩裂缝、沉降收缩裂缝。

（1）塑性收缩裂缝

塑性收缩裂缝形状多为中间宽，两端渐窄，且互不连贯，长短不一，一般在干热和大风天气易于出现，其形状类似于干燥的泥浆面。裂缝产生的原因是混凝土在塑性状态时表面水分蒸发过快，体积急剧收缩。裂缝的大小与水分蒸发的速度有关，其影响因素是风速、空气相对湿度、混凝土自身的湿度和空气温度有关，风速大、气温高时特别要注意加强防范。

常用控制方法有：(1)优化配合比，严格控制水灰比、砂率和砂石含泥量，不使其过大。(2)混凝土浇筑前将基层和模板均匀喷水湿透。(3)混凝土浇捣后适时覆盖草帘等，并尽早喷、洒水养护。(4)设置挡风设施。(5)采用密封保水方法，如在混凝土表面覆盖塑料布。(6)完工浇筑面终凝前，表面进行二次抹压。

（2）干燥收缩裂缝

干燥收缩裂缝为表面性的，较浅、细，多沿建筑物构件的短方向分布，发生在混凝土养护完毕，过一段时间后出现。裂缝产生的主要原因是混凝土养护不周，受风吹日晒，表面水分散失过快，而内部湿度变化小，表面干缩变形受到内部混凝土的约束，产生较大拉应力而引起。裂缝的开展随湿度、气温的变化而变化，变化过程由表及里，从小到大。

常用控制方法除前述塑性收缩裂缝控制方法之外，还应采取如下措施：(1)适当延长养护时间；(2)素混凝土应适当设置收缩缝；(3)预制构件长期露天堆放，应覆盖和连续适当洒水。

（3）沉降收缩裂缝

沉降收缩裂缝多沿主筋通长方向在混凝土表面断续出现，或在相邻断面显著变化部位出现，裂缝较浅较宽，呈棱形，并常在混凝土浇灌后发生，硬化后停止。产生原因是混凝土浇捣后，骨科颗粒沉降，水分上升，有的受到钢筋或埋设件、或大的粗骨科阻挡，而使混凝土互相分离，或混凝土本身组成材料沉落不均造成开裂；斜坡上的混凝土由于重力作用向下流动而开裂；框架上角由于新浇混凝土在柱顶与横梁间沉陷较之横梁上部大，也常引起这类裂缝。

常用控制方法：(1) 可采用稠度适当的低流动性混凝土。(2)确保混凝土振捣密实。(3)对于断面相差大的结构，先浇筑较深部位，并使其静停适当时间（一般 2 小时左右），再与较薄断面一起浇筑。(4)进行二次抹压。

2. 温度裂缝

混凝土受温度影响，热胀冷缩会产生变形。当变形不均，受到约束，即会产生应力，导致裂缝发生。施工常见的温度裂缝有两类。一类为内约束裂缝，另一类为外约束裂缝。

内约束裂缝是由于混凝土内外温差引起的，例如：混凝土冬季施工，没有及时围护保温或混凝土拆模过早；加热养护降温过快；混凝土养护期间受寒流侵袭，突然降温，导致表面急剧冷却收缩，都会使混凝土表面产生较大的温度差、收缩差而引起变形。从理论计算和文献实测资料得知，混凝土表面温度骤降超过 5℃~7℃就有可能产生裂缝。这种裂缝多发生在早期，通常只在混凝土表层出现，表层以下仍保持结构完整。

外约束裂缝是由于温差过大引起的。倒如大体积混凝土浇筑后，水泥硬化过程早期产生大量水化热，内部温度高而散热慢，表面温度散热快，这种温差在表面产生拉应力；后期均匀降温时，当受到基础（岩石地基或老混凝土）的约束，又会在内部出现拉应力，当应力超过混凝土的抗拉强度时，便出现裂缝。这种裂缝多发生在混凝土施工后2~3个月或更长时间，多在结构物中间出现，裂缝多为深进的或贯穿性的，破坏结构的整体性。外约束作用的大小与接缝的间距、浇筑块的形状、地基、基层种类有关。

控制第一类表面温度裂缝的常用方法，在于控制混凝土的内外温差、表面与外界温差，防止表面急剧冷却。(1)冬季采取保温措施，廷缓拆模时间，拆模后予以覆盖。(2)加热养护严格控制升降温速度，使温差不大于10℃。

控制第二类降温裂缝可以从控制混凝土入模温度、温升，减小温差，改进施工工艺，改善混凝土性能，改善结构约束条件等方面入手来削减温度应力，常用方法有：(1)选用低热水泥。(2)拌和水中加冰屑，对砂、石骨料喷冷水预冷，降低浇筑温度。(3)改善骨料级配：采用低流动性混凝土；掺粉煤灰混合材料或减水剂。(4)合理安排工序进行薄层浇筑（大体积混凝土一般不得小于1.5米厚），均匀上升，以利散热；高温季节应安排在下午3时以后或夜间浇筑。(5)在大体积混凝土内预埋冷却管，通循环冷却水降温。(6)适当配置温度钢筋；(7)冬季混凝土表面进行保温，并延缓拆模时间，或拆模后及时回填、覆盖，避免温差过大。(8)加强混凝土养护，适当延长养护和拆模时间，使混凝土缓慢冷却；若急需拆模，则表面应覆盖草袋等继续浇水养护。

3. 沉陷裂缝

沉陷裂缝多为深进的或贯穿性的，其位置与沉陷方向一致，较大的沉陷裂缝往往有一定错距，裂缝宽度与沉降值成正比。产生原因是结构构件落在未经加强处理的回填土或松软地基上；混凝土浇筑后，因地基浸水引起不均匀沉降而导致裂缝，另外模板刚度不足，模板支撑间距过大或支撑底部松动以及过早拆模，也常导致这类裂缝发生。

常用控制方法：(1)务实基础，避免直接在松软土或填土上制作构件。(2)保证模板有足够的强度和刚度，确保支撑牢固，并使地基受力均匀。(3)作好周围排水，防止水管漏水或养护水浸泡地基。(4)加强浇筑中的模板、支撑和地基检查。(5)拆模时间和顺序严格按规范要求进行。

4. 其他施工裂缝

混凝土预制件脱模、运输、堆放、吊装过程中，有时产生纵向、横向、斜向的或水平的种裂缝，特别是高宽比较大、侧向配筋少、刚度差的构件较易出现。如术模浇制的结构和构件，混凝土浇灌前模板未浇水湿透，混凝土浇筑后木模吸水膨胀，常将柱、梁、框架角拉裂。构件成型、翻转时受震动，拆模过早或敲击过重，多孔板抽芯过早或过晚，混凝土坍落或被拉动；构件起吊，模板隔离剂失效，混凝土与模板粘连；吊钩位置不当，起模受力不均或受扭，或受撞击；构件堆放支承垫木不在一条直线上或悬挑过长；运输时，构件受到剧烈的颠簸、冲击；吊装时，吊点位置不正确；排架等侧向刚度差的构件，侧向未采取临时加固措施，造成弯矩过大、应力集中等等情况都会使构件发生各种裂缝。结构采用滑模施工时，模板提升的间隔时间长，混凝土与模板粘连，往往出现水平裂缝。另外模板变形，平台倾斜、扭转，千斤顶架倾斜不同步等都将引起裂缝：构件或地坪表面过多的抹压触动，使表面形成含水量大的砂浆层，或撒干水泥抹面，常使表面出现龟裂。

常用控制这些裂缝的办法有：(1)混凝土浇筑前，模板要充分浇水湿透。(2)选用有效隔离剂，起模前先用工具（如千斤顶）均匀松动，再平缓起吊。(3)构件留孔芯管要平直，刷油要均匀，混凝土浇筑后要定时 15 分钟左右转动钢管；在手指压混凝土表面不显痕时及时抽管。(4)翻转脱模时，在平整坚实的铺砂地面上进行，并做到翻转平稳，防止冲击振动。(5)混凝土构件在运输中相互间要设垫木，并要互相绑牢，防止颠簸晃动、碰撞。(6)混凝土构件堆放应按支承受力状态设置垫块，重叠堆放时，垫块要在一条竖直线上，板、梁、柱等构件要避免反向受力堆放。(7)梁、柱、桁架、排架等大型构件应按规定设置吊点，必要时作临时加固，并设牵引绳防止晃动、碰撞；柱牛腿处侧向增设加强钢筋，提高抗裂度。(8)构件表面及地坪等避免过分的抹压，过稀可撒水泥砂压抹，避免撒干水泥压抹。

爆破挤淤法在连云港市海堤工程中的运用

李洪亮　李　媛

摘　要：通过对连云港市海堤现状的分析，结合港口、交通等类似工程施工经验，提出在连云港市沿海新城闸、开泰闸、西墅闸的施工围堰和海堤接线的施工中采用爆破挤淤法，并对爆破挤淤法的施工工艺、质量控制作了阐述和分析。

关键词：海堤　爆破挤淤

1．工程概况

连云港市海岸线北起苏鲁交界的绣针河口，南至灌河口，全长176.5公里，海岸类型有侵蚀型、淤积型，泥砂质、岩基等各种类型。通过多年来的海堤达标建设，全线都筑有海堤和各类配套涵闸等，2005年以前的海堤达标建设大部分是在老海堤的基础上进行加固，基础相对较好。随着连云港市的大建设、大开发，从2005年起在北崮山至临洪口段进行了大规模的围海造地，新的海堤向外推进约3公里，该处老海堤上的五座涵闸相应往外推移并整合为三座较大的挡潮闸（即新城闸、开泰闸、西墅闸）。这样即相当于在大海中间填筑海堤和施工围堰，原来的海边建闸围堰施工方法则完全不适用。

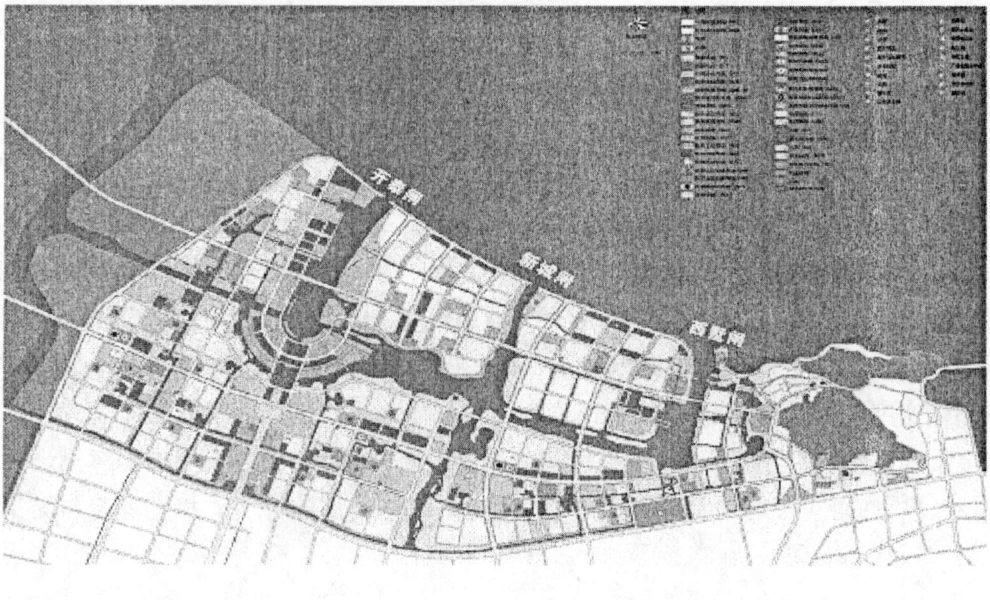

2. 爆破挤淤法的提出

按常规的施工方法应先清除海堤下的海淤至硬土层后进行填筑，而现在无法用机械进行清理的。如果直接进行海中填筑，将形成很大的沉降量，要不断的增加土石方，最后形成稳定的海堤，施工周期将很长，无法跟上开发的进度。在工程各参建单位参考了大量类似工程的施工案例后，提出了用爆破挤淤法进行围堰填筑的施工方案，这是一种利用炸药爆炸的力量将石料置换淤泥的动力地基处理方法。

连云港地区在抛石爆破挤淤技术的运用上具有非常丰富的经验，连云港西大堤、庙岭港区和北港区等工程中曾大量使用爆破工艺成堤，目前处理淤泥深度可达31米左右，一次爆破推进尺度可达14米左右，挤淤落底效果良好，并且沉降很小。此外，爆破技术的安全、环保方面也有充足的保证。目前的施工情况实际和港口建设类似，因此对于新城闸、开泰闸、西墅闸的施工围堰和海堤接线的施工采用相对成熟的爆破挤淤施工法是合理的。

3. 爆破挤淤施工工艺

爆破挤淤法施工工艺是通过爆破形成空腔让已抛土石方靠自重填入土层，并落在硬土层上，在原软土层内含土石方比例较大的混合体。施工示意图如下：

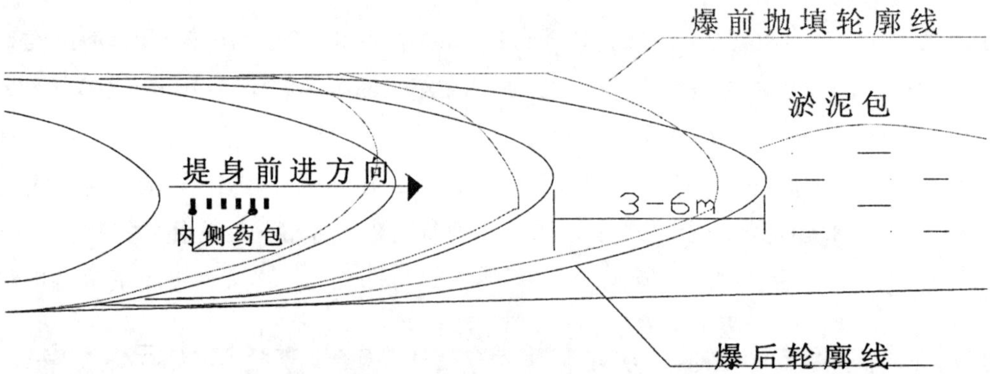

端部推进堤头爆填纵断面示意图

海堤爆破采用堤头爆填、靠海侧爆填和爆夯三个工艺，吹填围堰等临时设施中采用堤头爆填工艺，该工序使海堤（围堰）不断前进直至合龙。施工时先在抛填堤脚1.5～2.0米处埋设药包，药包可采用海上船机作业，或陆上布药机作业，埋药深度约为处理淤泥层厚度的一半位置。然后利用翻斗车从岸侧抛填块石，如果按一次爆破推进10米、设计堤顶宽度为5米计，则超抛宽度须达到7～10米，超抛高度1.5～2.5米。一次爆破后抛石体坍塌挤淤向前推进，经多次推进爆破后，完成全部堤头爆填。侧爆在堤头爆填形成抛石堤的靠海侧进行，一次侧爆填长度可取20～50米，埋药位置在泥石交界面外1.5～2.0米处，埋药深度与堤头爆填相同，使抛石体海侧堤脚基本落底。爆夯是在靠海侧爆填抛石堤的边坡上进行，在两侧泥石交界面上布设小药量的爆夯药包，一侧布设长度也取20～30m，最终形成设计抛石断面。

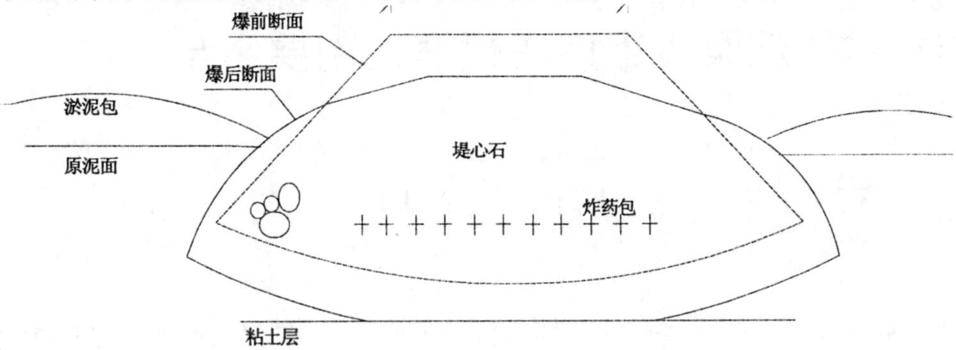

端部推进堤头爆填横断面示意图

在施工中应采用抗水性好的炸药，如乳化炸药；防水药包可用加化纤编织袋保护的一层或多层塑料袋制作。传引爆器宜选用防水导爆索和导爆管等非电器材。

3. 爆破挤淤的质量控制

抛石置换深度是保证围堰沉降稳定的重要条件，爆炸处理后抛石置换落底标高误差为+0～-1.0米，填石落底宽度误差要求0～2.0米，抛石置换深度与稳定性检验可从宏观判断与多种检测两方面进行。施工期内如果不出现滑移或过量沉降，则可从宏观上判断使用期内围堰的稳定性；同时应辅以体积平衡法、钻孔检测法、探地雷达检测法、累积沉降法等多种检测方法对抛石置换深度进行检测，验证爆破挤淤的施工质量。

4. 结语

目前新城闸、开泰闸、西墅闸均已实施完成，新海堤也经历2012年汛期的考验，又一次验证了爆破挤淤法在沿海地区的成功运用。虽然该方法在水利工程应用不是太广泛，但是其显著优点是非常适合浅滩作业条件，抛石和埋药、起爆可全部在陆上施工完成，不存在挖泥和弃土问题，不需要大型施工机械设备和复杂的施工工艺，施工速度较快、投资省、见效快，软基处理深度可达到10～30米，落底效果好，成堤和陆域吹填时的整体稳定性强，围堰工后沉降很小，施工进度大大加快。今后在海口闸建设特别是围堰的施工中，遇到类似的情况可以借鉴。

立式轴流泵机组底座预埋控制要素与方法

束德方　范兴业

摘　要：底座是立式轴流水泵机组的安装准件，对其他零部件的安装位置有决定性影响。文章就其预埋过程中的质量控制要素与方法做了较为详尽的阐述，对安装实践有一定指导意义。

关键词：底座预埋　控制要素　方法

我国大型水泵以立式为主，其中又尤以立式轴流泵机组居多。如作为我国单站装机容量最大抽水泵站之一的连云港市临洪东泵站，改造前其组成为 ZL-30-7 型立式轴流泵配 TDL-3000-40/3250 同步电动机 12 台套，设计扬程 3.8m，最大抽排能力 360 m^3/s，总装机容量 36000kW。

国内大泵机组安装技术是在上世纪 60 年代初我国建设第一座大型泵站的安装实践中逐渐发展起来的[1]。因机组结构复杂，安装质量数据多、技术要求高，各配合参数之间的关系复杂、不易掌握，导致机组安装质量不高现象普遍存在，严重影响了日后机组运行的稳定性、可靠性和耐久性。因此泵组安装过程中对于每一个环节都必须严格参照相关技术规范，精准到位，以求总体安装质量达到要求。下面对立式轴流泵组安装过程中较重要的一环底座预埋的控制要素与方法做简单阐述。

1．底座预埋控制要素

对于立式轴流水泵机组来说，底座是安装准件，其控制要素——高程、中心和水平是整个机组其他零部件的安装基准之一，对这些零部件的位置有决定性影响。

（1）高程

机组安装的高程，是按照设计部门选定的叶轮中心安装高程确定的，水泵叶轮中心高程确定之后，泵底座及其他部件的安装高程也随之确定。

安装高程的误差可能导致叶轮相对外壳偏高或偏低，则叶片上间隙或下间隙偏小、间隙汽蚀加重，甚至碰壳，也可能引起转子相对定子过高或偏低，会减小电机输出功率，降低电机效率。

（2）中心

泵底座中心要与定子、水导轴窝等固定部件中心在同一条直线上，一般要求垂直同心，即上述部件的中心线处于同一铅垂线上。

若固定部件不同心，主轴连接定中心后，泵轴颈处于轴窝中心，而转子偏离定子中心，造成空气间隙不均、转子受力不平衡，机组运行产生振动，严重时会导致转子轴颈外弯曲，转子和定子相碰，损坏铁芯和绕组[2]。

（3）水平

安装精确水平才能确保底座上下端口中心在同一条铅垂线上。水平是固定部件垂直同心、镜板与固定部件中心线垂直的前提。垂直之后才能保证转动部件转动中心线与固定部件中心线平行，定中心后重合。

底座的水平初校可用水准仪监视进行，精校时要用框式水平仪或合像水平仪，水平误差控制在 0.07mm/m 以内[3]。

2. 控制方法

（1）高程控制

a. 首先在靠近泵底座的出水流道的墙壁上测放一个标准高程点。

b. 将安放泵底座的 8 块可调楔形垫铁调整到可上可下的中心位置，按 8 个方位放好并保证垫铁表面基本水平，不平可修打周围砼来调整垫铁水平。根据设计图纸上泵底座的表面高程，减去泵底座的实际厚度，就得到可调垫铁的实际高程。以标准高程点为基准，使用软管水平尺，调整垫铁高程到安装高程范围，误差±1mm 内。假设标准高程点为▽0.85m，泵座的基准面设计高程为▽0.81m，泵底座的实际厚度为 0.27m，则可调垫铁表面高程为 0.81-0.27=0.54m，调整垫铁面到标准高程点的距离为 0.85-0.54=0.31m。调整 8 个垫铁至同一高程。

c. 然后进行底座吊装。此时注意地脚螺栓的位置，如预留孔偏差较大等，地脚螺栓需弯制处理后，才能放进预留孔内。就位后按 8 个方位用软管水平尺及带毫米刻度的普通水平尺配合分别测量底座法兰面的安装高程，若读数为 0.04m，则为正好，因为 0.85-0.81=0.04m；若否，调整垫铁高度，使高程控制在 0.04m 左右，误差不大于±3mm。也可在出水流道墙壁上测出两个相同标高点，拉线，用水平尺直接量出底座法兰面至控制线的距离，得出底座高程，确定垫铁的升降。

（2）中心调整

安装过程中，泵底座的中心是以导流锥上的导流圈基础板的中心为中心。所以先用几何测量的方法，求出基础板的中心点，并做好记号，而后在泵底座的法兰处，以螺钉孔为基础，找出 X-X、Y-Y 轴向线，并用尼龙线两端挂上重物通过 X-X、Y-Y 轴向线，两线的交点即为泵座的中心点，精确测量复核该点是否符合要求。再在一根水平横梁中心点吊一垂线，将横梁搁置在法兰上，垂线通过底座的中心点，垂球的尖头距离导流圈基础板的中心点约 5mm，看泵座的中心点并基础板的中心点偏差为多少，然后用自制的螺钉千斤顶位移泵底座，使泵底座的中心位置并基础板的中心点重合即可。最后用 8 只自制螺钉千斤顶，按 8 个方位，将座固定牢固。一般中心误差不超过 2mm。

（3）水平控制

主要测量工具：可调水平梁及合像水平仪。

首先在底座法兰面上任选一点作为基准点，设其为方位南，按相互垂直的 X-X、Y-Y 的轴线确定相应东、西、北三个方位。然后应用水平仪配合水平梁依次测出东西南北四个方位的水平值，并做好记录。注意，测量时应将测点做好标记，务必保证每次测量同一方位时，水平仪并水平梁放在同一位置。

第一遍测量后对其数值进行计算分析，判断处理方法。如图 1 所示，若测得：南 0.00mm，北 0.45mm，西 0.72mm，东-0.26mm。

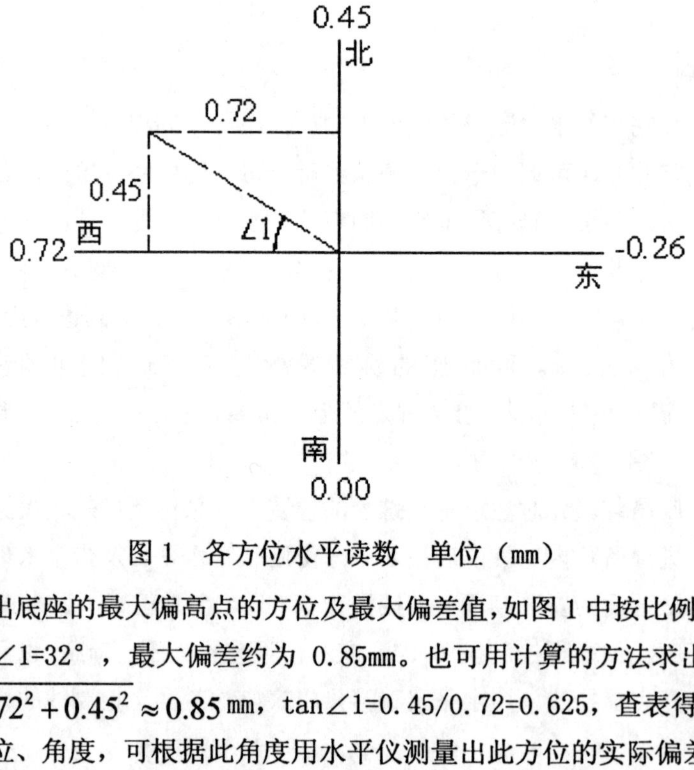

图 1　各方位水平读数　单位（mm）

用图解法求出底座的最大偏高点的方位及最大偏差值，如图 1 中按比例画出图中三角形，并用量角器量出∠1=32°，最大偏差约为 0.85mm。也可用计算的方法求出斜边的最大值及∠1。斜边为 $\sqrt{0.72^2+0.45^2}\approx 0.85$ mm，tan∠1=0.45/0.72=0.625，查表得∠1=32.01°。求出了最大偏差方位、角度，可根据此角度用水平仪测量出此方位的实际偏差最大值，然后在该方位进行附近调整，抬高或降低实际最大偏差值的 1/2，同时该方位由近及远相邻区域也要相应抬高或降低一个逐渐减小的数值，以保证底部 8 块调整垫铁都受力均衡。注意调整时要由水平仪监测。

水平调整后再用同样的方法复测水平，若不合格继续调整。水平的合格标准为 0.07mm/m，0.04mm/m 为优良，但通常水平应调至 0.02mm/m 为好。水平调整后再复查一次中心、高程，如都在优良以内，即可用电焊将调整千斤顶并底座、地脚螺栓等焊接牢固，验收之后便可进行二期混凝土浇筑。

3. 结语

立式轴流水泵机组底座安装有高程、中心、水平三大控制要素，分别掌握其控制方法，严把安装过程中每一环节质量关，对于提高整个机组的安装质量有重要意义，也为机组的日后安全运行打下了良好基础。

参考文献

[1] 仇宝云. 大型立式泵机组安装要素分析与控制[J]. 水泵技术，1998(6)：19-23.

[2] 徐泽林，雍家树. 泵站机电设备维修工与泵站运行工[M]. 郑州：黄河水利出版社，1998.

[3] 水利部. 泵站安装及验收规范.中国水利水电出版社，2005.

[4] 张文洁. 立式轴流泵组安装[J]. 西部探矿工程，2003(12)：108-110.

蒋庄漫水闸拆建工程水泥土回填施工技术

郑益林　张大伟　李华东

摘　要：原连云港市蒋庄漫水闸新南闸（1972 年建设）在 2009 年汛期连续一周行洪 600m^3/s 后出现闸墩门槽处断裂、闸底板断裂、地基存在大量空洞等重大险情，严重影响工程安全运行和防洪安全，在工程施工过程中建设方根据原老闸安全鉴定成果、地质勘探资料、初步设计资料、施工图设计资料，着力做好南侧闸基、消力池基础及两侧翼墙地基处理问题，主要采用回填 10%水泥土的方法，本文简单介绍了本工程水泥土的制备、填筑等过程，并阐述了其在施工中的质量控制要点，为该项技术的推广提供了有益借鉴。

关键词：蒋庄漫水闸拆建工程　水泥土　回填　技术

一、概况

蒋庄漫水老闸（原老闸、原新闸）位于连云港市东海县黄川镇、赣榆县沙河镇两镇交界处，在新沭河中游中泓上，距离石梁河水库 8.10km，是新沭河的梯级控制工程。始建于 1956 年 11 月，共 18 孔，每孔净宽 4.2 米，四级消能；1972 年在老闸南、北侧各扩建 10 孔新闸，每孔净宽 4.7 米，二级消能；新、老闸总宽 201.4 米，底板高程均为 7.1 米，闸门均采用钢丝网混凝土双绞自动翻倒门，门顶高程 10.20 米，该闸设计流量 1300 立方米/秒。

2009 年 9 月 13 日早上经技术人员巡视后发现，南侧新闸闸底板出现下沉，底板与消力池斜坡段最大沉降差 8~10 厘米，部分闸墩在检修门槽处出现自上而下的断裂缝，最大缝宽 4 厘米，闸底板在检修门槽处断裂。消力池边墙、尾坎多处裂缝断裂，局部出现沉降，最大沉降差 3 厘米。下游海漫处出现大量冒砂、涌水现象，并形成深达 1.7 米的深坑，海漫处部分消力墩下沉。

经过省水利厅组成的专家组鉴定为四类闸，存在着闸墩不抗震，消力池深度、海漫长度、防冲槽深度不够，出口段渗透坡降大于运行值等问题，在安全鉴定前，经过地质雷达探测，存在着部分闸底板、消力池、海漫基础存在着贯通性空洞。

拆建工程正式立项后，省水文地质勘察院先后在闸上下游布置了 9 个钻孔和 6 个探坑。勘探点布置图见图 1，典型断面（图 1 中 2-2 断面）地质剖面图见图 2。经检验蒋庄漫水闸基础①-3 层杂填土（细砂，局部中砂）及②-1 层中砂为液化土，原均作为持力层使用需要处理，拆建工程需用的回填与筑堤土料土源充足，质量较好。

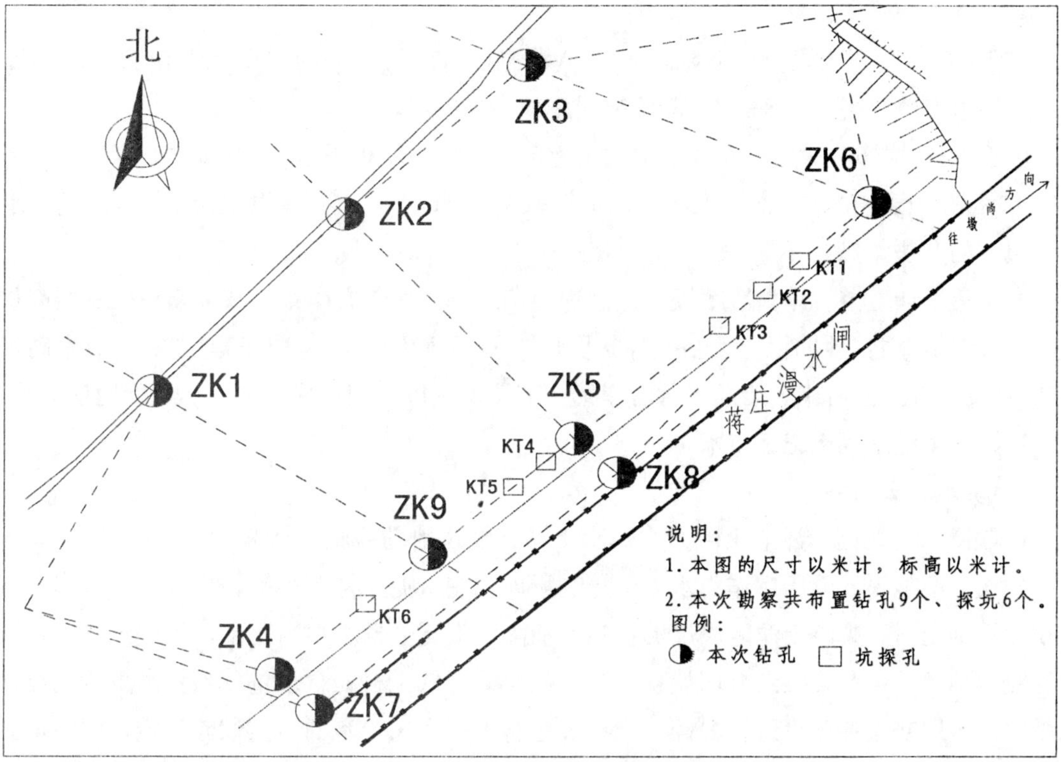

图 1 勘探点平面布置图

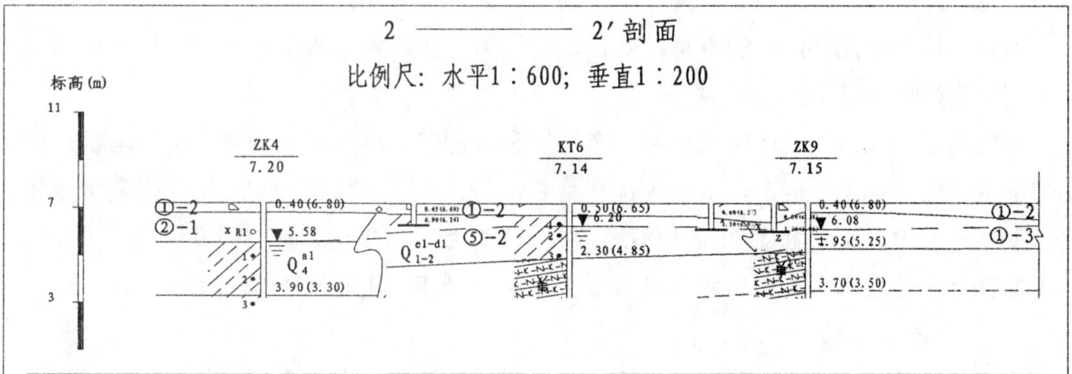

间距(m)		25.70	18.00	30.99	7.20	4.00	41.10
孔深(m)	12.90	0.90	9.50	1.10	1.20	11.93	1.00

图 2 典型地质剖面图

二、初步设计阶段及施工图设计阶段地质处理情况

本工程设计闸室底板底面高程为 5.90m，根据地勘报告及钻孔柱状图，②-1 层影响深度为 2.00m 左右，层底高程为 5.55～3.98m；①-3 层影响深度为 0.80m 左右，层底高程为 5.25～

5.07m。

对于①-3 层，采取全部清除，并换填水泥掺入量为 10%的水泥土并压实，压实度为96%，换填土填至高程 5.80m（C25 砼垫层底部）的办法。

由于②-1 层影响深度较大（主要位于南侧第五块闸底板下），经过多次专家论证，为在2011 年汛期全面完成水下部分工程通过水下验收，建设方对其采用抛填混凝土（中间夹水泥土回填）的办法。

本工程设计上游右岸翼墙底板底面高程为 6.50m；下游右岸第一节翼墙底板底面高程为6.50～3.20m，根据地勘报告及钻孔柱状图，②-1 层影响深度为 2.50m 左右，层底高程为5.55～3.98m。上游右岸翼墙及下游右岸第一节翼墙底板基础均采用水泥土进行地基处理。

三、本工程水泥土施工技术

（1）水泥土制备

选取漫水闸北侧岸滩取土区为水泥土土源（经过地勘检验合格），在土源区旁选取一较平整地块，经整平、碾压后作为水泥土拌制场地，在水泥土拌制场地四周开挖排水沟，以防止积水浸泡土料。先将土源区表层的耕植土清除，根据分批回填需用量，挖取土料均匀摊铺在拌制场地上，铧犁翻晒结合用旋耕机初步粉碎，降低土料的含水量，当含水量接近最佳含水量时，再用灰土拌和机进行粉碎。土料最佳含水率由试验室的击实试验确定，同时得到最大干密度。

当灰土拌和机进行多次粉碎后的土料颗粒大小满足要求时，采用人工添加水泥，计算水泥掺入量的方法为：根据实际情况在摊平的土料上用石灰线打成一定尺寸方格，计算每方格土的方量，按每个方格内土的方量，确定水泥的用量（最大干密度×土的体积×10%）。然后将水泥均匀摊铺在每个方格内。

水泥摊铺完成后，用旋耕机拌和，宝马拌和机粉碎，再用铧犁翻耕，翻拌遍数视碎土和均匀程度而定，不少于四遍，水泥土拌和是否均匀。含水量简易鉴别：用手捏灰土成团较费劲，手掌无水印，灰土团自 50cm 处落地散成蒜形块状，100cm 高落在坚实地面上即松散，这些现象接近最佳含水量如土料水分过多或不足时，则相应进行晾干或洒水润湿。

（2）水泥土填筑

水泥土填筑前，首先排除基坑内积水。由载重车运输，自卸至铺土现场，用推土机推开摊平，每层土的铺土厚度不超过 30 cm，然后用挖掘机进行第一遍碾压。此遍碾压能使水泥土初步压实，且能反映出那些水泥土的水含量过大，或铺设的土料不均匀，然后辅以人工修整。含水量过大的地方，碾压土会成为有弹性的橡皮土。

土料碾压前必须测定其含水率是否接近最佳含水率，接近或达到最佳含水率时才能碾压，达不到时则重新进行翻松晾干，也可采取掺入干土或洒水方法来改变其含水率，使之接近最佳含水率。

每一层土料碾压完毕，按规范要求进行现场取土试验（环刀法：压实度=现场干密度/最大干密度），测定其含水率和最大干密度。不合格部分重新返工。压实度满足设计要求后，再进行上一层水泥土的填筑。

土料必须随拌随用，碾压施工必须在当天进行，以防风干或土料中水泥凝固而失去效果。

挖掘机碾压方向平行于基坑，采用进退错距法。为避免漏压，可在碾压带的两侧先往复压够遍数后，再进行错距碾压。

（3）施工质量控制要点

施工中严格按照试验室击实试验确定的最佳含水率进行控制，对局部出现的弹簧土及时挖除更换。

回填应分段依次进行，按一定的顺序均衡上升。层段间回填土接缝处应削成台阶状，并做成不陡于 1:3 的坡度，增加接缝处夯实遍数，保证水泥土达到压实要求。

粉碎好的土料须用塑料薄膜覆盖，防止晒干或雨淋。施工期间温度较低时应加强保温措施，防止霜冻破坏土体结构影响回填质量；同时对已填筑完成的水泥土应洒水覆盖保温养护。

填筑过程中，对水泥土层与层之间结合部处理要符合规范规定，土面过光时要采取人工刨毛处理，通常刨毛 3~5cm, 保证层间结合牢固。

水泥土击实试验最大干密度为 1.69t/m^3（设计要求压实度≥96%），每层土填筑完成后进行土工试验，符合设计要求并经监理工程师签字确认后，进行上层土回填。

水泥土回填应超出回填区一定范围，一般为每侧不少于 50cm，对靠近混凝土结构物部位不能采用机械压实时，采用小型机械夯或人工夯实。拌和的水泥土必须尽快使用，剩余水泥土严禁用于下一段的填筑。另外水闸施工时接地埋件较多，埋件焊接应在水泥土回填之前进行施工。

四、结语

截至 2011 年年底蒋庄漫水闸拆建工程共完成水泥土回填 7000 余立方米，抛石混凝土封底 1400 余立方米，可见本工程水泥土回填量之大，这是由于老闸地质条件所限以及 2010 年险情过后对原下游消力池部分造成的破坏等原因造成的，本工程闸底板、翼墙底板、消力池基础等主要部位地基处理均采用水泥土回填处理，可见本工程地基处理工作的重点难点均在于水泥土制备、填筑、控制方面。

由于本工程北侧岸滩存有大量的优质土源（经地勘部门检验），加之 2011 年上半年本流域干旱严重，阴雨天极少，参建各方圆满地完成了水泥土回填、抛石混凝土回填、水泥搅拌桩等基础处理工作，没有因为地基处理工作拖延其他单元工程正常施工。有力保障了整个工程主汛期前完成水下工程，有效保障了年初确定的年内开工，年内具备验收条件的目标顺利完成，多次受到各级上级领导表扬。由于施工现场布局合理，被省水利厅授予江苏省水利工程建设文明工地称号。

对水利工程施工技术有关问题的思考

赵志徐

摘　要：防水在水利水下工程中占有很重要的地位，本文对水利工程渗水形成的原因进行了分析，介绍了基础的防渗技术及堵漏防水施工、冬季施工中混凝土工程等施工方法。

关键词：水利工程　防渗技术　施工技术　堵漏防水　混凝土工程

防水在水利水下工程中占有很重要的地位。水下工程防水比其他工程技术复杂、难度大、要求高，长期以来人们对水下工程防水、技术复杂性越来越认识提高。从过去搞过的水利水下工程从中吸取教训加以总结，对堵防结合、刚柔结合、因地制宜、综合处理的要求，进行堵、注、涂、抹的施工方法，使结构渗水部位形成多道防水线，密闭的整体收到良好效果。而在冬季施工中，影响最大的是混凝土施工。混凝土浇筑受气温影响较为明显，这对工程的施工进度和工程质量造成了很大的影响。

一、渗水的形成原因及基础的防渗技术

（一）渗水的形成原因

1．大面积渗水。一般大面积渗水发生在底板，主要原因是基面四周基坑降水应在垫层以下，达不到应有水平，造成排水不良，如遇雨天停电或出现其他机械故障，基坑水位上涨，淹没垫层，不具备灌注混凝土条件，为抢进度，带水施工。其次，在灌注混凝土过程中，由于拌和不均、振捣不密实等原因，造成混凝土孔隙大、强度低，出现大面积渗水现象。

2．施工缝。由于大面积施工，人为地将连续作业的混凝土分成几个单元，这个缝是施工造成的，是防水薄弱环节之一。施工时首先应清除施工缝面浮灰、杂物等清洗干净，再按规范有关规定施工。其次，模板支撑不牢、不严密，造成跑浆，出现蜂窝麻面，引起缝隙渗水。

3．变形缝。变形缝渗水主要的原因是止水带固定不牢，偏离中心，混凝土振捣不密实，出现较大孔洞或者蜂窝麻面。

4．穿墙管。在散滩电站水下工程有各种管（风、水、电）与主体工程联结，如止水环焊接不密实，在混凝土浇筑过程中，在施工困难处，混凝土振捣不密实，出现空洞或者蜂窝麻面，就往往出现渗水。

（二）基础的防渗技术

在深厚沙砾石层的基础筑坝，建造防渗墙技术非常重要。近几年来，造墙技术采用冲击及反循环钻机钻主孔，抓斗挖掘副孔成墙；200t 液压拔管机起拔接头套管，用孔内聚能爆破大孤石钻进等，完善了施工工艺，保证了成墙的施工质量。

二、防水措施

防水措施在水利水下工程中很重要，它是一项综合技术的体现，是搞好工程施工的先决条件。在堵漏防水措施中，应抓好以下几个环节：

1．合理选择防水材料。近几年随着科学技术发展，新型防水材料类型较多，都有自己的特点，不是十全十美，只依靠材料解决各类渗水还有困难，应根据材料特点处理不同形式渗水。一般堵水，应采用刚性材料、硅酸纳速凝剂。

2．堵防结合，刚柔结合。堵（水）是施工前提，把渗水渠道封闭，然后再采用防水措施不能单一处理，要综合治理，以利增强结构抗渗能力。

3．我们要用发展的观点处理渗水。水下工程结构，由于受外界因素（湿度变化，基础下沉）影响，使结构产生局部裂纹（水平裂纹、垂直裂纹）。在处理时，不能只处理裂纹范围，要用发展的观点对待问题。

三、堵漏防水施工

水下工程渗水形式多种多样：(1) 采用堵的施工方法，把渗水根源封闭。这是各个工序的前提，是一项基础工作。(2) 优化组合施工方法，才能在渗水部位形成多道防水线的密封整体防水层。

（一）堵漏防水典型工程

1．点渗水。结构基面局部出现点渗，应选择堵漏材料，一般混凝土结构基面涂刮刚性材料（RG 涂料确保时），当结构已有刚性材料防水层或水泥砂浆找平层的基面，可用柔性防水涂料，使渗水部位形成堵、涂、抹的防水层，增加结构抗渗性能。

2．渗水量大的处理时，应划分几个单元，一个单元处理完后再处理另一个单元。根据单元渗水实际情况，对渗水量大的先埋管注浆，以防止注浆时跑浆。当渗水量小时，可采用堵的方法。这样经过多次堵注，抹几次循环，就解决了单元的问题，然后根据结构状况，涂抹刚性或柔性防水材料，增强结构抗渗性能。

3．变形缝渗水。变形缝渗水处理是“堵、注、嵌、涂、抹” 洗应抢在零上温度时做，并用塑料纸，油布盖好。

4．施工缝渗水。施工缝处理时，以堵或注为主，把水堵住后，在施工缝中心线两侧范围，涂刮刚性的 RG 型材料，以增强结构抗渗性能。

5．基面微渗湿或夏季基面结露，应选择适用于潮湿基面的材料。在施工处理上，我们采用 RG 型防水涂料。这种材料的特点是只改变水灰比，既能堵漏又可以刮涂防水层，一料多用，满足了堵漏防水要求。

（二）增强质量意识

1. 防水工程是一项系统工程，材料是基础，施工是关键，施工质量对防水工程起重要作用。实践证明，出现质量问题均与施工质量有关。为了提高工程质量，在施工必须建立工程质量保证体系，树立质量意识，在各个工序上严格把关，才能提高堵漏防水工程质量。

2. 在施工过程中试验取得数据。堵漏材料型号较多，各有特点，要根据产品说明书去做，同时还应考虑影响其他胶凝的因素（气温、水灰比、加剂掺量、水泥品种等），必须进行试验，取得数据并掌握施工要领后方可施工。

3. 涂刮刚性涂料。刚性防水涂料（确保时 RG 型）属于水泥基类，涂与刮只是改变涂刮厚度，增加抗渗性能，施工时，基面要求干净平整，有凹凸现象时，应填平压实，同时基面必须潮湿。湿度过小，容易使料粉粉化，过大又改变了涂料水灰比，降低涂刷厚度延长了胶凝化时间。涂刮几小时后，要喷水养护 3d，以利水化作用。

4. 变形缝。变形缝是“堵、注、涂、抹”优化综合的体现。工序多，技术性强，各个环节一环扣一环，既连续又间断，整治后形成一个完整封闭的整体。其中有两点容易被人们忽视：（1）缝中央要粘隔离层，使防水层与基面间形成隔离状态，以便应力扩散，同时又加宽了防水层变形幅度，使防水层避免产生过大变形应力，以利适应结构变形需要；（2）最后工序抹水泥砂浆保护层，应在变形缝中央放置木板条，以防砂浆保护层产生不规则裂纹。

四、冬季施工的有关工程技术

（一）桩基工程

1. 施工前，应编制专项施工方案和技术措施。

2. 桩基础的轴线引出的距离应适当增加，以免在打桩时受冻土硬壳层的影响。水准点的数量不应少于两个。

3. 预制桩的混凝土的强度应达到设计强度标准值的 70% 方可起吊，达到强度标准值的 100%。

4. 桩的堆放应考虑到桩机的行进路线和打桩顺序，且桩的堆放层数应不超过 4 层。

（二）混凝土工程

1. 混凝土的拌制。（1）拌制混凝土用的骨料必须清洁， 不得含有冰雪和冻块，以及易冻裂的物质。在掺有含钾、钠离子的外加剂时，不得使用活性骨料。在有条件的时候，砂石筛洗应抢在零上温度时做，并用塑料纸，油布盖好。（2）拌制掺外加剂的混凝土时，如外加剂为粉剂，可按要求掺量直接撒在水泥上面和水泥同时投入。如外加剂为液体，使用时应先配制成规定浓度溶液，然后根据使用要求，用规定浓度溶液配制成施工溶液。各溶液要分别置于有明显标志的容器中，不得混淆。每班使用的外加剂溶液应一次配成。（3）当施工期处于 0℃左右时，可在混凝土中添加早强剂，掺量应符合使用要求及规范规定，且应注意在添加前应做好模拟试验，以核实有关技术措施；对于有限期拆模要求的混凝土，还应适当提高混凝土设计等级。（4）混凝土中添加防冻剂时，严禁使用高铝水泥。（5）严格控制混凝土水灰比，由骨料带入的水分及外加剂溶液中的水分均应从拌和水中扣除。(6) 搅拌掺有外加剂的混凝土时，搅拌时间应取常温搅拌时间的 1.5 倍。(7) 混凝土拌和物的出机温度不宜低于 10℃，入模温度不得低于 5℃。

2. 混凝土的运输与浇筑。混凝土的运输：(1) 正确选择搅拌机摆放位置，尽量缩短运输距离，选择最佳运输路线，缩短运输时间；(2) 正确选择运输容器的形式、大小和保温材料，装运拌和物用的容器应有保温防寒措施。混凝土的浇筑：(1) 混凝土浇筑前，应清除模板和钢筋表面杂物，特别是新老混凝土（如梁、柱交接处）交接处的冰雪及垃圾，当环境气温低于 -10℃时，采用暖棚法将直径大于 25mm 的钢筋加热至正温；(2) 混凝土的灌注温度，在任何情况下均不低于 5℃，细薄截面混凝土结构的灌注温度不宜低于 10℃，混凝土分层连续灌注，中途不间断，每层灌注厚度不 大于 20cm，并采用机械捣固；(3) 在浇筑时避免过振与漏振，不允许产生分层离析泌水现象，同时，现场应留设同条件养护的混凝土试块作为拆模依据。

五、结语

水下工程堵漏防水是一项系统工程，在施工整治过程中要遵循“堵防结合，刚柔结合，因地制宜，综合治理”的原则，根据现场施工实际情况，采用适当的施工方法，达到治漏与防水的目的。在冬季施工时，由于气温较低，混凝土水化作用明显减小，强度增长受到阻滞，对工程的施工进度和工程质量造成重要影响，因此，在冬季施工时我们更要注意施工技术的运用。

浅析现浇混凝土防渗渠道施工技术

仇　勇

摘　要：通过介绍现浇混凝土防渗渠道的施工程序和施工方法，说明施工过程中应该注意的问题。

关键词：防渗渠道　衬砌　施工

目前，全社会大力推行节水灌溉的措施，渠道作为节水灌溉的重要组成部分，但渠道的防渗效果较差渗漏严重。根据调查发现，渠道渗漏的水量占渠系损失水量的绝大部分，一般的情况下占渠首引水水量的30%左右，在比较大的、灌溉设备较差的灌区和渠系防渗较差的地区可高达50%以上。渠系的水量损失不仅降低了渠系的水利用系数，减少了灌溉的面积，浪费了宝贵的水资源，而且有些地方会引起地下水位的上升，导致土地渍害。在受盐碱威胁的地区，会引起土壤的盐渍化。同时水量的损失会增加灌溉成本和农民的水费的负担，降低了灌溉的效率。为了减少渠道的水量的损失，提高渠系的水利用系数，一方面要加强渠系工程配套和维护，实行科学的调配，不断的提高渠系的管理水平。另一方面要采取防渗措施，减少渠道的渗漏水量。

自 2009 年以来，以国家灌溉试点工程和节水续建配套工程的开展，对渠道工程进行了大规模防渗衬砌，由于混凝土防渗渠道具有良好的防渗效果好，糙率低，允许流速大，强度高及使用年限长，一般减少渗漏损失水量的 85%以上，可以提高输水能力，减小渠道的断面尺寸和耐久性强等特点。为了保证现浇混凝土防渗渠道的耐久性，除了正确合理的设计以外，必须严格提高施工技术水平，加强对混凝土的品质、配合比质量的波动以及混凝土的拌和、运输、浇筑、养护等施工工艺的监督和管理，以保证施工质量，做到优质、经济、安全。连云港市灌云县水利局在 2009 年至 2010 年新建各式中小型防渗渠 187km，其中 146km 为现浇砼衬砌形式，下面结合自己的工作经历，论述现浇梯形断面混凝土防渗渠道各方面的工艺流程及其质量控制。

一、施工准备

渠道防渗工程施工前，应搞好各方面的协调工作：一是规划设计，确保最优方案；二是一流的施工队伍；三是施工材料要经过严格的筛选，确定所需材料的开采地；四是施工场地做到水通、路通、电通、场地平整、通信畅通；五是做好必要的排水设施，确保混凝土衬砌渠道符合施工要求，提供良好的施工条件，做好开工准备。

1. 地基处理

渠道防渗工程施工前，应对渠道进行施工放样，放样尺寸应按照设计图纸要求进行。放样出渠道底脚线和渠口线共四条线，然后进行土方的开挖，使地基土的水分自然风干。

挖方式渠道的基础比较坚硬，但其开挖面在开挖的过程中发生松动，在防渗体工程铺筑之前必须将其清理干净，然后回填，渠基整平、夯实。填方式渠道的基础比较松散，在衬砌前应结合灌溉用水有意识的加大水位对渠道进行侵蚀预沉，如果仍然难以达到衬砌所需的密实度要求，必须进行夯实。对翻衬渠道应尽早停水并扒松渠基风干，然后根据实际情况回填新土并分层夯实。回填夯实前，必须将渠床内的淤泥、腐质土、垃圾及隐藏的砖石清理干净。

为避免表面干燥，施工时人为因素的践踏，雨水的冲刷而造成的起尘和破坏，渠道削坡应在混凝土浇筑前一天进行，削坡时应严格控制高程和表面平整度，采用人工挂线精削。如果渠道开挖或回填与设计的误差较大时，可以采用多次修坡的方法。如果削坡过量时不能用浮土回填，应采用与现浇同标号的混凝土填充或者新土回填夯实。

2. 模板工程

一般采用木模和钢模。模板制作尺寸允许偏差值不得超过《水工混凝土施工规范》的规定。模板的安装必须按照设计图纸测量放样，对重要结构应多设控制点，以利于检查校核。模板要求拼装严密准确，不漏浆，表面平整，不产生过大变形。现浇混凝土模板安装净距沿渠道纵向的允许偏差值为±10mm，沿宽度方向的允许偏差值为±30mm。

二、混凝土材料

1. 水的质量要求

凡饮用的水均可用于拌制和养护混凝土。未经处理的工业废水，污水及沼泽水不能使用，如果在极其缺水的艰苦条件下，也可以使用其他水如地表水、地下水或其他类型的水，但必须符合《水工混凝土施工规范》，方可使用。

2. 水泥质量的控制

通用水泥（包括硅酸盐水泥、普通硅酸盐水泥、矿渣硅酸盐水泥、火山灰质硅酸盐水泥、粉煤硅酸盐水泥以及复合硅酸盐水泥）主要用于一般土建工程。在使用水泥的时候必须区分水泥的品种及强度等级掌握其性能和使用方法，根据工程的具体情况合理使用水泥，这样既可提高工程质量又能节约水泥。

3. 骨料质量的控制

(1) 骨料料场选择

骨料料场的选择必须满足渠道混凝土对骨料的各项质量要求，其储量力求满足各设计级配的需要，并有必要的富余量，主要料场应场地开阔、高程适宜、储量大、质量好。

(2) 骨料的质量要求

骨料分为粗骨料和细骨料。

粗骨料质量要求：现浇混凝土渠道一般为薄面混凝土，宜选用最大粒径小于 40mm，分成 D20、D40 两级。应控制各级骨料的超、逊径含量；采用连续级配或间断级配，应由实验确定；粗骨料表面应洁净，如有裹粉、裹泥或被污染等应清洗干净。

细骨料的质量要求：细骨料应质地坚硬、清洁、继配良好；人工砂的细度模数在 2.40～2.80 范围内，天然砂的模数在 2.20～3.00 范围内。使用山砂、粗砂、特细砂时应经实验论证；细骨料的含水率应保持稳定，人工砂的含水率不宜超过 6%，必要时应加速脱水。

三、混凝土配合比

混凝土施工时配合比必须通过实验，应满足设计技术指标和施工要求，并经审批后方可使用。混凝土施工配料必须经审核后签发，并严格按签发的混凝土施工配料单进行配料，严禁擅自更改。在施工配料中一旦出现漏配、少配或错配，混凝土将不允许进仓。

四、混凝土的拌和和运输

1. *混凝土的拌和*　在混凝土的配合比确定的情况下，应按最佳配料顺序和拌和时间进行试验，经试验审核后，达到设计要求方可使用，配合比单、顺序、时间，一经确定不得擅自更改，以确保混凝土的质量。混凝土的组成材料，在小渠道建设中，可将砂、石料用量折算成体积配料，但不能超过其误差。混凝十的拌和物应具有与条件相适应的和易性，在便于施工操作并能保证振捣密实的情况下，应根据结构物的条件及施工方法，采用人工或机械振捣，坍落度可选较大，反之当构件的截面尺寸较大或钢筋较疏、采用机械振捣。在有温度控制要求或高、低温浇筑混凝土时，其坍落度可根据实际情况酌量增减，可参照《水工混凝土施工规范》。混凝土拌和物错用配料单已无法补救、混凝土配料时，任意一种材料计量大于允许值，出现以上四种情况之一则按不合格处理。

2. *混凝土的运输*　混凝土的运输必须做到随拌、随运、随用的要求。根据施工的不同条件的要求，可用手推车、架子车、翻斗车、自动卸料车等，但必须做到专车专用，运输设备应严密、平滑、无漏浆，每次卸料时，应将所在混凝土卸净并随时清洗车厢。在运输过程中要求做到不初凝、不分离、不漏浆，无严重泌水，无过大的温度变化，能保证混凝土入仓的温度要求，道路要平顺，无太大的颠簸。从装料到入仓卸料整个过程控制在 30～60min 之内，因故停歇超过运输时间，混凝土已初凝或失去塑性时，应按废料处理。运输过程中严禁在中途加料及卸料时水。小型水利工程中，如在运输土中发生较轻的混凝土分离现象，到浇筑地点再拌和一次，必须在允许的时间内做到拌和均匀方可使用。混凝土夏季作业时，运输时间更短，以防止混凝土水分蒸发过快，造成坍落度损失。冬季作业时，时间不宜过长，防止混凝土的热量损失过多。

五、混凝土的浇筑

1. *浇筑前的准备作业包括*

基础面处理：对于砂砾地基，应清理杂物，整平建基面，在浇 10～20cm 低标号混凝土作垫层，以防漏浆；对于土基应先铺碎石，盖上湿砂，压实后，再浇混凝土。

施工缝处理：老的做法是在新混凝土浇筑前，必须采用人工或高压水枪等机械设备将老混凝土表面含游离石灰的水泥膜清除，并使表层石子半露，形成有利于层间结合的麻面。对纵缝表面可不凿毛，但应冲洗干净，以利灌浆。施工缝凿毛或冲毛后，应用压力水冲洗，使其表面无碴、无尘，在结合面铺水泥浆或小级配混凝土，才能浇筑混凝土，确保施工缝结合良好。灌云流行的简易适用做法是在立模板时将预先按渠道形状裁剪好的1.5cm至2cm厚的高强度聚乙烯泡沫板固定于钢模板内侧一并浇入，待成型后将钢模板取出无需处理，因钢模板较薄，只有5mm厚，且泡沫板有伸缩性，自然充满施工缝。

支模：模板的安装必须按照设计图纸测量放样，对重要结构应多设控制点，以利于检查校核，并应经常保持足够的固定设施，以防模板倾覆，模板必须支撑在稳固的地基上，并有足够的支撑面积，防止滑动。模板要求拼装严密准确，不漏浆，表面平整，不产生过大变形，安装尺寸允许偏差值不得超过《水工混凝土施工规范》的规定。

浇筑渠底时，用平面振捣器待整个仓面铺满料以后再振捣，至表面渊浆为止。在保证质量上，浇筑混凝土板时速度越快越好，否则，会影响到混凝土整平和收面的效果。更不要无故在中途停顿，因故停顿不应超过60～90min，否则按施工缝处理，以确保结合牢固。

2. 渠底和压顶浇筑可按一定的方向连续进行

3. 平仓与振捣　卸入仓内成堆混凝土料应及时平仓振捣，不得堆积，人工平仓，刮杠刮平。仓内若有粗骨料堆叠时，应均匀地分布到砂浆较多处不能用水泥砂浆覆盖以免造成蜂窝，在倾斜面上（倾斜的边坡）浇筑混凝土时，应从低处开始依次向上。

混凝土平仓后应振捣，振捣时以混凝土粗骨料不再显著下沉，并开始泛浆为准，应避免欠振或过振，采用平面振捣器振捣时，应将混凝土按模板的高度全部铺满仓面，整平表面，即可开始振捣。施工人员分别站在渠顶和渠底，拉住平面振捣器的两端，接通电源，自上而下依次振捣，振捣器下行时，将振捣器抬离混凝土表面或关闭电源，停止振捣，且最好放在木板上或硬化的混凝土板上滑下。一般振捣两遍即可。

4. 收面　收面工作要求做到表面平整光滑，无石子外漏，无蜂窝麻面。收面应在浇筑完混凝土立即用原浆进行收面，不得另外板砂浆收面，不得洒水收面。其工序是先用长木抹粗抹一遍，是表面平整，稍停，再用铁泥抹细抹一遍，最后待大量水分蒸发后，再用铁泥抹压抹一遍，直至达到密实、平整、光滑。

5. 拆模　混凝土初凝后即可拆模。拆模时，应将模板的一端轻轻撬起，然后用坚硬的物体在背面敲打，待全部松动，从另一端取出，这样既不易破坏模板，又保证混凝土板平整。拆完后的模板应立即清理干净、整修、校核，然后平放以备后用。

6. 养护　一般正常气温下，混凝土浇筑后6～18h即可覆盖和洒水养护。根据实用水泥的不同和气温的不同养护的时间也不同，养护要勤洒水，始终保持混凝土表面湿润状态。此外，还在混凝土表面覆盖塑料薄膜，为混凝土提供保温、保湿的环境，从而使混凝土充分得到养扩。塑料薄膜必须将混凝土面全部包裹严密，以保证塑料薄膜内的凝结水不被蒸发。随着科学技术的发展，出现了节约水资源，降低成本，使用方便。

六、施工过程中应该注意的要点

现浇混凝土衬砌渠道施工时要严格按《水工混凝土施工规范》（SDJ 207-87）的要求施工；渠土基一定要保持密实和尺寸准确，渠两侧顶面水平一致，高程误差小于 2cm，弯曲度小于 2cm，混凝土平整度 5m 范围内误差为±15mm，衬砌缝误差为±3mm；砂浆采用人工拌和时要做到干湿各 3 遍，赶到颜色一致；混凝土或砂浆应严格按配合比配料峭得擅自更改，原材料称量的允许误差应小于 2%；渠道与建筑物衔接处一定要设置混凝土截水墙，墙宽 30cm，深 50～80cm。

浅谈灌云县旱涝保收高标准农田重点县工程建设技术要求

徐正扬　刘志祥　吴小磊

摘　要：按照《财政部、水利部关于实施中央财政小型农田水利重点县建设的意见》(财农[2009]92号)文件中的“主要目标”要求，结合本县实际情况，经过2012-2014年三年中央财政小型农田水利重点县工程建设，灌云县基本完成县域内主要小型农田水利工程配套改造，项目区具备较为完善的灌排工程体系，实现旱涝保收高标准农田建设示范推动作用，保证农业生产条件明显改善、农业综合生产能力明显提高、抗御自然灾害能力明显增强的效果。为了进一步规范高标准农田重点县工程建设，提高建设管理水平，加快推进全县农村水利现代化建设步伐，参照《江苏省小型灌溉泵站建设标准》，提出如下技术要求，用于促进高标准农田重点县工程的建设工作。

关键词：重点县　水利　泵站　渠道　生产桥　配套建筑物

1．泵站工程

（1）泵站布局及设计标准

泵站布局应服从农业现代化，水利现代化和新农村建设，按照区域农村水利规划，注重连片规模化整治。渠灌和管、渠结合的小型机电泵站灌溉面积不得小于600亩，塑料管道灌溉以及喷、滴灌等灌溉面积以300~500亩左右为宜，推行轮灌制度；灌排结合泵站应根据灌排水泵、地形、投资、运行管理费用等综合效益比较合理布局。灌溉保证率平原区大于90%，西部一条岭应大于80%，灌溉模数稻麦轮作区为2.0~4.0m^3/s每万亩，旱作区1.5~2.5m^3/s每万亩，高效节水灌溉按蔬菜、花卉、苗木、水果等作物大于4.0 m^3/s每万亩。

（2）机泵选型配套

扬程大于10m的及喷滴灌高效节水灌溉选用离心泵；扬程大于5m的灌区选用混流泵（混流泵与离心泵站房基础简单，维修方便）；扬程低于5m的灌区应选用轴流泵。为考虑吸程的限制（容许吸上真空高度）可选用潜水泵，采用自动耦合装置。动力配套应选择安全、高效、节能型电机，尽量选择直联传动；配电设施应符合电力部门相关规定，选用自藕降压启动柜设备，喷滴灌与有压管道灌溉泵站选用变频恒压动力设备。启动柜安装要固定式：距离墙壁大于10cm，采用镀锌扁铁接地，接地深度不小于1.5m；启动柜设立维修电话名片。

（3）土建及装置效率

泵房面积应满足机电设备结构布置，安装运行，检修保养条件，并考虑通风、采光、防火、防潮、防盗、节能、安全卫生等要求。一般单机组泵房面积在20m²左右为宜；2台机组以上的泵房面积在满足泵机组与配套的机电设备空间布置面积外，应增加20 m²机组维修、运行管理用房面积。泵房外观应与新农村建设环境相适宜，外形美观、内部整洁、适用，统一采用白墙砖瓦坡面型泵房，高度为3.3m左右。出水池应尽量按正向出水布置，出水及出口应淹没并设置拍门，进水池设置拦污栅，进出水池都应设置安全防护栏杆及警示标志。

（4）运行管理

泵站运行管理，应与灌区内渠道、渠道建筑物及田间工程实行统一管理，设置专职管理人员，成立村级用水协会。凡改造、新建、拆建后的泵站，要制定泵站运行管理制度、用水制度、泵站运行操作规程等规章制度（包括维修保养），设立协会名称、专职管理人员上岗卡、运行记录卡等。

2. 防渗渠道

砼防渗渠在我县多为两种：矩形和梯形，矩形渠道容易损坏并且造价高，所以提倡建梯形砼防渗渠。

（1）位置选择

我县的斗农渠（干支渠）多为沟渠路或沟路渠两种形式，为保证质量可利用原来的路开渠，原来的渠改路，一可避免大量的回填土，保护了防渗渠的质量，二是渠道断面变小，路改渠后可加大道路的宽度，改善了交通条件，中东地区农渠仍采用沟—渠—路为佳。防渗渠道边线离河口及道路的边线最小不小于1米。

（2）土模修理

砼渠道按照设计要求，做好渠道土方回填压实，试验经粗挖精修后形成标准土模，土模完成后要经报验后再进行下一道工序，否则不予开工。

（3）伸缩缝施工

因多为小型泵站，渠道断面不大，设立横向伸缩缝（垂直水流方向）间距为4m，缝宽1.5cm左右（矩形间距为10m一道横缝），伸缩缝要求采用聚乙烯板（厚1.5cm，宽7cm）填筑，要求与砼渠平面一平略低。

（4）施工技术

砼防渗渠施工要求“平、直、顺、滑、实”，即通常要求的“五面六条线”，也就是渠底面，两斜坡面和两侧渠口压顶面要求平滑、密实。两条底线，两条渠口线和两条外口线要直顺。一是地基处理，首先要对渠道表层处理，清理杂草杂物及树根后再进行回填，选用干土回填然后进行压实，确保渠道密实度，压实后再进行修削整平。二是开挖，按照设计要求施工放样，打出石灰线，进行开挖，要求边开挖边跟人修理（土壤带潮施工比较方便），初具土模后带线精修，夯实整平，达到设计要求申报土模验收。三是现场浇筑，土模验收后，浇筑砼（砼标号，水灰比按规范要求）采用一次成型（压实，整平），括平按照模具采用直杆上下括，同时在施工时把伸缩缝板条贴靠模具放入，进行一同括平，大约在常温下 1 小时左右可拆模具；最后再用人工找补。浇筑砼时应连同渠口向外 10 cm 一同浇筑，以便压顶时压到渠道；确保振捣，收浆一次完成浇筑技术。大体上为“以渠定线，以线定桩，以桩测高，以高找底，以底夯平，以平立模，以模浇筑”，最后整理养护。

（5）施工要求

一是回填土尽量选用干土回填；二是伸缩缝间距要统一；三是压顶要代长线钢模控制；四是气温平均低于 5 度，最低气温 0 度以下不得施工；五是养护，养护是提高工程质量的重要保证，养护期至少为 7 天。

（6）生态护坡

生态护坡以泵站为中心向两侧各做两道，间距为 40m、100m。采用砼机制砖砌筑。

3．生产桥

（1）基坑开挖和基础处理

基坑开挖前，应降低地下水位，使其低压开挖面 0.5 米以上，基坑开挖宜分层分段依次进行。根据土质、气候和施工机具等情况，基坑底板应留有一定的保护层，预留 20~30cm 保护层土方，采用人工开挖，如果发生超挖，宜用与底板相同标号的砼或相应的垫层料填平。如基础开挖土质为淤泥质土，采用打木桩的方式对基础进行处理，木桩长 8m，小头直径不小于 16cm。

（2）施工排水

建筑物基础排水，排水沟应布置在底板四周工作面以外，四周连通，沟坡稳当应比底板面超深 30-50cm。排水沟与排水机塘连通，机塘底要比排水沟超深 50cm 以上。施工期间，排水沟排水畅通，保证地下水位低压底板面以下 50cm，确保地基面干燥无积水。

（3）模板和支架制作安装

模板及支架宜选用钢材、木材或其他新型材料制作，并尽量少用木材。钢材可使用 Q235 号钢；木材不宜低压III等材，腐朽、严重扭曲或脆性木材不得使用。模板及支架安装，应与钢筋架设，预埋件安装、砼浇筑等工序密切配合，做到互不干扰。支架支撑宜支撑在基础面或坚实的地基上，支架、脚手架的各个立柱之间，应由足够数量的杆件牢固连接。拆除模板，不在承重的侧面模板，应在砼强度达到其表面及棱角不因拆模而损失时，方可拆除；在墩、墙、柱部位，不宜低于 3.5MPa。承重模板及支架，应在砼达到下列强度后（按设计强度的百分率计算）：悬臂梁、悬臂板跨度≤2m 不低于 70%，跨度＞2m 为 100%；其他梁、板、拱跨度≤2m 不低于 50%，2＜跨度≤8m 不低于 70%，跨度＞8m 为 100%。

（4）钢筋要求

钢筋安装时，应严格控制保护层厚度。钢筋下面或钢筋与模板，应设置数量足够多、强度高于构件设计强度、质量合格的砼或砂浆垫块；侧面使用的垫块应埋设铁丝，并与钢筋扎紧；所有垫块互相错开，分散布置。在双层或多层钢筋之间，应用短钢筋支撑或采取其他有效措施，以保障钢筋位置准确。绑扎钢筋的铁丝和垫块上的铁丝均应按倒，不得伸入砼保护层内。

（5）砼浇筑要求

砼的生产和原料的质量均应符合有关规范和设计要求。大体积砼应采用机械拌和，净拌和时间不得少于 2 分钟；少量小体积砼可采用人工拌和，要做到干拌三遍湿拌三遍，待颜色均匀一致方可使用。砼配合比设计符合有关规范规定，砼配合比应严格控制，不能在拌和过程任意加水。砼应随拌、随运、随用，浇筑应连续进行，严格在途中和仓内加水。捣固砼应使用振捣器为主，对无法使用振捣器或浇筑困难的部分，可采用或辅以人工捣固，做到无蜂窝麻面。在砼浇筑完毕 12 小时以内，即应加以覆盖和洒水养护。砼连续湿润养护时间，对普通硅酸盐水泥、硅酸盐水泥不少于 10 天，矿渣硅酸盐、粉煤灰硅酸盐水泥不少于 15 天。

4. 配套建筑物及建设管理

（1）配套建筑物

全部以预制构件配套为主。既方便又适用，而且价格便宜、美观。水泥管全部使用 2 米/节的机制钢筋砼管，严禁用 1 米/节的无筋管。

（2）建设管理

一是要求渠道以上的配套建筑物全部实行刷白；二是按规划的数量实行分类统一编号（如涵 2012-001 号）；三是标志标识，凡小型水利工程标志要牢固镶嵌在建筑物体内，与工程表面保持在一个平面内，设置应在沿道路的醒目处。防渗渠道标志设在沿道路(机耕路)的渠道内侧醒目处，上边沿与渠口相平；要求每 100 米设立一个标志；每个项目区设立一个公示牌，公示牌按图纸施工，为永久性公示牌，应设在工程比较集中、人流量大、交通方便的地方。

谈对工程项目管理索赔的认识

沈志新

摘　要：索赔是社会科学与自然科学融为一体的边缘科学。项目管理者要想成功管理和经济效益最大化，就必须重视工程索赔问题，增强索赔意识。索赔工作处理得好坏直接关系项目管理层的综合管理水平乃至项目管理的成败。无论业主还是承包商，合同管理都是项目管理的重要构成，工程索赔作为合同管理的一部分，却是一项极其重要、且具复杂性而又系统性、既严格又细致的工作内容，它能直接影响合同执行的最终结果。

关键词：　工程索赔　工程管理　合同管理

一般情况下人们通常说的索赔是指承包商向业主的索赔，其实是双向互动的。索赔的成立是建立在违约事实和损害后果都已经客观存在的基础上。索赔属于经济补偿，是一种正当的权利要求，恪守合同是业主和承包商的共同义务，只有坚持守约才能保证合同的正常实施。然而，不可避免的工程索赔变得尤为突出，通过管理求得效益最大化更具挑战性，成功的企业利用强大的技术力量管理其资产，同时加强索赔管理从而创造更大利润。

项目管理中的索赔是综合性的、高层次的管理工作。索赔的成功与否直接影响到工程项目的工期和成本。索赔是项目管理综合水平的体现。如何面对索赔进行项目管理，是显现承包商或业主的管理水平问题与实现可持续发展的关键。本文结合自己多年来在建设工程项目中对待工程索赔管理有如下一些认识。

一、索赔基础

1．建设工程项目中，工程索赔一般是由于非己方原因导致工程产生局部或部分工程停工、误工、返工、材料浪费、设计变更、质量下降、质量事故、安全事故、政策变化、违规等事件影响引起的人工和机械设备费用增加、工期延误、成本金和利息增加、外部环境变化、产品物非所值、出现连带损失和由此造成的其他费用增加等的损失补偿。

索赔依据一般包括建设工程招投标文件、技术规范、施工图纸、业主与承包商签订的合同协议、业主对承包商施工进度计划的批复、业主或监理下达的设计变更文件和指令、承包商与业主的承诺、施工方案、项目管理大纲以及与工程相关的法律法规和各项往来文件等。索赔价款或工期的计算一般参照承包商与业主签订的合同或招投标文件中的工程量清单、预算定额、编制办法、机械台班单价，地方性的定额补充和编制办法，以及在施工过程中发生的往来文件为根据。

2．应当具备全面的综合素质，充分了解工程招投标文件和自身条件，通过研究在施工过程中各方面、各环节相关的文件和往来文件以及法律法规，对事件存在的各种因素以灵敏的嗅觉与感觉寻找索赔机会，进行分析并确定是否符合索赔。

3．通过对合同实施的跟踪、分析、诊断，发现索赔机会；进行事件原因分析，成立索赔方案；进行事件影响分析，确定工期或费用损失的索赔数值；搜集证据，并且做到及时、准确地进行索赔报告。

4．认真研究合同，了解合同约定的赔偿范围、条件和方法，严格按照有关规定进行合同管理，保证索赔能提供充分的依据、论据和数据。

二、索赔原则

1．根据发生事件的不同角度，按不同标准，区分不同类型，采取不同的实施办法进行索赔管理。

2．熟悉相关法律和关联文件，一切皆以证据做保证，明确方向，积极实施。要求索赔要以清晰的概念和单刀直入的方法阐述并报告发生的事实，规避与对方纠缠，直接要求索赔。

3．及时发现与报告，根据招投标文件与合同要求中有关规定提出索赔意向，意向书中应包含索赔项目（分部分项名称）、索赔事由及依据、事件发生起算日期和估算损失，务必附有详细的计算资料和证明。这样监理工程师通过意向书就可以大致了解整个事件的过程、影响程度以及索赔意愿和要求。

4．索赔意向书报告给监理工程师后应经主管监理工程师签字确认，必要时应当会同部门总管、部门负责人和现场监理工程师一起核实。

5．经总监理工程师签字确认后索赔意向书及时归档，同时搜集证据，所有工程费用或工期索赔均须附有监理工程师已经认可的记录和计算资料以及相关的证明材料。

6．及时作出阶段性索赔报告和最终索赔报告，并具备有效证据及数据，同时抄送给相关单位。

三、索赔程序

1．提出索赔意向

⑴通过对事件的分析与比较，及时发现并准确把握索赔机会，提出索赔意向。

⑵当发现索赔事件后，在合同规定的时限内及时向监理工程师提出索赔意向通知，明确表示对事件的索赔意愿和要求。

2．索赔工作准备

⑴通过对合同实施的跟踪、分析、诊断，进行详细调查，了解事件经过、前因后果，掌握事件真实情况。

⑵针对事件损害的原因和范围进行分析，判断索赔事件是否具备法律依据。

⑶进行索赔事件影响分析，研究事件影响损失程度和结果，确定索赔价值。

⑷应在索赔事件持续期间一直保持有完整的索赔理由、索赔事件的影响、索赔价值的计算等详细资料和记录。

⑸起草索赔报告，表达索赔要求并附有支持这个要求的详细依据资料。

3．索赔分类时限与过程

⑴图纸延期的索赔：当接到中标通知书后的规定时间内，承包商可以得到由业主或其委托的设计单位免费提供的施工图纸、技术规范和其他技术资料，接受技术交底，否则承包商可以依照合同约定提出索赔申请，以接到中标通知书后的规定时间期满后的第 2 天为索赔起算日，收到图纸及相关资料的日期为索赔结束日。

⑵恶劣气候导致的索赔：一般为工程损失索赔和工期索赔；此类索赔计算应在恶劣气候条件开始影响的第一天为起算日，恶劣气候条件终止日为索赔结束日。

⑶监理工程师导致的索赔：以收到监理工程师书面指令当天为起算日，按其指令完成该项工作的日期为索赔事件结束日。

⑷工程变更的索赔：一般是指工程项目已经在施工阶段或此后进行的设计变更，或工程施工项目增加或局部尺寸、数量变化等，因此承包商应为收到监理工程师书面工程变更指令或业主下达的变更文件日期为起算日，变更工程完成日为索赔结束日。

⑸不可预见引起的索赔：由于在工程招投标时施工图纸或其他技术资料不全，如地质、地基处理等项目使承包商无法作出正确计算，此类一般索赔工程量增加或需重新投入新工艺、新设备等费用和工期。承包商计算索赔起算日应在双方确认未预见的情况开始出现的第一天为起算日，终止日为索赔结束日。

⑹外部环境引起的索赔：由于外部环境条件影响，如征地拆迁、施工条件、用地的出入权和使用权等属业主原因引起的索赔。根据监理工程师批准的施工计划影响的第一天为起算日。经业主协调或外部环境影响消失日为索赔事件结束日。

⑺承包商原因导致第三方纠纷的索赔：由于承包商延误工期导致业主违约于第三方，以施工合同约定工程交付日为起算日，办理交付使用手续后为结束日，同时转移第三方要求的赔偿于承包商；由于质量问题违约于第三方，承包商除按合同规定保证质量达到合格外，同时转移第三方赔偿的要求于承包商。

⑻如果索赔事件持续存在 28 天还不能算出索赔额和工期展延天数时，应当按照合同约定或工程师合理要求的时间间隔（一般为 28 天），定期陆续报告每个时间段内的索赔要求和索赔证据资料，在该项索赔事件的影响结束后的 28 天内，整理索赔论证资料并累计索赔总额，做出最终索赔报告。

4．事件记录

⑴索赔意向书提交后，就应从索赔事件起算日起至索赔事件结束日止认真做好同期记录。索赔事件造成现场损失时，必须做好现场情况资料收集和影音资料的完整收集，且装订、说明后通过监理工程师签字确认，作为索赔证据。

⑵记录内容包括事件发生时和过程中现场实际状况，造成现场人员、机械设备的损害和闲置清单；工期延误时间；损害影响程度；费用增加项目的所需人员、机械、材料数量、有效票据等。

5．阶段性索赔报告

⑴当索赔事件在持续进行时，承包商应当向监理工程师提交索赔事件的阶段性索赔报告，说明索赔事件的损失款额和损害影响程度以及工期索赔。

⑵当某项索赔事件通过长时间影响结束后，应该累计结果作出最终索赔报告。

6．最终索赔报告

⑴当索赔事件造成的影响结束后，应在合同规定时间内向监理工程师提交最终索赔报告。

⑵报告应包括以下内容：①正式文件。②填写索赔项目、依据、证明文件、索赔金额和索赔工期的申请表。③已批复的索赔意向书。④索赔事件的起因、经过和结束的过程描述及其编制说明。⑤与索赔事件有关的各种往来文件，包括证明材料和计算资料等附件。

四、索赔管理

1．由于工程项目建设周期比较长，为完整、真实地反映索赔情况必须建立台账，本来在工程上发生的事件就是工程竣工档案资料的重要组成部分，所以要认真、严格地建立、健全工程索赔台账和档案。

2．索赔台账必须反映索赔事件发生的原因、影响程度与结果，索赔发生的时间，索赔意向提交的时间，索赔结束的时间，索赔申请的工期和金额，监理工程师审核或业主审批的结果等内容。

3．对合同工期内发生的每宗索赔事件均应及时登记。装订成规范完整的档案资料，工程完工后作为工程竣工资料的一部分。

五、避免误区

1．首先要明确索赔是双向的。通常泛称索赔是指承包商向业主的索赔，而反索赔指业主向承包商的索赔，其实是双方同时互动，互相存在的。

2．当索赔事件发生时，有些施工企业由于受我国传统工程管理模式的影响，顾虑与业主、监理方面的关系问题，没有认真对待索赔。

3．项目管理人对索赔工作意识不到位，没有深刻认识索赔管理及程序，导致无法把握索赔及其结果，造成事件存在、索赔流产。

4．项目管理人对招投标文件、技术规范和业主、监理、承包商之间相关及其往来的文件理解不够深刻，对已经发生的事件无法判断而没有索赔。

5．只注重提出索赔意向，不重视索赔过程中的时限和证据收集，未按合同要求区分阶段性索赔和及时作出最终索赔报告或索赔无效。

6．索赔概念不够明确。很多项目管理人认为只有承包商向业主索赔，没有考虑业主向承包商的索赔，或者没有考虑对方的反索赔。

六、结论

总之，工程索赔是合同管理的重要环节，更是项目管理的重要内容。工程索赔是一项知识和技术面很广，复杂而又系统性很强的工作，不但要善于发现和把握索赔机会，还要善于收集与整理索赔有关依据和资料。要对合同中索赔事项深刻理解，要有高度的责任心和严谨的工作态度，充分理解招投标文件、设计文件、施工图纸、技术规范和业主、监理、承包商之间签订的合同协议以及各项往来性文件与相关法规，按照依合同、重证据、讲技巧、树信誉的原则，及时、准确、严格地按照程序进行索赔工作，这样才能切实维护自己的合法权益，取得效益最大化。

七、后记

工程索赔是利用经济杠杆进行项目管理的有效手段，对承包商、业主和监理来说，处理索赔问题的成功与否，即可反映其对项目管理的水平如何。索赔的健康开展对于培育和发展建设市场，促进建筑业的发展，提高工程建设的效益，起着非常重要的作用。它有利于促进双方加强内部管理，严格履行合同；有助于双方提高管理水平和素质；有助于加强合同管理、维护市场正常秩序；有助于双方更快地适应国际惯例；有助于对外承包的开展。我国法律规定工程索赔就是追加合同价款，属于工程造价构成。随着市场经济体制的深入发展，索赔在项目管理中变得越来越重要。因此，索赔是承包商或业主在工程项目管理中不可缺少的重要工作内容，应当重视索赔管理，加强索赔意识，做好索赔管理对提高项目管理业务能力和工程项目建设管理综合水平、以至企业如何溶入市场和实现可持续发展都具有十分重要意义。

参考文献

[1] 姚兵.施工项目管理概论［M］.中国建筑工业出版社,1995.

[2] 成虎.建筑工程合同管理与索赔［M］.东南大学出版社,1996.

[3] 张贵民.建筑工程施工索赔与反索赔［M］.中国建材工业出版社,1998.

[4] 季福长.工程项目管理［M］.重庆大学出版社,2004.

[5] 丁士昭.建设工程项目管理［M］.中国建筑工业出版社,2004.

连云港市农村饮水安全工程运行管理机制探讨

王其兵　刘成高　秦思厚

摘　要：本文针通过研究分析连云港市农村供水工程的运行管理模式，重点调研 2005 年以来全市农村饮水安全工程运行管理现状，分析存在问题，探索和建立符合农村供水工程特点、产权归属明确、管理主体到位、责权利相统一、有利于工程可持续利用的管理体制运行机制，保证农村供水工程良性运行和长期发挥效益。

关键词：饮水安全　运行管理　探索

农村饮水安全工程被誉为“民心工程”“德政工程”。工程的实施让项目区农村居民充分感受到了党和政府的温暖，分享到了改革开放的发展成果，增强了农民的参与意识和民主意识，促进了社会和谐，有力地推动了社会主义新农村建设。2005 年以来，连云港市农村饮水安全工程累计投资 8.31 亿元，建设农村饮水安全工程 128 处，解决农村饮水不安全人口 180.7 万人。根据 2012 年全市饮水安全现状调查评估报告，截至 2012 年底，全市共建有农村集中供水工程 387 处，其中，区域供水 17 处，镇村联网供水 147 处，单村供水工程 223 处。如何确保农村饮水安全工程的良性运行，真正让农村饮水安全工程能够建得起、管得好、长受益，长期稳定地发挥良好的社会效益、经济效益和生态效益，这是各级政府需要认真面对和探讨的问题。为此，笔者通过参加农村饮水安全建设和管理实践，并对部分县区的农村饮水安全工程运行管理情况进行调研，初步掌握了全市农村饮水安全工程运行管理的现状，并进行了一些思考。

一、农村饮水安全工程运行管理现状

农村饮水安全工程建设只是农村饮水安全工作的阶段性目标，而保障工程长效运行则是一项长期而艰巨的任务。随着大量农村饮水安全工程的建成并投入使用，运行管理成为广大农民饮水是否安全的关键所在。加强供水工程建后管理、建立长效运行管理机制、实现健康良性运行就显得更为迫切和重要。从我市调研的情况看，自 2005 年建设农村饮水安全工程以来，各地水利部门能重视建后管理工作，采取各种有效措施，积极引导广大农民主动参与管理，较好地保障了农村集中供水工程的良性运行。

据调查，全市农村饮水安全工程分布广，数量多，形式多样，管理复杂，规模大小不等，运行管理方式也呈多样化。按照工程特点、资金筹集方式情况，目前农村集中供水工程主要有三种运行管理模式：水利部门专管、镇村群管、私人承包自管。

（一）水利部门专管模式。即从供水源头到用户龙头的集中式供水工程，由水利部门的专门机构进行专业化管理。该模式管理的工程主要是 2005 年以来水利部门组织建设的农村饮水安全工程，工程建设主要由中央和省投资占 76%，县区配套和受益群众自筹占 24%，建后管理均由水利部门统一管理，供水价格由县、区物价部门核定，实行计量收费。如东海县、灌云县、赣榆县和新浦区、海州区实施的农村饮水安全工程多采用这种模式。其中靠近城区的农村居民的饮水不安全问题，均实行区域供水管网延伸的方式来解决，水利部门负责主管网以下的进村入户的管网建设，由水利部门负责主管网以下的工程管理与水费计收，实行“同源、同质、同网、同价”的管理模式，也是今后农村供水的发展方向。

（二）镇村群管模式。即对于单村或联村小型集中式供水工程，采取镇村为主的管理。主要包括 2005 年以前由卫生部门负责改水时期建设的农村集中供水工程，资金来源主要是上级财政补贴一点（一般 10 元/人），其余是镇村和村民自筹。从水费的收取方式看，多数采用按户或按人口或村里补贴收取水费，没有实行计量收费。当时，虽然兴建一些小水厂，但采取的供水工艺均是采用打深供水或直接从河道取水，无消毒设施，也未进行水质检验，且多为定时定点的集中供水，随着时间的推移，由于管理、资金、技术等原因，多数小水厂陆续处于停用、半停用状态。这种模式管理的农村供水工程主要集中在赣榆、东海两县，在灌云县也有少量存在。

（三）私人承包自管模式。由镇村或个人负责建设和管理，国家或村集体给予少量资金补贴，卫生、水利部门主要负责技术指导。这部分供水工程建成后承包给私人，由承包经营者自己负责工程维护和管理，这种模式建设标准相对较低，维护起来也较简单。我市灌南县农村饮水安全工程全部采用这种模式。这种模式适用于深井供水，工程简易、管理方便，有效地解决小型饮水工程维修运行等问题，但是供水水质不易保证，水利部门管理缺少必要的制约手段。

二、农村饮水安全工程运行管理上存在的主要问题

各地近年来针对农村集中供水工程运行管理的实际，创造了许多好经验、好做法，各种模式间也互相融合、相互补充，相得益彰，对解决全市农村居民的饮水安全问题发挥了重要的作用。但农村饮水安全工程的运行管理上也存在着一定的问题。

（一）工程运行管理机制不健全。目前，我市 2005 年以来兴建的农村饮水安全工程均由水利部门负责运行管理。各县分别成立了东海县城乡供水有限公司、赣榆县民生水务有限公司、灌云县云泰供排水有限公司，负责农村饮水安全工程的运行管理，管理机构和管理队伍健全，建立了较为完善的规章制度，实现了供水工程的长效管理。灌南县成立了自来水商会组织，负责规范农村供水管理，但是由于供水工程产权由水利部门和供水经营者共有，水利部门很难实现有效监管。此外，还有相当部分农村供水工程，尤其是单村供水工程管理，尚未形成一套良性的运行管理机制，工程供水水质不合格，且实行分时段供水，影响了农村居民的生活。

（二）管理队伍薄弱，规章制度不健全。随着大批农村饮水安全工程的投入运行，但各地普遍存在管理队伍薄弱的问题，真正懂技术会管理的人员较少，水质检测力量不足。此外，镇村级供水工程管理人员没有经过专业培训，饮水卫生意识相对欠缺，技术水平较低，服务能力不强，导致供水工程运行管理不到位，机械设备低效运行，增加了运行成本。同时，农村饮水工程的管理人员多为临时聘用人员，大多数没有固定工资，管理费纳入了水价之中，其工资收入主要是从群众用水的利润中提取，这也推高了成本。供水工程管理规章制度不健全，有的虽制定了规章制度，但只是喊在嘴上，落在墙上，没有真正有效地贯彻执行。

（三）供水水质检测能力不足。我市在农村饮水安全工程建设中，均配备了简单的水质检测设备，但只能进行简单的指标检验，水质全指标检测依靠市、县疾控中心进行检测，每年丰水、枯水期各检测一次，检测频率太低，增加检测次数，每次检测经费 300 元左右，供水单位又承担不起。2005 年以前建设的农村供水工程由于建设早、规模小，只有简单的过滤设施，没有配备消毒设施，更不要讲水质检测设备了，这些都严重影响了广大农村居民的供水安全。

（四）实际用水量偏少，水费收入难以维持正常经营。水费收取率偏低，水费补偿机制也未形成造成供水工程运行管理经费不足，难以保证工程效益的长效发挥。一是用水量少。客观上，由于饮水安全宣传工作不到位，受健康意识、经济条件、农村居民大量外出务工等因素制约，工程入户率较低；主观上，由于农户原有压水井和靠近河流的村庄，农民日常用水都用河水或井水，只有做饭和烧开水用自来水，用水量很小，有的农户用水只有 1~3 立方米/月，用水户越少，水价越高，水价越高，用户越少，形成了恶性循环。按方计收的水费难以维持水厂的运行管理费用开支；二是水费的收取率低。有的农户不愿意交纳自来水水费，供水单位没有强有力的制约措施；三是供水不及时。供水单位考虑自身效益，为降低成本，供水分早、中、晚三个时段供水，影响农民用水积极性；四是工程管理维护不到位。由于资金和技术问题，机械维护、管道维修不及时管理不够，发现问题不能及时处理，致使机械效率低，管网漏损率高，更是推高了供水成本。

三、对农村饮水安全工程运行管理机制的建议

（一）建立权责明晰的农村饮水安全工程管理体制。为保证工程正常运行和长期发挥效益，坚持“责、权、利相统一”的原则，按照“谁投资，谁所有，谁受益”的原则，明晰农村安全饮水工程产权，落实工程运行管理主体。2005 年以来国家投资为主兴建的农村饮水安全工程，由水利部门负责运行管理；2005 年以前以上级补助兴建的规模较小的跨村或单村供水工程，形成的资产归受益群众集体所有，由村民委员会或工程受益范围内的用水合作组织负责管理。由个人投资兴建的集中供水工程，由所有者负责运行管理。农村供水具有很强的公益性质，对于水利部门建设的集中供水工程要建立健全内部管理制度，规范管理行为，在确保安全生产和正常供水的基础上，不断提高管理水平和服务质量；要建立定期报告制度，自觉接受卫生、物价、审计等部门的监督检查，自觉接受用水户和社会的监督，形成有效的约束监督机制。为保证工程长期发挥效益，要按照供水商品化、服务社会化、管理专业化、经营企业化的要求积极探索运行管理新机制，充分引入市场竞争，调动工程投资者和管理者的积极性。

（二）加强技术培训，提高供水服务水平。为管好农村饮水安全工程，确保工程长期发挥效益，达到既安全运行，又方便群众，县区水利部门应进一步加强基层水利服务体系建设，依托乡镇水利站的技术力量，增加农村饮水安全工程管理职能，实现河库管理、水源调度、供水管理一条龙服务，从而减少费用支出，畅通管理渠道。继续加强对供水工程管理人员的技术培训，定期举办管理人员培训班，进行水质检测技术、电气基础知识、机械管理与维修、管网维护、水源地保护、优质文明服务等方面的培训，不断提高运行管理人员的业务水平和服务能力，更好地提供供水服务。

（三）加强水源保护，严格水质检测。农村饮水安全工程面广量大，水利部门要积极争取建设自己的水质检测中心，配备《生活饮用水卫生标准》（GB5749-2006）中 42 项常规检验指标和《地表水环境质量标准》（GB 3838-2002）水源地水质 29 项常规检验指标检测能力所需仪器设备，定期对水源水，出厂水、末梢水水质检测工作，力求农村供水水质达到城市自来水的水质要求，确保农村居民的饮水安全。

（四）合理制定水价，实行计量收费。合理的水价是保证农村饮水工程良性运行的关键，物价部门要按照“补偿成本、合理收益、优质优价、公平负担”的原则，综合考虑工程的日常运行管理、设备的维修和更新改造等因素，合理确定供水价格。既要保证工程有必要的运行管理经费，又要考虑群众的承受能力，同时要发挥价格杠杆对节水的促进作用。加大对农村居民的宣传力度，积极做好农村饮水安全知识的宣传普及，着力提高农民对饮水安全的认同度，引导农民改变传统用水方式，使其转变思想观念，提高节约用水、安全用水等意识，同时应让农民群众明白水费对工程长效运行的重要性。要实行计量收费制度，建立水费使用定期公示制度，接受用水户和社会监督，让农民群众吃上明白水、放心水。在水费计收过程中，要积极探索保底水费的可行性，即每户每月按 3 立方米水 5~8 元计收保底水费，超过部分按正常水价计收，确保水厂能有基本运行经费；在水费使用过程中要计提工程折旧费，以保证工程以后有足够的大修经费，保证工程长期发挥效益。

（五）逐步关停小型供水工程，努力实现区域化供水。加快推进区域供水工程建设，让城乡居民享有同等的供水服务，既是省委、省政府的要求，也事关农村饮水安全，影响群众在实现全面小康进程中的幸福感和满意度。在苏北区域供水规划中明确提出在 2020 年以前，要实现区域供水全覆盖，据统计，全市约有 80%的农村小水厂需要关停和废弃，这就要求各县区要积极与工程所有人的沟通，采取多种途径来解决：对于产权归集体所有并由村集体管理的小水厂采取协商收回，或撤或并；对于产权归集体，但由个人承包或租赁经营的水厂先按安全饮水要求进行达标建设，合同到期不再续签，合同不到期的可依据合同情况和个人意愿协商，收回经营权后或撤或并；对于产权归个人或个人买断经营的私营水厂，要求限期进行整改达标，不能达标的则停止生产直到关闭，也可由水利部门收回进行达标建设，或撤或并。通过实施区域供水管网延伸工程，逐步关停水质不达标，经济效益差的小型供水工程，降低运行管理成本，实现规模化效应，真正实现城乡一体化供水管理体制，实现“同网、同质、同价、同服务”的目标。

参考文献

[1] 江苏省农村饮水安全工程管理办法（苏政办发〔2010〕29 号）.

[2] 刘子维等. 福建省新农村饮水安全工程运行管理机制研究[J]. 中国水利，2011(7).

[3] 刘洪先. 关于建立农村饮水安全工程长效运行管理机制的思考和建议. 水利发展研究，2011(1).

关于我市水利系统技能人才队伍建设的思考

张大虎

摘　要：笔者从连云港市水利系统技能人才队伍现状出发，概况记述了技能人才队伍建设存在的突出问题，论述了产出相关问题的原因，提出了通过营造氛围、加大投入、改革激励机制等六个举措加强技能人才队伍建设。

关键字：技能人才　队伍建设　举措

连云港市实现水利事业的可持续发展，需要有一支过硬的技能人才队伍，为此，当前和今后一个时期，加快培训一批高技能人才，建立培养体系完善，评价和使用机制科学，激励和保障机制健全的技能人才工作机制，显得尤为重要。

技能人才是在水利生产运行一线从业人员中，具备精湛专业技能，关键环节发挥作用，能够解决生产操作难题的人员。主要包括技能劳动者中取得高级技工、技师和高级技师职业资格及相应职级的人员，可分为技术技能型、复合技能型、知识技能型三类人员。

一、 我市水利系统技能人才建设存在的问题

（一）技能人才年龄偏大，青年技能人才短缺。由于体制机制和历史原因，全市水利系统机关和事业单位不再招收编制内技术工人，只招收大学专科以上学历人员。因此导致了技能人才年龄偏大。到目前为止，全市水利系统编内已没有 30 周岁以下技能人才；35 周岁以下技能员工占总体比例仅为 6%；而 40 岁以上技能人才的比例却达到 75%以上。现有技师全部为 45 周岁以上。技能人才年龄偏大，同时技能人才短缺成为影响单位可持续发展的突出问题。尤其是高年龄段员工，在现有的条件下，让他们参加技能培训，学习新知识，所面临的问题要多得多。

（二）技能人才学历偏低，复合型人才短缺。在目前的技能人才队伍中，具有大专以上学历的比例只有 17%左右，学历不高是一个不争的事实。同时，既有一定的学历，又有较高的技能等级的人才则少之又少。学历层次低，理论知识不够，在很大程度上制约了技能人才的成长。

（三）技能人才存在内部“流失”。技能人才一方面是数量短缺、年龄大、学历低，另一方面是人才内部“流失”。从目前的事业单位来看，有很大一部分工勤技能人才已经或正在“流失”到专业技术人才队伍中去。从个人发展看，这并不存在什么问题，但从人才队伍

建设上看，这是一块明显的“短板”，直接导致了技能人才的进一步短缺，进一步造成了岗位管理的混乱。

（四）技能人才建设投入不足。近年来，全市水利系统在职工培训方面投入有很大增长。管理人员培训和专业技术人员培训占的比重较大，相比而言，用于技能人才培训的资金相对较少，根据统计，2008 年至今，出国（境）培训中无一人为技能人才。投入不足，这也是制约技能人才发展的重要原因之一。

二、 加强技能人才建设的几点思考

（一）高度重视，形成氛围。要把技能人才队伍建设放到战略的高度。全市水利事业的可持续发展，人才队伍建设是一个重要环节，而技能人才队伍建设更是其中的重要一环。技能人才队伍建设，关键是上下各级组织和领导对这项工作重视。应把高技能人才纳入整个人才队伍建设布局中。同时，大力宣传技能人才队伍建设的重要性和必要性，在单位、系统形成技术工人也是人才，尊重高技能人才，培养高技能人才的氛围，树立工人岗位的荣誉感，尤其是要激励青年技能人才积极向上，积极学习知识、提高技能、岗位成才。

（二）明确目标，加大投入。要按照政策规定，依据职工工资提取职工教育经费（这个比例一般是职工工资额度的 2%~2.5%)，并将其中的三分之一左右用于技能人才培训。研究策略，将投入纳入目标考核体系，加大对培训费用合理使用的审计监督，确保经费不挪用、不滥用。近年来省水利系统开展“111 人才工程”和市水利系统开展的“222 人才工程”都将技能人才纳入人才培养计划，增加了相应的培训投入和培训班次，取得了较好的引领效果。

（三）开展技术比武，搭建成长舞台。通过经常性地组织技能人才进行技术比武，参加技能大赛，参加省市技能比赛等多种形式，积极鼓励和培养广大职工开展岗位练兵、技能培训。对在各类竞赛中获得优秀名次的选手，除给予物质奖励外，都按照相关文件规定，破格晋升高一级岗位等级资格，为技能人才成长起到良好的示范促进作用。2008 年以来，全市水利系统有计划地开展了 3 届技能人才比赛，取得了很好的效果。

（四）增加脱产培训，提高操作水平。近年来，各单位在历次技能大赛、技比武前后组织技能人才培训，起到了很好的效果。市水利局每年都针对实际，开展闸门、泵站、电工等主题班次，鼓励技能人才脱产培训，为技能人才培训起了很好的引导作用。脱产培训系统学习，能够有效提高技能人才的理论知识水平和动手能力，能有效加快技能人才队伍建设。

（五）建立共同培养，灵活使用机制。高技能人才不仅仅是本单位的财富，也是全社会的宝贵财富。所以，高技能人才资源应该实行共培共享。通过在不同单位共同使用，不但提高技能人才水平，而且为双方单位都创造效益。由于水利行业工作季节性的特点，冬季一般工作任务较少，在此期间，可以加强与外部单位的合作，派出一部分技能人才到相关单位进行劳务输出。近年来，江都水利工程管理处在上海等地代管部分水利工程，创造了较好的经济和社会效益，这也是一个很好的例子。

（六）建立激励机制，落实相关待遇。应当提高高技能人才待遇水平和社会地位，加大对做出突出贡献的高技能人才的奖励力度，激发技能人才钻研技术，提高技能的热情，努力营造有利于高技能人才成长的环境。对一些具有高水平的技能人才，应当比照助理工程师、工程师以及高级工程师的待遇，扭转技能人才普遍收入低的局面。

只有高度重视技能人才队伍建设，将其纳入水利现代化达标体系中去，落实各项规章制度，并且将技能人才队伍建设目标化、责任化，才能不断壮大技能人才队伍，为实现水利现代化提供人才保障。

农村水利工程管理的几点浅见

赵志徐

摘　要： 农村水利工程管理好坏直接影响农村水利基础实际效益的发挥。影响农作物产量、影响农民生产、生活，影响地方经济、社会的可持续发展。目前，我县正在大修水利，水利管理工作也在与时俱进的进行改革。本文是作为农村水利工作的技术人员对农村水利管理体制改革提出几点浅见。

关键词： 工程管理　农村水利　水利管理工作

1．概述

20世纪五六十年代，全县掀起了兴修水利的高潮。我县共兴建小型水库80余座，大中型涵闸近30座，为我县农业旱涝保收做出了重要贡献。但农村水利设施大多地处偏僻荒野，管理维护工作比较困难。每年整修、清淤、加高、培厚工作都跟踪不到位，再加上偷窃行为较为明显，部分村民甚至还毁坏农村基础设施。目前全县农村水利基础设施绝大部分都是带病工作，部分甚至报废。近几年，中央加大对农村水利投入力度，我县积极向上吸取中央无偿资金维修加固水利基础设施。截至今日已完成全县所有中小型水库除险加固；大、中型灌区改造工程也正在逐步实施。

2．分析问题

（1）对农村水利工程管理认识存在偏差

作为基础设施的农村水利，投入多，见效慢，管理难，本身直接经济效益不明显，容易被地方领导忽视。一贯重建设，轻管理的思维模式，使建管脱节，给管理工作埋下了隐患；部分人员对水利认识上的狭隘，片面追求个人利益。有的村民甚至毁坏、偷窃设备。人们对水利基础设施的作用开始置疑，甚至觉得浪费了自己的投资。

税费改革后，部分基层干部和群众对农村水利工程管理工作更加误会。一是部分农民群众认为，国家明令取消“两工”，就是不让农民出劳出资，再让他们出劳出资兴修水利不是违背国家命令，他们不愿意对水利出劳出资。二是部分干部认为，“两工”逐步取消后，镇财政困难，农村集体经济薄弱，农村水利工程管护费用主要靠国家投资，存在“等、靠、要”

的思想，在一定程度上影响农村水利工程管理工作。

（2）对水利工程管理投入少

投入少一直是制约农村水利设施管理的“瓶颈”。当前，国家财政加大对农村饮水、集中供水、大中型灌区改造、大型泵站技改等的投入，但对基本农田建设设施的投入相对薄弱，更谈不上管理上的投入了。农民生产生活息息相关的农村水利设施主由地方政府和村集体负担。乡村经费有限，特别是税费改革后，各项经费明显减少。过去统一规定的劳动积累工和义务工已取消，村内农田水利基本建设，修建村级道路、植树造林等集体生产公益事业所需劳务，均要严格实行“一事一议”，由村民大会或农民代表会议民主讨论决定，并实行上限控制。在议事过程中个人看法不尽相同。加之“议”的程序复杂，出现所议之事很难获得半数村民通过的情况，一定程度上给农村水利工程管理工作带来困难，尤其跨村、跨乡更加困难，导致农村水利工程管理维修加固跟不上，工程毁坏速度快，不能适应当前农业和农村经济发展的需要，影响了农业结构调整。

（3）农村水利工程管理体制不明确

最初农村水利工程都是集体建，集体管，工程维护管理状况良好。农村实行家庭联产承包责任制后，土地承包到户，生产工具也分到了户。水利设施象水库、机井、渠道、桥涵等不能分，仍实行集体所有、集体管理。没有集体经济组织依托的“集体”形同虚设，水利工程所有主体“缺位”，基层政府代替“集体”承办本该由“集体”办的事，造成政府“越位”，政府与农民在农村水利中的角色“错位”。农民兴修农田水利，改变生产和生活条件，是主观上的愿望，结果变成政府要农民干，甚至被人理解为政府加重农民负担。由于工程集体所有制与农村分户经营的矛盾没有根本解决，维护管理责任自然就很难落到实处，农民种的是“责任田”，用的是“大锅水”，利益不直接，造成“集体”所有工程有人使用，无人管理，老化、损坏、丢失严重。

3．解决问题

（1）正确对待农村水利工程管理

农村水利是农业和农村现代化的前提和基础，没有防洪除涝基础设施的保障，就没有农业的增产，农民的增收和农村的稳定。我县农业基础相对薄弱的实际情况，地方政府投资投劳有限，“一事一议”又存在难度，新建工程困难重重。因此，搞好对现有水利工程管护维修，就是一项投入少、见效快的好事情。取消“两工”，实行“一事一议”，绝不是说政府对农村水利不管不问，放任自流，而是改变过去的指令性干预方式为指导性引导方式。农村水利工程往往是跨村、跨乡按流域、渠系建设和管理的，需要政府组织协调、引导扶持、服务监督，建立和完善新形势下的水管体制，从这种意义上来说政府的责任不是轻了，而是重了。同时更重要的是让农民真正明白，搞好现有水利工程的管理，改善农村的生产和生活条件，收益主体是农民自己，与加重农民负担是两码事，从而激发起他们自觉出劳出资，管理维护水利工程的积极性。

（2）深化农村水利体制改革

（1）产权明晰

首先，对所有的水利工程进行调查摸底，登记造册，按照“谁受益、谁负担，谁投资、谁所有”的原则，明晰工程所有权，只有这样才能搞活经营权，规范管理权。对于一家一户或联户投资的微型农村水利工程，实行自建、自有、自用、自管；对于集体兴建的工程，仍归集体所有；国家投资的工程，由当地水利部门代表国家所有。

（2）采取多种管理形式

农村水利工程按性质不同，又可分为两类：一类是以经济效益为主、兼有一定社会效益的项目，如农田灌溉、水产养殖和生活供水等；另一类是以社会效益为主、公益性较强的项目，如防洪除涝工程、农田灌排骨干工程等。因此，针对不同的工程性质，采取不同管理形式。

按照“明晰所有权，出让使用权、放开建设权、搞活经营权、保护收益权”的原则，积极开展基层水利设施产权制度改革，宜卖则卖，宜股则股，力争在所有制形式及经营方式多样化取得突破，彻底改变小型水利工程产权不明晰，管理责任废置等局面，促进责权利相结合。对具有明显经济效益的工程，可借用市场机制的办法增强经营管理活力，通过成立用水协会、拍卖、承包、租赁、委托等多种形式加强管理。

如小塔山灌区改造工程目前正在逐步实施中，塔山灌区水费改革已经开始，由原来委托乡镇代收改为水利工程供水单位直接征收到村（组、户），并由事业性收费改为经营性收费。灌区部分地区已成立了SIDD用水者协会试点并获得成功。县灌区灌溉用水管理委员会主要由分管县长为委员会主任，县水利局局长为副主任，县财政、物价及各镇分管农业的镇长为成员。办公室设在水利局，分管灌溉用水的副局长任办公室主任。主要职责是负责全县用水计划，水资源调配；制定灌区管理办法，下达灌溉和水费计划，调解水事纠纷。小塔山水库灌区用水协会由管理处和所辖乡镇组成，主任由管理处主任担任，办公地点设在灌区管理处，主要职责是负责干渠以上工程维修、保养；制定用水计划，组织供水；组织水费征收，对支渠以上的工程供水，绿化管理进行业务指导。村用水协会由村支书（村长）担任组长，主要职责是贯彻执行县、灌区两级管委协会的决议，负责所辖灌区的农田灌溉，支渠以下的水利工程维修和建设；协助管理处并按管理处计划征收水费，灌区和村用水协会的管水员每年都实行竞争上岗、目标管理。

防洪除涝等以社会效益为主的直接工程关系到人民群众的生命财产安全，关系到工农业的发展，因此加强管理工作非常重要。如对不具备经营条件的公益工程（如沟渠、桥涵闸等），属于国有的，可依据河道管理条例，江苏省水利工程管理办法等法律法规，通过确权划界取得水土资源，有条件再通过出租、承包形式获取利息，实现营养分开。属于集体所有的，可由专人管理，责任包干。

同时在农村水利管理体制改革中注意几点：一是在拍卖由群众投资投劳建成归集体所有的水利工程时要十分慎重，防止集体资产流失，打击群众以后兴办农村水利的积极性；二是在承包、租赁期间要规定承包人负责该水利设施正常维修及汛期值班，确保工程不遭受淤积、毁坏或报废；三是要明确无论采取何种形式，在防洪抗旱期间，个人利益要无条件服从公共利益，优先保障群众用水权。同时更要防止出现个人垄断公共水资源牟取暴利的情况发生。

（3）多方筹集资金，增加管理投入

在积极争取国家对农村水利工程自己投入的同时，县、乡、村也要拿出专项资金用于水利工程正常运行维护管理费用，其中要重点扶持农村公益性水利设施。用足用好已出台的有关规费征收政策，由管理单位向受益个人、单位收取水费、排涝费、堤防维护费等。同时政府要制定优惠政策组织、鼓励、引导农民和社会各界积极投入到农村水利工程管理上来。

（4）加强农村水利服务队伍建设

各乡镇水利站要顺应乡镇综合配套改革的大势，进一步提高农村水利工程管理水平，转变思想，尽快实现公益性服务与经营性服务相分离、科技性服务和指导性服务相协调，切实负责起本乡镇行政区域内的小型水利工程的规划、建设、管理、协助做好水行政执法和规费收缴，圩区建设和国营机电排灌站的运行管理，提供工程管理中的技术指导、信息、培训、科普宣传等服务工作。

4. 结语

总之，搞好现有农村水管体制改革要以增强经营管理活力为重点，以提供良好服务、实现良性运行、充分发挥效益为目标，要有利于调动广大农民群众参与工程管理的积极性，有利于水利基础设施效益发挥，有利于水资源的合理高效利用，有利于加快农村水利事业健康有序发展。

浅谈赣榆县农村水利保障体系建设

孙传侠

摘　要：农村水利是指在农村开展的水利建设、管理及其他有关水问题方面的工作，包括农村水工程、水资源和水环境。本文通过分析赣榆县农村水利发展现状、存在的问题与面临的形势，对农村水利保障体系建设提出了一些针对措施。

关键词：农村水利　现状　问题　水利保障体系　建设

1．农村水利发展现状

目前，赣榆县已初步形成了以防洪除涝减灾体系、水资源保障体系、农村水利保障体系、水生态环境保护体系、水管理服务体系和水利发展保障体系为中心内容的水利综合保障体系，为促进赣榆县经济社会发展和改善民生，提供了重要的基础保障。

（1）防洪除涝减灾体系

赣榆县县内河流纵横，历史上洪涝灾害频发。经过建国以来60多年的持续建设，基本建成了防洪、挡潮、排涝、降渍、灌溉相结合的工程体系，防洪除涝减灾能力提升较明显。一是海堤达标建设基本完成，全县主海堤防潮基本达到50年一遇高潮位加10级风浪标准。二是水库除险加固全面实施，大、中型水库加固全部完成，小型水库除险加固有序实施。三是城市防洪排涝取得突破，重点实施了新城区强排站工程和赣榆县沙汪河整治工程，城区除涝标准由不足5年一遇提高到10年一遇。四是开展区域治理前期工作，绣针河、龙王河、范河治理等前期工作已开始实施。

（2）水资源保障体系

赣榆县水质型和水源型缺水特征较为明显，过境水量虽丰富，但迫于行洪压力和水质不佳问题，利用困难，城乡用水大部分依靠调引江淮水。2010年底通榆河北延送水工程已正式完工，实现向赣榆县相机送水6～30 m^3/s。随着水库除险加固及河道疏浚整治等工程的有效实施，河库引蓄水能力大为提高，基本形成蓄、引、提、调相结合的水资源配置格局，为农业灌溉、居民生活、交通航运、工业发展等提供了基本的水源保证。另外，赣榆县积极推进节水型社会建设，一定程度上缓解了供水压力。

（3）农村水利保障体系

农业是支撑国民经济建设与发展的基础，经过不懈努力，赣榆县农村水利取得了较大的发展。小塔山灌区 2005～2008 先后实施了四期续建配套节水改造工程，石梁河灌区也于 2008 年实施了续建配套节水改造一期工程（2011 年两大灌区又各实施了一期续建配套节水改造工程），灌溉工程效益显著提高。先后完成了《赣榆县 2003～2007 年县乡河道疏浚规划》、《赣榆县 2007～2010 年县乡河道疏浚规划》及《赣榆县“十一五”村庄河塘疏浚整治规划》。“十一五”期间解决了 29.2 万人口的饮水不安全问题，改变了部分地区群众长期饮水不安全状况。农田水利稳步发展，已经基本形成防洪、灌溉、排涝、降渍四套水利工程体系，大大提高了灌排能力。全县现状平均灌溉保证率 50%，灌溉水利用系数 0.53，渠系水利用系数 0.56，工程配套率达 50%，有效灌溉面积 5.6 万 hm^2，旱涝保收田面积 4.75 万 hm^2。

（4）水生态环境保护体系

加大水资源保护和水环境整治力度，重点实施小塔山水库饮用水源地保护工程，开展备用水源地建设，力争 5 年内初步建成 1～2 处备用水源地。界定河、湖、库蓝线，对河流功能实现分类管理，推进河湖生态修复工程，发挥河湖库应有功能，维护河湖健康，实现人水和谐。积极开展水土流失治理，实施清洁小流域综合治理，构建多层次的生态保护修复格局。同时赣榆县积极传承水文化，以物质水文化为载体，构建水文化体系；通过人、水、文、景有机交融的景观建设，建立“水清、湖碧、流畅、岸绿、景美”的立体水景观体系。

（5）水管理服务体系

赣榆县水利发展 “十一五”规划实施后，在水管理服务方面取得了明显提高。一是健全水资源管理制度，初步形成由总量控制、定额管理、取水许可、水资源有偿使用、建设项目水资源论证、水功能区划管理、入河排污口监管等制度组成的水资源管理体系。二是河湖管理组织逐步建立。加大河湖管理保护和水利工程设施管理建设力度，大量吸收、引进和培训管理人才，管理人员配置逐步到位，河湖及工程管理能力有了很大提高。三是初步制定了水利工程建设管理制度，建设管理人员素质显著提高，工程建设质量得到很大提升。四是防汛抗旱应急中心、管理设施建设和防汛队伍建设稳步推进。五是水务社会管理能力和公共服务水平有了较大提高，乡镇水利站、农村供水服务站等基层服务组织初步建立。

（6）水利发展保障体系

经过不断努力，赣榆县水利发展保障能力进一步得到提升。一是水利改革不断深化。通过对干部人事制度、经营性事业单位、水利投融资体制等方面进行改革，逐步理顺各项管理机制、运作机制，不断增加发展活力。特别是重点推进了全县水管单位体制改革，目前改革已通过市级验收，有 7 个单位、346 人明确了财政拨款性质。长期制约全县水管单位发展的资金来源不足问题得到解决，基本稳定了队伍，提高了工作人员的积极性。二是水利规划管理明显加强。严格执行《江苏省水利规划管理办法（试行）》和《江苏省〈水工程建设规划同意书制度管理办法〉实施细则（试行）》，规范规划管理。配合市水利局、省水文水资源勘测局连云港分局完成全市水资源综合规划、水利发展战略规划、水系规划、城市防洪规划、沿海地区水利规划、水利科技发展规划、水土保持规划等10余项规划成果，推进临洪河口湿地规划、水利文化发展规划、县农田水利规划等规划编制，水利规划体系初步构建。三是水利建设管理逐步完善。积极推行规划许可制、项目评审制、绩效评价值、配套资金保障制、投资控制制等五项制度，严格执行项目法人责任制、招标投标制、建设监理制、合同管理制、质量与安全监督制和竣工验收制，规范水利建设项目管理。四是人才队伍建设得到加强。引进和培养各类专业技术和管理人才，推进培训和交流，开展各项专业技能竞赛和“五手一兵”竞赛评比等活动，水利人才队伍得到壮大和优化。

2. 农村水利工作存在的问题与面临的形势

赣榆县农村水利发展水平明显提高，有力地促进了全县经济社会的持续快速发展，但受国家政策和地方财政制约，仍然存在一些问题和不足，同时随着经济社会发展，也暴露出一些新的问题。

（1）防洪保安能力偏低

目前赣榆县防洪除涝防潮格局虽已基本形成，但整体防洪、排涝标准仍然较低，分别不足20年一遇和10年一遇，受外洪、内涝和风暴潮等综合影响，因洪致涝问题仍较突出。海堤达标建设虽已全部完成，但石桥河、绣针河、龙王河口等挡潮闸工程仍未建成，入海口挡潮闸下淤积严重，阻碍河道行洪。以国家及省投资为主的流域性水利工程建设规模大，较快地提高了流域性河道防洪能力，而以地方财政投入为主的区域性及地方骨干工程，由于投入不足，建设滞后，标准较低，流域性工程与地方区域性工程防洪保安能力不相平衡。区域性骨干河道绣针河、龙王河防洪能力偏低，重要县域河道范河、兴庄河等排涝能力不足。罗阳、宋庄等地受新沭河行洪水位较高的影响，再加上台风及天文大潮，导致范河涝水无法外排，洼地受灾严重，除涝任务艰巨。病险水库、水闸、泵站等除险加固工程尚未完成。城市防洪除涝标准较低，不利于城市化进程，部分河道疏浚及工程除险加固尚待实施。

（2）水资源保障能力薄弱

赣榆县城乡用水大部分依靠调引江淮水。一般情况下，供水基本有保障，但在江淮水供给不足的情况下，遇特殊旱情，全县水资源供给保障能力薄弱。赣榆县城区供水水源基本依靠小塔山水库，一旦小塔山水库受到污染或来水量减少，城市将面临断水的危机。2010年底通榆河北延送水工程实现通水目标，但仅为“相机供水”，来水量无保证，供水保证率不足。据分析预测，全县2020年总需水量在一般干旱年（P=75%）约为7.65亿m^3，现状淡水资源供给量和保证率严重不足。加上港口建设和临港产业开发的推进，淡水资源需求量将在短期内激增，需加快实施水资源增供和完善工程，扩大水资源配置和提高供给保障能力。

（3）农村水利保障落后

近年来，赣榆县积极推进大型灌区节水改造和农村河道疏浚整治，农田水利基本形成了能灌能排的水利框架，有效保障了农业和农村经济的发展，但是赣榆县农村水利整体仍处于落后水平。一是小型农田水利设施先天性不足。由于灌区骨干工程大多建于上世纪五六十年代，运行时间长，建设标准低，工程老化损坏严重，效益明显下降，不能满足现代农业发展需要。特别是灌区末级渠系工程面广量大，完好率不足50%，严重影响了赣榆农业生产。二是县级以上财政投入很少，县财政负担过重。当前，小型农村水利设施建设主要受益者和投入主体是地方政府和群众，建设项目县级配套资金比例大，县级财政不堪重负，直接造成农村水利建设跟不上当前农业和农村经济发展的步伐。三是农田水利工程运行管护经费短缺，管理体制不清晰，农民组织化程度低，建管脱节，运行管护困难，损坏老化现象严重。四是涉农部门缺少整合，不能形成连片示范效益，投入机制有待改善。

（4）水生态环境问题严峻

赣榆县地处沂沭泗流域最下游，境内河道水质受上游来水影响，水质较差，加上河道沿线部分污水直接排放等，造成大部分河道水质超标，水质恶化，要加强对外来污水和境内污水的处理和净化。同时小塔山水库水源地缺乏完善的水质监测预警系统和保护区建设，通榆河北延送水工程清水通道受沿岸周围的生活垃圾和工业废水的排放污染，水质恶化，缺少截污导流和污水处理设施。河道管理维护不足，缺乏综合整治与修复，河道被侵占破坏的现象时有发生，影响了河道功能的正常发挥，破坏了河道生态环境。水土流失情况较严重，多集中在山丘区，急需加强治理。水文化建设中只注重物质形态的水文化建设，忽视了精神形态和制度形态的水文化建设，没有形成完整的水文化布局。全县未来水生态系统和水环境保护形势仍十分严峻，随着沿海地区高耗水产业的发展，带来高污水排放，大量污水将随河入海，如果不加大水生态系统和水环境保护力度，直接后果是造成和加剧近海水域水质下降、水生态功能降低和水环境恶化。水污染造成水体功能下降，进一步加剧全县水资源短缺矛盾。因此，目前赣榆县的水环境及水生态离现代化的要求，即“水清、湖碧、流畅、岸绿、景美”尚有一定距离。

（5）水管理服务水平较低

赣榆县在水管理体制和水利工程建设运行机制上，存在一些弊端，一是涉水管理的部门多，管理分散，管理总体目标不够清晰，综合管理层面尚未形成合力；二是随着经济社会的快速发展，城乡一体化发展趋势将愈加显著，迫切需要加强水资源的城乡统筹综合管理；三是水利行业管理制度建设和有效落实上不能满足水资源可持续利用要求，在涉水问题管理上存在行政干预问题，取水许可等水管理制度有待完善和有效落实。

（6）水利发展保障能力滞后

一是技术人员严重不足，现有水利行业无论从人员数量还是人员结构、素质上都不尽合理，特别是缺乏高素质管理人才，已经影响县镇两级水利建设工作，特别是制约了农村水利工作的有效开展，未来水利队伍建设任重道远。二是尚缺乏稳定、有效的投入保障机制、资金筹措机制和补偿机制，以及长效的管理机制。三是水利法规及相关配套制度体系尚未健全，未能对涉水项目起到管理和约束作用，水利执法队伍和能力建设体制尚未完善，执法行为未能及时有效落实。四是水利科技化、信息化水平相对落后，水利发展的信息技术支撑体系有待完善。

3. 农村水利保障体系建设

“十一五”期间，赣榆县围绕改善民生和建设社会主义新农村的要求，加大了农田水利投资力度，加强了农村水利基础设施建设，重点实施了丘陵山区水源工程、灌区改造、小型水库除险加固、中央财政重点县建设项目、农村河道疏浚、农村饮水安全工程等民生工程，农业生产及农民生活条件明显改善。2010 年末总耕地面积 6.83 万 hm^2，其中旱涝保收田面积 4.75 万 hm^2，灌溉水利用系数 0.53，农村河道有效治理率为 48.5%。由于农田水利工程面广量大，且存在建设年代久远、标准低，管理工作难以到位以及田间工程老化损失严重等问题，需进一步推进灌区设施现代化改造，发展高效节水灌溉工程，加快小型农田水利重点县建设步伐，落实农田水利长效管理；农村饮水安全任务艰巨，仍有 51.6 万饮水不安全人口急需解决；河道疏浚后再次淤塞现象多发，亟须建立轮浚制度，开展新一轮农村河道疏浚。

（1）灌区设施现代化改造

赣榆县目前有小塔山灌区和石梁河灌区 2 个大型灌区；古城翻水站灌区、红领巾水库灌区、阚岭翻水站灌区、八条路水库灌区、王集水库灌区 5 个中型灌区；以及由自流灌区、扬水灌区、井灌区组成的众多小型灌区。设施老化，配套不完善，原有工程规模跟不上农业发展需求是制约灌区效益发挥的主要因素。灌区闸、站、渠道等骨干工程多建于 20 世纪七八十年代，工程设计标准低、结构简易，经多年运行老化破损严重，全县大型灌区平均配套率只有 50%～70%，总体工程老化率达 80%以上，渠系水利用系数低，严重影响现代农业的发展。目前，小塔山灌区续建配套节水改造工程已实施四期，石梁河灌区续建配套与节水改造工程已实施一期，今后将继续推进灌区续建配套与节水改造工程，提高灌区灌溉保证率和排涝标准。以现代农业发展要求为核心，对灌区内不合理渠系进行调整、原有老化破损的饮水渠首进行加固改造或重建，完善灌排工程体系，大力推广节水灌溉技术，打造节水现代化农业示范园区，加快现代化农业节水灌溉建设步伐。

（2）小型农田水利重点县建设

小型农田水利工程是农村水利灌排体系的最末级工程，直接关系到农田水利灌溉的效果，对赣榆县粮食的生产、农村社会经济发展起到非常重要的作用。赣榆县经过多年的治理和工程建设，已形成由 1 座大型水库，1 座中型水库，70 座在册小型水库，400 余个塘坝、堰坝，800 余座灌溉泵站以及 5000 余 km 各级渠道组成的灌排工程体系，小型农田水利建设取得了一定的经济社会效益和生态效益。同时，存在的问题也很突出。一是工程老化失修，灌溉渠系标准低，跑、冒、漏水现象突出；二是投入少，建设步伐缓慢，特别是大中型灌区的末级渠系（支渠以下渠系及田间工程）及小型灌区的灌排工程投入较少，目前各灌区支渠以下渠系完好率及田间工程配套率较低，严重制约了灌排效益的发挥；三是运行管理不到位，管护工作得不到重视，工程效益不能很好地发挥，整体上影响了农业的发展及社会生产力的进步。

分期实施小型农田水利重点县工程。近期完成墩尚、沙河、欢墩等镇的小型农田水利重点县一期建设，继续申报并完成二期重点县建设任务；远期根据农业发展要求，进一步推进小型农田水利重点县建设。坚持“分步实施”和“建一片，成一片，发挥效益一片”的原则，以泵站改造、水源工程建设、灌排沟渠整治、工程配套为基础，进行集中连片治理。规划期内，新建、改建泵站918座，新建、改造机井519眼，优先建设山丘区水源工程，提高山丘区农业用水保证率；整治渠道，注重改造、健全农渠以下渠系建筑物和内三沟建设，其中防渗衬砌处理543.3km；新建渡槽、涵洞、放水口等小型渠系建筑物16167座，全面提升农田水利配套率，加快农田水利基础设施建设跨越式发展。

农田水利建设要根据具体情况，因地制宜的选择重点，将见效快、易于集中连片、对全局影响较大的工程项目定为近期。山丘区重点新建改造小型水源工程，主要为塘坝、泵站、机井建设，通过扩大蓄水量来满足工农业的需求；中部平原地区重点进行灌区末级渠系配套改造，包括渠道防渗衬砌、建筑物的新建及维修加固，提高灌溉用水的利用率；沿海地区耕地面积少，涉及农田水利建设的主要是沭北洼地地区，其中重点加强圩堤建设和圩区排水能力建设，配合闸站建设。

（3）农村饮水安全建设

“十一五”期间建设了柘汪水厂等农村水厂21处，解决了29.2万人不安全饮水问题。但目前饮水安全任务仍然艰巨，仍有51.6万人饮水不安全人口，饮水安全问题仍是人民群众最关心、最迫切、最需解决的问题。

农村饮水不安全的主要问题是高氟水、苦咸水和细菌超标等，以及水源保证率、生活用水量和用水方便程度方面的缺水问题。全县大部分地区地表水可饮用水资源量少，特殊干旱年，河塘干涸，无法进行水源调度，局部地区甚至发生饮水困难；同时，山丘区地质多为风化岩，可用水源区不确切，造成凿井成本重复、加高，地下水存量又有限，遇到特殊干旱年，饮用水水量往往难以得到保证。再者各村庄之间高差较大，居民居住分散，管网建设费用高，也给集中供水带来困难。

鉴于农村地形、地质等具体情况不同，解决饮水安全问题要因地制宜地建设饮水工程。对罗阳、赣马等已具有较大规模水厂的镇，供水条件较好，尚具备一定的供水潜力，通过实施管网延伸，解决该地区的饮水不安全问题；对城西镇、沙河镇等原有水厂，供水规模已确定，但具有可改造扩建的空间，可通过对水厂扩建改造，并实施管网延伸，解决水厂周围村庄的饮水问题；对塔山、石桥、厉庄等镇，由于周围无现有水厂可延伸，且区内有可靠的地表水作为供水水源，则通过扩建塔山地表水厂，解决项目区内的供水问题；对班庄等位于西部山丘区的镇，由于周边无现有水厂可延伸，或村庄地处偏僻，通过管网延伸费用过高，或因村庄高程相差悬殊根本无法通过延伸供水的村庄，通过新建地下水厂的方式解决饮水安全问题。

同时水厂选址要与区域供水规划相衔接，满足水厂近、远期布置需要。输水工程布置，既要为今后实施区域供水打下基础，同时又要满足当前饮水安全问题解决的要求。

规划建设地面水厂 28 处，打井 26 眼，铺设供水管道并建设增压站以延伸原有水厂管网。近期解决饮水不安全人口 27.6 万，远期解决饮水不安全人口 24 万，规划期末基本解决区域内饮水不安全问题。

（4）农村河道疏浚整治

赣榆县县乡河道疏浚治理从 2003 年开始，已经完成了两轮河道疏浚，针对县乡河道现状，每年都根据规划内容实施一部分河道疏浚工程，取得了一些成绩。但河道疏浚仅限清淤，设计标准较低，上级补助标准也不高，工程多以解决局部淤积，疏通阻塞为主，综合治理措施少。因此，治理后再次淤塞现象多发，需轮浚周期短，尚未达到彻底根治、不留死角的目标，仍有不少村庄河塘淤积和污染问题比较严重，而且生态景观与当前建设美丽乡村的要求尚有较大差距。今后应着眼进行综合整治、长效管护。

疏浚整治农村河道要强化责任，抓紧时间，集中力量，在以往农村河道疏浚整治工程取得成效的基础上，按照农村河道水功能划分的总体目标，以及新一轮县乡河道和村庄河塘疏浚规划的安排，继续保持扶持力度，着眼进行综合整治、长效管护。对淤积的农村河道进行疏浚整治，实现农村河道水系通畅，河面堤坡整洁，使河道功能正常发挥水环境面貌的工程效益。同时，严格执行《赣榆县农村河道管护办法》，建立河道轮浚机制，做好建立管护制度，建设管护队伍，落实管护经费三项工作，推动河道管理工作正常化、长效化。

按照疏浚规划要求，近期完成 295 条县乡级河道疏浚，整治村庄河塘 1536 条（座），完成土方 4400 万 m^3[其中 2011-2012 年已完成 118 条县乡级河道疏浚，整治村庄河塘 394 条(座)，完成土方 1900 万 m^3]；远期完成 165 条县乡河道疏浚，以及 210 个行政村的村庄河塘疏浚整治，完成土方 2300 万 m^3。适时编写农村河道疏浚规划，健全“三级共管”“四位一体”的河道长效管理机制，落实管理经费，将“河长制”工作覆盖到村级以上引排河道。

（5）高效节水灌溉工程

在目前水资源缺乏的大背景下，高效节水灌溉作为见效快，需求大的项目，是今后农田水利发展的主导方向。高效节水灌溉一方面能缓解供需矛盾，另一方面又方便管理、节约成本，大大提高了农业现代化水平，是群众欢迎、地方政府迫切需求的项目，农田水利建设过程中推广高效节水灌溉技术势在必行。赣榆县在罗阳镇高效农业示范区、沙河镇蔬菜园等项目中都亟须配套高效节水灌溉工程。

根据当地的地形、地貌、土壤、水质、作物类型和种植结构、栽培模式、缺水状况以及社会经济发展水平选择合理的节水措施。以管道输水为基础，配合喷灌、滴管等节水技术。按照灌溉水利用系数喷灌区不低于 0.9，微喷灌区不低于 0.95 的标准，连片推进高效节水灌溉，确保集中连片面积不低于万 200hm^2，并且有稳定可靠的水源保障。同时，强调示范作用，打造赣马、塔山镇核心稻米基地，沙河、墩尚镇特色蔬菜区域等一批高效节水示范园区，促进现代化农业节水、增产、增效，加快农业高效节水灌溉建设步伐。

（6）农田水利长效管理

赣榆县大中型灌区支渠以上工程由灌区管理单位管理，斗渠及以下工程由镇、村、组管理；小型灌区由于其小型水利工程面广量大、管理不便的特点，目前实行多种管理体制并举，主管部门明确权责的管理方式。但由于管理方法和技术落后，水资源利用率低，农业灌溉用水定额偏高，影响了农田水利工程效益的长效发挥。

根据 “中央一号”文件以及上级有关农田水利的部署，赣榆县应根据地区特点进行农村水利改革创新，切实加强组织领导，健全长效管理机制，充分发挥工程效益，积极推动农田水利工程建设持续健康发展。

建立农田水利管理新机制。尽快落实管护主体，鼓励用水户参与管理，成立相关协会，按照“一事一议”的方式，组织用水户投劳参与农田水利整体规划、工程建设管理和维护等工作。

稳定强化投资来源。在积极申请上级财政投资的同时，通过加大财政投入、引导村民筹资投劳、吸引社会资金等方式，建立多主体、多渠道的投资机制，确保管理经费的落实，鼓励、引导群众参与农田水利工程的管理维护。

建立法制保障，加强监督检查。制定相关法律法规和管理办法，对农田水利工程规划、筹资、投劳、建设、运行、管护的全过程进行监管，及时受理投诉，依法查处危害农田水利设施的行为，保障农田水利工程效益充分发挥，使农民真正成为农田水利建设、管理和受益的主体。

赣榆县农村饮水安全工程建设与管理的实践和探索

孙佃亮

摘　要：江苏省赣榆县农村饮水安全工程建设与在国家及省政府高度重视下，建设投资规模大，推进速度快，建成了我省苏北地区最大的农村饮用水供水水厂，局部实现农村供水城市化，供水按照“政府主导、企业经营、股权多元、市场运作”的建设管理长效机制。本文结合赣榆县农村饮用水工程在建设与管理中，部分地区工程建设与管理中存在的工程供水规模、供水水质、供水水压等尚未完全达标，尚有个别农村地区饮水安全问题尚未得到解决，部分管理运行机制尚未健全，许多已供水农村用户面临“二次改水”，部分供水水源没有得到有效保护等问题，逐一剖析原因并提出相应的解决措施。

关键词：供水　问题　原因

赣榆县隶属江苏省连云港市，是苏鲁两省交界点，江苏沿海经济带和东陇海产业带的东部交汇处，东临黄海，与日本、朝鲜半岛隔海相望；西与山东省临沭县接壤；南隔新沭河与东海县、连云港市区毗邻；北与山东省日照市、莒南县相连。辖青口、海头、柘汪、石桥、宋庄、墩尚、沙河、城头、城西、塔山、班庄、赣马、金山、厉庄、黑林 15 个镇。县域面积 1427 平方公里，沿海、平原、山区各占三分之一。社会经济发展显著，实现地区生产总值 283.1 亿元，增长 14.5%；全社会固定资产投资 206.4 亿元，增长 17.2%；农民人均纯收入 9068 元，城镇居民人均可支配收入 17240 元，分别增长 19.6%和 17.5%；财政总收入 52.37 亿元，一般预算收入 23.81 亿元，分别增长 46.4%和 31.4%。

赣榆县区内水系主要河流有：新沭河、范河、朱稽河、青口河、龙河及绣针河。一般特点是，河系皆发源于西北部丘陵山区，流向东南，注入黄海，流程短，河槽浅窄，雨季洪涨，旱季断流，为典型的间歇性河流。根据《赣榆县水资源开发利用现状分析报告》，赣榆县水资源评价总量平水年水资源总量 5.6 亿立方米，一般干旱年份水资源总量 4.1 亿立方米。现状水资源利用状况是：平水年用水总量约 3.86 亿立方米，其中农业灌溉用水量 2.63 亿立方米，工业用水量 2430 万立方米，居民生活用水量 2054 万立方米，牲畜用水量 1040 万立方米，其他用水量 6800 万立方米。

赣榆县农村饮用水源按来源分主要地表水和地下水，地表水水源主要为分水库及河流。赣榆县目前集中供水水库水源为：小塔山水库（赣榆县最大的饮用水源地）、八条路水库、王集水库、姜斗沟水库；赣榆县小塔山水库成为江苏省第一批集中式饮用水源地（江苏省水利厅苏水资〔2007〕16号文批准）。

1. 赣榆县农村供水发展历程及取得的成就

赣榆县从江苏省1996年开始组织实施的农村改水开始就已就开始，全县农村自来水普及率有了大幅提高。2005年以前主要有爱卫会组织实施农村饮水改造工程，但由于当时实施的农村改水任务缺乏规划、投入资金不足、工程措施简单，单点单片改造为当时主要改造措施，2005年以前但从统计数字上看，赣榆县农村自来水普及率得到了很大提高，但从水质、水压等方面看实际上农村饮水并没有实质性的改变。

赣榆县在国家启动农村饮水安全工程项目开始，赣榆县从2005年至2011年通过农村饮水安全工程总计解决农村饮水问题总人口35.6062万人，其中饮水水质不达标人口35.1449万人，水量 、用水方便程度、水源保证率不达标0.4613万人。

赣榆县2005年至2011年的农村饮水安全工程的工程措施主要为通过已有水厂进行升级改造、管网延伸、新建农村供水水厂。利用地表水（河流及水库）先后建成了塔山水厂、张庄水厂、罗阳水厂、王集水厂等一批农村供水地表水厂，其中塔山水厂依托小塔山水库为水源，现已扩建至 40000 吨/日，成为苏北地区最大的农村饮水安全工程集中供水水厂，供水范围覆盖了塔山、金山、海头、赣马、城西、城头等6个乡镇，供水人口接近20万人，为赣榆县农村供水最大的区域供水水厂。

2. 赣榆县农村饮水安全工程建设与管理的主要措施

赣榆县根据实际已有供水格局，强化农村饮水安全工程建设与管理，根据工程投资资金来源、投资性质和工程规模，按照市场化运作、企业化运行、规范化管理，建立产权归属明确，责任主体落实，责权利统一的管理体制和运营机制。赣榆县农村饮水安全工程主要分为区域供水延伸、镇村联网集中供水、单村供水等3种模式。

赣榆县对做好农村饮水安全工程建设前期工作——规划、可研报告、初步设计等阶段十分重视，前期工作是确保饮水安全工程建设顺利进行的关键，也是保证工程建设质量的基础。

赣榆县农村饮水安全工程建设按照水利建设基本建设程序管理的要求，遵循江苏省农村饮水安全办公室编制的相关省、国家对农村饮水安全工程建设的相关政策及指导意见，建立健全“建设单位负责，施工单位保证，监理单位控制、政府部门监督”的质量管理体系和工程质量“三检制”。 在工程实施过程中要全面推行用水户全过程参与模式，实行项目法人责任制、招标投标制、建设监理制、集中采购制、资金报账制、竣工验收制，防止工程建设中的各种违法转包和分包现象。积极推行用水户全过程参与的模式，从工程规划、设计、施工、验收及运行管理等各个阶段都要有用水户代表参与，实行项目公开、资金公开、范围公开，切实维护用水户知情权、参与权和监督权。

为强化工程建后管理，赣榆县人民政府出台了《赣榆县农村饮水安全工程管理实施细则（试行）》。依托赣榆县水利局成立了赣榆县民生水务公司，该公司成立于 2010 年，公司在职职工接近 100 人，从工程规划设计、施工、生产运行、维护维修、水费收缴各个层面做起，实行市场化运作，以各个水利站为依托成立供水分公司，由民生水务统一管理，制定相关制度，建立起公司（水利局）——分公司（水利站）——乡村三级管理体系。赣榆县水利局负责监督民生水务公司对全县农村供水工程的运行管理；村级供水工程管理由各分公司（水利站）负责。民生水务公司直接经营管理赣榆县最大的农村供水水厂——塔山水厂，从水源地到水龙头（供水末端）的一条龙服务体系，公司所需运行资金主要由该水厂运行提供，部分资金从各分公司提取；各分公司（水利站）需资金从群众用水收费中按最低标准收取，责任上总公司负责塔山水厂及各分公司的供水水质、水压、方便程度、水量等方面。目前赣榆县农村饮水安全工程基本实现建管同步、规范经营，遵循市场规律，这些管理措施的探索，既是农村水利工程管理形式的创新，又是今后管理发展趋向的引导，进一步推进了农村饮水工程管理由粗放型向集约化的转变。

赣榆县在管道末端供水安装工程中，大胆探索，积极尝试，取得了一定成绩。例如赣榆县墩尚镇把管道进村入户工程承包出去，由承包人收取农村居民的入户费（数量由公司制定范围），利用此项资金完成进村入户工程。承包人均为安装自来水村当地人，地方关系便于协调，有效解决了管道进村入户工程与居民之间的矛盾。工程质量由监理监督，验收后，工程产权归公司所有。

3．赣榆县目前农村饮水安全工程建设及管理存在的主要问题及对策

2005 年以前的改水任务国家及地方政府对工程投入较少，无法建成大规模的区域性供水水厂，农村改水管网入户材料费等由受益群众自筹解决。由于改水简单，不彻底，多数是一村一井，受益人口少，供水成本大，不能引入市场机制，难以形成良性发展。多数农村水厂规模小，供水质量低（水压、水量、水质），没有区域供水的概念，难以形成良性循环的自我发展模式；运行模式单一，水厂资金、生产经营等管理混乱，没有资金积累，更新改造和维修资金不足，导致一些村级水厂无法继续而停止运行。供水水质无法得到保证，多数村级水厂没有消毒、化验设备，不具备集中式供水的检验检测能力，多数地下水直接进入供水管道，没有经过任何消毒直接供水，地表水厂只是简单的沉淀、消毒，无法确定水质是否安全，直接供水，无法达到卫生标准要求；“二次改水”问题日益突出，赣榆县初期建设的农村水厂多数供水工艺落后，设备简单，进过多年的运行，管网老化（pvc），设备等急需更新，有相当部分水厂停止运行，使得农村自来水普及率有所下降，部分农村居民饮水又回到了改水前的不安全状态。

想彻底解决上述问题，必须从根源上解决，就是要加大对农村饮水安全工程的投入，做到大投入、大规划、大产出的良性循环机制，通过多渠道争取资金，实行市场化运作，坚持谁投资、谁受益的原则，按照现行农村饮水安全的标准，从规划设计、施工、材料、原型管理等各个方面从高从严执行，真正做到由水质、水量、方便程度和保证率四项指标达到饮水安全的标准。

赣榆县尚有数量相当的部分水厂产权不明晰，有部分属于个人承包，工程尚未建立良性运行长效机制。

大部分地区群众安全饮水意识不强，加上农村经济（部分地区）能力不高，除饮用外，农民仍然使用原有不安全的自备水源（手压井），导致部分农村居民人均用水量远低于规范中的用水量，加上农村水厂供水规模小，运行成本较大，规模效益发挥不充分。同时农村饮水工程量大面广，产权不清，工程建设管理主体“缺位”，管理责任不落实；部分集中供水工程，由于受自然、经济条件、农民卫生用水意识等影响，水价制定、水费征收、设备维护、水厂运行等难度加大。

由于利益的驱动，多数私营水厂的运行管理极不规范，为节约供水成本，个人经营的水厂，在过滤、消毒、检测等各个环节均出现不同程度的问题，导致此部分农村供水面临不安全的境地。

所有这些因素严重影响了农村饮水工程运行长效机制的建立。

对于此类问题，水利政府部门应明确供水工程的产权归属，采用有效措施，改造、收购部分个人水厂，将此部分供水区域纳入区域供水的范围。对个别无法改变产权归属的个人水厂，应联合卫生、环境、公安等各相关职能部门对此类处于安全边缘的供水工程进行定期不定期个检验检测，按照村镇供水工程技术规范 SL 310-2004，努力使此类工程按照国家颁布的饮用水卫生标准执行供水标准。

赣榆县农村饮水安全工程水源除塔山水厂已划定保护区（小塔山水库为赣榆县县城唯一饮用水水源，赣榆县其他农村饮水安全工程水源不同程度的没有保护措施，应做到强化水污染防治，做到水源安全有保障。

水是人类生存的基本条件，要切实加强对水源地的保护，在水源周围做好防护带，并有专人负责，定期对水源防护进行检查。防护带周围禁止放牧等一切可能对水源造成污染的活动，确保水质不受污染。要以保障饮用水水源安全为重点，进一步加大水资源保护和水污染防治工作力度。

要合理划定饮用水水源保护区，依法严格实施饮用水水源保护区制度，做好河流、水库水功能区的拟定、报批和公布工作。在饮用水地表水源取水口附近、地下水开采井周围划定一定的水域或路域作为饮用水源一级保护区、二级保护区和准保护区。

要加强饮用水水源保护工作，严格禁止在承担生活集中供水功能的水域开展一切施肥水、网箱、围栏水产养殖和破坏涵养林、水资源保护设施的行为，因地制宜地进行水源安全保护、生态修复和水源涵养等工程建设。定期开展对集中饮用水水源保护区的检查工作，威胁饮用水源安全的污染源要坚决搬迁或关闭，严禁新建、扩建影响饮用水安全的项目。

禁止在水源区乱砍滥伐，坏植被；防止未经处理的工业废水、废渣和家禽养殖废水、生活污水直接排入河流；防止农药化肥等非点源污染，造成水体富营养化，积极开展农业面源污染防治工作。

坚持依法治水，进一步完善饮用水水源保护和水资源开发利用方面的法律法规，建立健全取水许可监督管理和水资源有偿使用等各项制度。水务部门要紧密联合环保部门加强对农村饮用水水源地的环境监管，加大宣传，增强全民的水法观念和水环境意识，有效促进水资源管理、节约和保护。

结语

对于资金投入不足，面临“二次改水”的问题，应坚持多渠道筹集建设资金，坚持一次改水到位；根据工程投资渠道、规模、类型等，坚持按市场经济规律办事，明确产权归属，采取承包、租赁、拍卖使用权等灵活多样的方式，落实管理主体，建立责权利相统一的机制，确保了农村饮水工程效益的长期发挥。严格实施饮用水水源保护制度，划定水源保护区和管护范围，做好日常水质监测，确保水质安全可靠，实现农村饮水工程“建得成、管得好、用得起、长受益”。

浅议赣榆县农村水厂运行管理存在问题及解决措施

邹　跃　孙佃亮　李家密

摘　要:赣榆县农村水厂运行管理对于农村群众现实生活中具有重要的意义，针对水厂在运行管理中存在的问题，本文主要探讨解决水厂运行管理的存在问题的措施。

关键词:水厂　运行　管理　措施　增效

1．基本情况

赣榆县位于江苏省东北部，地势西北高，东南低。西北部为低山、丘陵区，向东南逐渐由缓岗地、倾斜平原过渡为海积平原。至 2011 年底，全县共 18 个镇 469 个行政村，总人口 111.07 万人，农村人口 90.53 万人，其中核定饮水不安全人口 45.94 万人，占农村人口的 50.74%，主要分布在 16 个镇 173 个行政村。

据统计，自上世纪 80 年代至今，全县共建有水厂 115 座，其中：地表水水厂 17 座，地下水水厂 98 座，分别占水厂总数 14.78%和 85.22%，联村、乡镇及跨乡镇 41 座，村级 74 座，分别占水厂总数 35.65%和 64.35%。

2．存在问题

赣榆县农村水厂在运行管理过程中主要存在以下几个方面的问题：

（1）运行方面：各水厂供水管线长度增加，线路过长，容易损坏，增加水量损耗，且缺乏正常的维修养护经费；再加上电费高，水价低，折旧费、用药费及人员经费无来源等，造成运行成本过高，许多水厂经营困难，难以为继。

（2）管理方面：水厂或属于镇或属于村或属于个人或属于水利部门，产权不够明晰，管理较为混乱，加上管理制度不够完善，缺乏专业管理人员，技术力量不足，致使供水、维修、服务不能及时到位，给水厂的统一管理、运行质量与安全保障等带来了一定的难度。

（3）政策方面：各水厂水价不一，没有统一标准，水价从 1 元到 2 元不等，还有的按户每月每户收取水费 4~10 元，加上水量计量不准，造成水费收缴不足，运行及管理经费得不到及时补充；目前部分水厂执行的是工业用电价格，电价每度高达 0.829 元，每个月的电费就占到运行成本的一半左右；税收方面也没有明确的优惠政策，致使许多水厂运行十分困难。

3．工作思路及目标

认真贯彻落实科学发展观，把农村饮水安全工程作为改善民生的重要工作，加强农村供水基础设施建设，因地制宜整合资源，逐步规范和完善供水公司的运营和管理，降本增效，节约用水，保障农民持续获得安全饮用水，推动科学发展，促进社会和谐。

基本原则：一是坚持“以人为本，因地制宜”的原则，立足当前，着眼长远，合理布局，改善民生；二是坚持“突出重点，建管并重”的原则，统筹规划，分步实施，加强管理，实现良性运营；三是坚持“能大不小，能联不建”的原则，打破地域界限，向规模化集中供水转变，实现资源共享，像建设农村“电网”一样倾力打造农村“水网”。

目标任务：力争“三年任务两年完成”，到2020年前解决剩余45.94万人的饮水不安全问题，让老百姓全部用上安全、卫生的洁净水。

4．解决措施

（1）抓重点建网络，实现规模化发展。

整合资源，形成网络。为巩固饮水安全工程建设成果，赣榆县水利局于2008年3月注册成立了赣榆县民生水务有限公司，对全县农村饮水安全工程进行资源整合，统一划归公司管理，将来还可以通过融资、贷款等市场化运作手段，不断扩大公司规模，增强经营实力和市场竞争力。公司隶属于赣榆县水利局，注册资金500万元。公司以保障群众的饮水安全为目标，以提供优质服务为理念，以保证国家资金长久发挥效益，人民群众长期受益为宗旨。公司管理网络基本健全，暂设办公室、财务部、工程部、运营部4个部室，具体负责公司的运行管理工作；所属水厂设立分公司，负责水费收缴和供水工程的运行管理、养护、维修、水源保护、水质安全等各项工作。

明晰产权，规模经营。赣榆县民生水务公司成立以来，在对农村水厂进行初步调查了解的基础上，重点整合2004年以来水利部门负责实施的饮水安全工程，对划归到水务公司的水厂，以水务公司的名义统一挂牌，明确管理制度，明确专人负责，明晰所有权，实行规模经营，确保各水厂的良性运行。目前，资产划拨、土地等有关手续的办理等各项工作正在有序进行。

保护水源，应急防控。划定饮用水源保护区，制定保护办法，饮用水源地周围设立警示牌，禁止有害农药、化肥的使用，杜绝垃圾和有害物品的堆放和污水排放；县委、县政府出台规定，严禁非法采砂、网箱养殖等活动，禁止在水源地附近建设工业项目，防止水源污染。制定供水应急预案，如遇水质出现问题或干旱年份造成供水严重不足的，迅速启动应急预案，通过供水控制、限量用水、调度水源、分时段供水等办法，优先保证农民的生活饮用水。

（2）抓投入重质量，实现规范化建设。

科学规划，突出重点。按照“先急后缓、先重后轻、突出重点、分步实施”的原则，以集中、规模供水为主，科学合理地编制规划，力求做到布局合理，水质水量并重。

因地制宜，综合治理。我们将现有的单村供水、联村供水和规模供水三种模式，根据实际情况，在可能的情况下，按照“能大不小，能联不建”的原则，向规模化集中供水转变，实现资源共享，以提高供水保证率，降低建设和运行成本。

及时跟进，建管并重。加大工程建设投入力度，未来几年，赣榆县将投入资金1亿多元用于饮水安全工程建设，在重抓工程质量的同时，做到及时跟进，坚持一建就管，把水厂纳入民生水务公司统一管理，确保工程尽快发挥效益。

（3）抓管理促效益，实现高效化运作。

健全各项规章制度。订立公司章程，健全各项管理制度，规范供水、收费、维修等工作流程，保证各项工作的有序有效开展。

建立奖惩激励机制。县民生水务公司与各分公司签订目标管理责任状，实行绩效考核与工作质量考核制度，做到工资与效益、实绩挂钩，严格奖惩，既能提高员工的积极性和主动性，又能提高水厂运行的效率。

实行优质高效服务。采取招聘、竞争上岗等方式，配备专业管理人员，持证上岗，并强化岗前和业务知识培训，提高员工素质，以便为用水户及时提供优质高效服务；定期召开县镇人大代表、受益村民代表等参与的座谈会，发放“民意评议卡”，广泛征求群众意见；开通“供水110”服务热线，确保在第一时间及时受理维修、偷水、漏水举报等事项。

重抓降本增效。2011年5月23日，省物价局、水利厅联合出台了《关于明确农村饮水安全工程用电价格的通知》，决定对纳入农村饮水安全工程范围的供水用电执行居民生活用电价格，每度0.528元。在配强配精管理人员的基础上，积极协调物价、供电等有关部门给予优惠政策，争取合理确定水价，最大限度地降低运行成本，做到以水养水，保证供水工程的良性高效运行。

参考文献

[1] 耿泉林. 水厂运行管理浅议. 城市建设理论研究，2012(27).

[2] 王文斌. 浅谈农村社区小水厂的供水管理. 城市建设理论研究，2013(42).

[3] 吴坚，鞠海. 农村水厂管理和运行中存在的问题及对策中国农村卫生事业管理，2011(7).

对灌云县防渗渠道建设及管护现状的思考

仇 勇

摘 要:“十一五”期间，中央逐年加大对水利工程的投入，“多农”治水的格局显现，农田水利建设投入分散，各自为政，整体效益不能得到充分发挥。针对以上现状，灌云县于2011年9月，对农民关心最密切的防渗渠道建设及管护情况进行了认真细致的调研，并分析了问题存在的原因，并提出了相应的对策与建议。

关键词:防渗渠道 现状 思考

“十一五”期间，中央逐年加大对水利工程的投入，“多农”治水的格局仍然存在，涉及小型农田水利建设投入和管理部门较多，包括发改、农委、水利、财政、开发、扶贫办、国土等多个部门均参与支农资金的分配使用与管理，由于缺乏沟通、配合、协调，导致支农资金多头管理、多渠道分配、项目点多面广、资金安排分散，严重影响了财政资金的使用效益。农田水利建设投入分散，各自为政，整体效益不能得到充分发挥。针对以上现状，灌云县县委、县政府于2011年9月，对农民关心最密切的防渗渠道建设及管护情况进行了认真细致的调研，并分析了问题存在的原因，并提出了相应的对策与建议。

一、基本情况

灌云县位于江苏省东北部，地处连云港市中南部，北接市区，西接沭阳县，东临黄海，南隔新沂河与灌南县相望，西北角与东海县相临。地跨东经北纬 34°11′45″—34°38′50″，119°2′50″—119°52′9″。县境内地形西高东低，西部有一条狭长的缓坡岭地，地面高程5米到25米，中东部为广阔的平原地带，地面高程在2~3.5米之间，其间零星分布着大伊山、伊芦山等7座弧山。多年平均降水量为938毫米，丰水年可达1267毫米，枯水年仅有534毫米，降水主要集中在每年的6、7、8三个月，占全年降水的68%左右。由于该县地势平坦，缺乏修筑水库的条件，用水主要由上游补给和县内主要河道自身调蓄。灌云县现有农村人口90.25万人，行政村315个，地形以平原为主，农民人均年纯收入5638元。

据统计，灌云县共有各类渠道4840.81公里，其中，支渠260公里，斗渠1435.36公里，农渠3145.45公里。共建设防渗渠道783.94公里，其中，支渠60.88公里，斗渠437.72公里，农渠285.34公里（该县泵站按照控制灌溉面积情况，通过不同级别的渠道输水进入田间。一般控制灌溉面积比较大、达1000亩以上的泵站，需通过三级固定渠道才能输水进入田间，即支、斗、农渠，其中从电灌站输水出来的主渠道称支渠，从支渠道向下分水的渠道称斗渠，斗渠向下分水到地头的渠道称农渠；一般控制灌溉面积比较小、1000亩以下的泵站，只需通过二级固定渠道即能输水进入田间，即斗、农渠，从电灌站输水出来的渠道称斗渠，斗渠向下分水到地头的渠道称农渠）。根据建设主管部门划分，其中，水利部门建设的防渗渠道217.34公里，农业部门建设的防渗渠道47.26公里，国土部门建设的防渗渠道192.6公里，开发部门建设的防渗渠道268.19公里，乡镇自建的防渗渠道18.32公里，财政、扶贫等其他部门建设的防渗渠道共有40.23公里。

二、破损情况

在灌云县现有的783.94公里防渗渠道中，其中受到损坏的共有49.89公里，破损率为6.36%。分部门的建设及损坏情况为：

1. 水利部门建设的防渗渠道共有217.34公里，其中损坏长度为6.65公里，破损率为3.06%；

2. 农业部门建设的防渗渠道共有47.26公里，其中损坏长度为2.73公里，破损率为5.78%；

3. 国土部门建设的防渗渠道共有192.6公里，其中损坏长度为9.24公里，破损率为4.8%；

4. 开发部门建设的防渗渠道共有268.19公里，其中损坏长度为24.93公里，破损率为9.30%；

5. 乡镇政府自建的防渗渠道共有18.32公里，其中损坏长度为1.38公里，破损率为7.53%；

6. 财政、扶贫等其他部门建设的防渗渠道共有40.23公里，其中损坏长度为4.96公里，破损率为12.33%。

根据分部门建设防渗渠道的长度及损坏程度、原因等方面来看，具体情况为：

1. 水利部门建设损坏的6.65公里防渗渠道中，非人为原因损坏的有3.1公里，自然老化的有1.6公里，地方管理不善的有1.65公里，施工队建设不规范0.3公里；

2. 农业部门建设损坏的2.73公里防渗渠道中，自然老化的有1.6公里，地方管理不善的有0.14公里，施工队建设不规范0.99公里；

3. 国土部门建设损坏的9.24公里防渗渠道中，非人为原因损坏的有0.39公里，地方管理不善的有1.15公里，施工队建设不规范7.7公里；

4. 开发部门建设损坏的24.93公里防渗渠道中，非人为原因损坏的有3.1公里，自然老化的有0.8公里，地方管理不善的有7.02公里，施工队建设不规范14.01公里；

5. 乡镇政府自建损坏的1.38公里防渗渠道中，自然老化的有0.38公里，地方管理不善的有0.4公里，施工队建设不规范0.6公里；

6. 财政、扶贫等其他部门建设损坏的4.96公里防渗渠道中，非人为原因损坏的有0.1公里，自然老化的有0.06公里，地方管理不善的有2.5公里，施工队建设不规范2.3公里。

三、损坏原因分析

在全县损坏的49.89公里防渗渠道中：属非人为原因损坏的有6.69公里，占13.41%；

自然老化的有4.44公里，占8.9%；地方管理不善的有12.86公里，占25.78%；施工队建设不规范25.9公里，占51.91%。

1. 造成6.69公里防渗渠道非人为原因损坏的主要原因为：车辆压毁、树木生长挤压及西部岭地暴雨冲刷等；

2. 造成4.44公里防渗渠道自然老化的主要原因为：建设时间长（主要集中在20世纪90年代兴建渠道）、维修不及时等；

3. 地方管理不善造成12.86公里防渗渠道损坏的主要原因为：人为破坏、回填土不及时或回填不到位、村组维修不及时等；

4. 施工队建设不规范造成25.9公里防渗渠道损坏的主要原因为：招投标程序不科学、工程造价（单价）不合理、工程质量不合格、监理不到位。据调查，水利、国土、开发等部门均已实行了工程监理制度，其他部门还有待完善。

四、对策及建议

从上述防渗渠道受到破坏的原因和破损情况可以看出，非人为原因损坏、防渗渠道自然老化仅占损坏防渗渠道总量的22.31%，地方管理不善造成的损坏占损坏防渗渠道总量的25.78%，施工队建设不规范造成的损坏占损坏防渗渠道总量的51.91%。由此可见灌云县大部分防渗渠道的损坏完全可以避免或减轻，因此，为了延长防渗渠道的使用寿命，充分发挥工程效益，提出以下几个方面建议：

一是加强工程建设管理。要按照工程建设程序要求，严格实行工程招投标制度，做到公开透明，甄选有施工能力、有资金、有信誉的施工队负责工程施工。要坚持工程监理制，落实监理单位，对工程质量进行监督管理，同时可通过聘请乡村老干部、老党员作为义务监督员，让群众积极参与工程管理。各乡镇政府要对工程建设严格要求，要按照属地管理原则，主动安排水利服务站全程参与施工管理、工程验收等关键环节，不达标决不放过，以确保工程质量。

二是建立长效管理制度。为加强水利工程管理工作，灌云县于2009年出台了《灌云县水利工程管理办法》，对水利工程管理工作作出了详细的规定，各乡镇政府要严格按照文件要求，把加强农村水利工程管理作为一项重要工作任务来抓。在目前上级没有明确的管理经费补助政策的情况下，各乡镇要克服困难，按照“谁受益、谁负担”原则，通过“乡镇财政安排一点、一事一议筹一点”等办法，多渠道筹集工程资金。积极引导村组建立长效管理制度，按照村民自治、民主管理的要求，明确长效管理责任，落实长效管理经费，保持工程长久效益。

三是出台奖惩制度。将农村水利建设和管理工作列入乡村干部考核内容，充分体现奖优罚劣的原则。实行各级领导分级负责制，明确工作职责，县成立由县纪委、组织部、农工办、财政局和水利局等部门组成的“农村水利建设和管理工作督查组”，对全县各乡镇农村水利建设情况实行定期督查，评出好、中、差，在全县进行通报，并根据督查评比结果兑现有关奖惩，强力推动农村水利建设和管理工作的健康发展。

灌云县农村河道疏浚长效管理的探索

穆道利

摘 要：农村河道疏浚治理后，存在长效管理不到位而出现局部不能持久、治标不治本，形成淤了清、清了又淤、淤了再清的恶性循环，说明长效管理的重要性及对长效管理面临的各种问题提出一些解决办法，以利于长效管理的推进。

关键词：农村河道　长效管理　问题探索

灌云县地处沂沭流域最下游，境内河网密布。全县共有县级河道 47 条 655km，乡级河道 322 条 1432km，行政村 302 个，村庄河塘 5906 条（处）。随着农村耕作制度的变革、乡镇企业的发展、饮用水的改造，农村河道淤积严重、水质恶化，大部分村级河道河段水质劣于地表水环境Ⅳ类水标准。严重影响农业生产与农民增收。各级政府均对此十分重视。自 2003 年以来，实施了农村河道整治整村推进及河道轮浚，先后投入约 2 亿元，基本对我县各级河道进行了疏浚整治。但是，疏浚后的河道，经过一段时间的运行，都不同程度地出现了淤积、污染等现象。针对这种问题，我县以往一般每年汛前组织对县级排河开展清障，冬季对农村村庄河塘进行清淤清杂。短期虽然效果显著，但不能持久、治标不治本，形成淤了清、清了又淤、淤了再清的恶性循环。 因此，建立全面有效的农村河道疏浚长效管理机制迫在眉睫。

1. 农村河道污染的主要原因

经过深入调查研究，了解实情，导致我县农村河道淤积、污染的根源在于：一是沿河居民随意向沟塘倾倒垃圾及农药、化肥的过量使用；二秸秆禁烧后，居民将秸秆抛与渠道、河道、河坡等；三是部分居民未经水行政主管部门批准占用河道建房特别是临集镇地段沿河违章建筑较多，严重妨碍河道行水；四是非法占用河道，利用河面从事围网养殖现象严重。五是河堤随意种植，造成河堤削弱、水土流失严重。六是河道内水生植物丛生。多数河段长满水花生、水葫芦、水草等水生植物。这类植物繁殖力、生命力极强，已成为农村河道的一大公害。

这些现象之所以长期存在得不到根治，究其深层次的原因，根本就在于没有建立长期有效的长效管理机制，其具体表现为：一是重建轻管、建管脱节。现行的管理体制和办法与农村现状和市场经济规律不相适应。虽有县、乡两级管理部门，但彼此责任不明确，缺乏有效的运行协调机制；二是居民法律、环境意识淡薄，没有建立切实可行的奖惩机制；三是管理队伍不健全，村级管理不到位。即使有管理人员也不能有效阻止部分村民随意倾倒垃圾的行为；四是治理技术滞后，尚没有对水花生、水葫芦、水草等水生植物的有效治理技术。河道整治、保洁工作发展不平衡；五是管理经费不足或不到位。

2．创新机制，切实把农村河道长效管理落到实处

随着社会主义新农村建设的不断推进，人民群众对环境质量的要求越来越高。农村河道关键在建，根本在管。完善农村河道长效管理机制，创造全县农民受益并长效保持的环境是造福人民群众的有效途径。

（1）建立农村河道管理机构

农村河道管理涉及上下游、左右岸,不同地区和不同部门，相互之间相互联系，需要协调配合。县政府成立县农村河道管理工作领导小组，由分管县长任组长，县水利局长任副组长，各镇分管农业的负责人和水利、交通、农林等部门分管负责人为成员；县领导小组负责全县农村河道管理的组织协调工作，研究政策意见，制定相关的管理制度，落实管理经费，解决管理工作中出现的突出问题，各乡也成立镇、村河道管理工作领导小组，由分管乡长任组长，各水利站长任副组长，负责村级河道管理的组织协调工作、落实管理经费，协调解决管理工作中出现的突出问题。

（2）明确管理主体、部门职责

县水行政主管部门是农村河道管理机关,负责农村河道管理规范性文件的制定,包括制定农村河道管理意见、管理内容、管理要求、管理措施、检查考核等内容，组织实施县级河道的日常管理，依法查处河道涉水法违法行为，指导乡、村级河道日常管理，具体由水利站负责实施。村委会负责村级河道的日常管理。其他部门依照职责实施监督管理。县水利局在扩大日常保洁的基础上，延长农村主要河道的保洁时间。

（3）落实管理单位，河道管理实行“管养分离”

组建灌云县农村河道长效管理单位,设于县水利局。各部门、各乡镇建立二级平台。以乡镇为单位，成立管护队伍。按照《江苏省河道管理实施办法》规定加强管理，县级河道的日常管理可交给水政监察大队或委托沿线所属水利站具体负责实施，乡级河道的日常管理由水利站负责实施，可通过各种招标等形式发包，村级河道的日常管理由村委会在本村居民中招聘。

3．建章立制,进一步明确农村河道长效管理责任

（1）制定农村河道长效管理制度

要充分发挥农河道长效管理运行机制的作用，需要一套完善的制度作保障，在河道管理方面： 一要制定全县农村河道综合利用规划，规划在保证河道防洪、排涝、引水、交通功能标准的前提下，兼顾通信、供水、码头等基础设施建设需要、结合河道水土保持，开展植

树造林。二要制定河道行政许可管理制度，要依照相关法律、法规的规定和河道综合利用规划要求，明确行政许可控制标准、行政许可程序，对涉及不同部门审批的明确会商办理。三要制定河道巡查执法制度。明确巡查责任、案件查处责任究等方面的内容。四要制定河道保洁制度，明确河道保洁内容、保洁标准、经济奖惩等方面内容。五要完善村规民约。爱护河道、遵守河道管理规定，要写入村规民约。在经费管理方面，实行河道管理经费收支两条线管理制度；六要加强经费管理。收入纳入政府预算外管理，存入财政专户管理费用支出实行核算管理，县级河道管理费用由县水利局提出计划报分管县长批准后拨款，河道管理单位负责单位负责管理，县水利局负责监督，乡镇级河道管理费用由镇水利站提出计划，报分管镇长批准拨款，乡镇水利站负责管理，乡镇财政部门负责监督，村级河道管理费用管理实行村务公开，由村委会管理，另外还要建立河道行政规费征收制度，林权发包、水面承包制度，河道保洁招标制度等专项管理制度，在责任追究方面，要建立层层问责制度，明确政府领导、部门单位领导、具体责任人责任。

（2）强化高位监管，建立考核奖惩机制

建立农村河道管理三个层次考核体系，第一层次由县政府对乡政府和水利部门进行考核，第二个层次由水利部门对管理单位进行考核；第三个层次由管理单位对管理人员、村委会对分管人员、保洁人员进行考核，层层签订河道管理工作责任书、河道保洁协议等。县农村河道管理单位负责制定全县农村河道考核工作意见。意见应明确考核要求、考核内容、考核标准、考核组织及奖惩措施。县水利部门和镇、村应结合各自情况进行考核细化分解，要将农村河道考核结果纳入乡镇政府、水利部门、村委会、河道管理单位年度工作综合考核范围，对各乡镇、村委会、河道管理单位的农村河道管理工作进行不定期、不定时检查，年度考核通过新闻媒体定期公布考评结果。各部门各乡镇也建立相应的考评机制形成三级考评体系。并与干部任用、管理费用、经济奖惩挂。

4. 深化改革、探索多元化农村河道设施投入管养方式

建立健全农村河道管理长效管理机制。除了创新机制、严格考核外还必须探索多元化农村河道管理投入和管养方式改革，基础设施、公共服务等公益事业必须政府投资，可以市场化营运的管养服务要积极引入市场机制，还必须建立健全一整套的管理制度，确保农村河道管理长效管理机制落到实处。

（1）加大农村基础设施建设投入力度

重点落实好两方面工作一方面是经费投入保障。由于农河道一般承担防洪、排涝、引水等公共职能，因此农村河道管理的费用应以县、镇财政保障为主，河道堤防水土资源合理开发补给为铺。按照公益型土地竞价承包、资源型工程竞价租赁，经营型河道由投资主体出资管理和养护。对于灌云县这样一个经济欠发达地区，现阶段县、乡级河道管理经费保障应主要在合理开发河道堤防水土资源、收足收齐河道堤防工程占用补偿费上做文章。但目前灌云县县级河道堤防管理范围主要由镇村或沿线村使用，河道堤防的使用权还没有真正作为河道

工程用地收回，因此，河道使用权需要县政府的土地管理部门按照法律法规规定和上级关于河道工程用地确权划界工作的要求落实到位。以河堤的发包费用作为河道管理的专项费用，真正实现“以河养河”的目的。对于村级河道由于河道堤防土地属村集体所有，因此管理费用应主要通过村级河道及其他集体收入和一事一议等渠道解决，县财政适当补助。结合社会主义新农村建设、国家最新出台的加大农村基础设施投入、新一轮农田水利规划等的实施，有序推进农村河网建设，完善农村骨干河网，进一步打通小支河、断头河和瓶颈河段，提高现有河道排水能力，加快水利设施管理建设，提高河道管理科技水平。

（2）探索基础设施管养运作方式改革

⑴开展综合治理是确保农村河道管理长效管理的基础。⑵选择我县1—2个村的家沟家塘进行试点，对其保洁权进行市场招标，经严格的评标和定标，“一根篙子捞到底”，为大面积推开市场化作业奠定良好的基础。⑶将试点成果逐步推广、因地制宜、由下到上。先从家沟家塘、再到乡级河道、最后到县级河道。

（3）研究探索治理水花生、水葫芦、水草等水生植物的有效途径

推行机械化操作，购买打捞船只等先进设备及有效遏制水草快速生长的方法。

充分发挥河道疏浚整治综合效益，重在不懈治理，贵在长效管理。按照“建管并重、一建即管”的要求，认真落实长效管理机制，进一步巩固农村河道疏浚成果。建立农村河道长效管理机制　必须根据本地区的实际情况，按照市场经济规律运行，以人为本，做到责、权、利的有机统一。

搞好农村河道管理是一项长期的复杂的系统工程，需要一个符合客观实际的管理体制作基础，需要一套行之有效的长效管理运行机制作保证，还需要各级政府加强领导，水利部门强化管理，相关部门协调配合，企业和个人遵纪守法自我约束。近几年，灌云县在建立农村河道长效管理运行机制方面做了尝试，取得了一些成绩，还需继续不断进行探索。

田间沟渠及小型农田水利设施管护分析

姜 波

摘 要:田间沟渠及农田水利设施是抵御自然灾害，改善农村生产生活条件和农村生态环境，促进农业增产、农民增收、农村发展的重要基础设施，田间沟渠及农田水利设施管理与养护至关重要。

关键词:沟渠 小型 水利 管护 分析

近些年，国家在水利工程修建上投入了大量资金，但是，沟渠、塘堰、闸站等农田小型水利设施管护不到位，大江大河的水不能到达田间地头，每年都发生沟渠阻塞，过水不畅，给农业生产带来不便，同时也降低了抗御自然灾害的能力，导致大雨时农田积水无法排出造成内涝。严重制约了农业生产的发展。田间沟渠被称为农田的“毛细血管”，倘若毛细血管淤塞，血液就难以贯通全身，人就难免生病。基层水利设施之于农田，正如毛细血管之于人体，“个头”不大却至关重要。

田间沟渠及农田水利设施是抵御自然灾害，改善农村生产生活条件和农村生态环境，促进农业增产、农民增收、农村发展的重要基础设施，乡镇人民政府应加强对其的管理工作的领导。

三分建七分养，一切单位和个人都有维护田间沟渠及农田水利设施设施的义务，并有权制止、检举损害田间沟渠及农田水利设施的行为。具体管护建议如下：

一、 管理主体与职责分工

1．乡镇人民政府要加强对辖区内田间沟渠及农田水利设施的管理，定期组织检查、维修、养护，确保工程设施完好，保证农田灌溉和防洪排涝的需要。乡镇水利服务站在县水行政主管部门和乡镇人民政府领导下，具体负责乡镇农田水利工程的行业管理和保护。

2．田间沟渠及农田水利设施按照受益对象和影响范围，实行统一管理和属地管理相结合、直接管理和委托管理相结合、专业管理和群众管理相结合的办法进行管理。以农户自用为主的小微型农村水利工程，实行“自建、自有、自用、自管”，其产权归个人所有，由农户负责管理；受益在一个村范围内，由村民委员会负责管理；受益和影响范围在两个村及以上、一个乡镇范围内的，由乡镇政府负责管理（可委托乡镇水利站负责具体管理）；受益和影响范围在两个乡镇及以上的，由县级水行政主管部门负责协调，受益乡镇共同管理。

3．各乡镇人民政府是管理的主体，具体负责对田间沟渠及农田水利设施的管理、维修和养护，建立、落实工程管护制度，监督并协助本辖区内各村管护队伍的组建。同时负责对其组织实施和监督执行和监督检查，加强基层水利服务体系建设，建立健全田间沟渠及农田水利设施管理制度，保证管理机构工作经费，完善管护责任体系，层层落实管护责任制和责任人员。针对渠道工程及农田水利设施的特点，依照水利行业规范标准，结合实际，细化制订管护制度和管理规范、乡规民约，管护责任书、管护协议书、产权证书等报上级水行政主管部门批准执行，做到管理有法可依，有章可循，操作性强。

4．县级水行政主管部门是本行政区域内的行业主管部门，主要职责是：贯彻落实管理的政策法规和技术标准，负责管理的业务指导和监督检查，制订管理养护考核标准和办法，对各乡镇管理养护执行情况、资金使用情况进行监督、检查和考核，协调跨乡镇田间沟渠及小型农田水利设施的管护。

5．县财政部门负责会同水利部门编制、审核、下达县级管护资金补助计划并对资金使用情况进行监督、检查和考核。

6．乡镇水利服务站具体负责所在乡镇田间沟渠及小型农田水利设施的行业管理、技术指导和监督检查工作。主要职责是：按照养护管理考核标准和办法，对管理区域内的养护管理执行情况进行日常监督、检查和指导；统计掌握本乡镇田间沟渠及小型农田水利设施数量、管护情况等，并建立档案资料；编制其管护、维修方案和年度计划并组织实施；测算、编报和统筹使用养护资金；指导、帮扶成立管护协会或农民用水者协会等田间沟渠及小型农田水利设施管护业主单位，并建立相关档案资料。

7．村民委员会负责受益在一个村范围内的田间沟渠及小型农田水利设施和灌溉机械的管理、使用、维护和筹集管护资金。建立村级水管员制度，负责村级水管员的选择和管护协议签订。每个行政村按不少于 1 名水管员进行设置。

二、　经费筹措与使用管理

1．按照“财政补助、多元筹资”的原则，采取用水者协会自己收取水、电费（会费）、群众“一事一议”或工程承包租赁、各级财政补助等多种形式筹集田间沟渠及小型农田水利设施管理养护所需资金。公益性和准公益性小型农田水利设施管理维修养护费用以财政补助为主，农民自筹为辅；经营性小型农田水利设施以及由农民用水者协会管理的田间沟渠设施管理养护费用以管理主体投资为主，财政予以适当补助。

2．管护经费主要由管理人员工资性费用、日常养护费用、运行动力费用、大修理费用四部分组成。公益性和准公益性的小型农田水利设施管理人员数量、工资标准和日常养护经费由财政、水利部门参照国家有关水利工程管理养护定额标准确定；运行动力费按实际发生额计列；大修理费单独编制预算计划。其他主体管理的小型农田水利设施管理养护经费由各管理主体自行确定。

3．县级财政按规定从土地出让收益计提的农田水利建设资金中安排 3 元/亩资金，作为公益性田间沟渠管理专项资金，专款专用。乡镇财政按照 5 元/亩标准安排专项经费，对田间沟渠维修、养护和管理进行定额补助，不足部分由地方受益群众通过村民议事按标准筹集资金。补助方式实行以奖代补，根据财政、水利部门每年对各乡镇的考核结果拨付。对准公益性田间沟渠设施管理养护费用，可从收取的机电排灌作业费中解决。

4. 各乡镇应设立田间沟渠及农田水利设施管理养护经费资金专户，实行专款专用。严格资金的使用管理，确保专款专用，不得截留、挤占、挪用，并接受纪检监察、财政、审计、水利等部门的监督检查。

三、工程保护

1. 禁止在堤坝、渠道上扒口、取土、挖坑、埋葬、垦种、放牧和毁坏护坡、林木草皮等行为。

2. 禁止在塘坝、沟渠等水域炸鱼、毒鱼、电鱼。

3. 禁止向塘坝、渠道等水域倾倒垃圾、稻麦秸、废渣、农药，排放油类、酸液、碱液、剧毒废液以及《中华人民共和国环境保护法》《中华人民共和国水污染防治法》禁止排放的其他有毒有害的污水和废弃物。

四、管理考核

1. 建议由县水利、财政部门制定考核办法，按年度对各乡镇进行考核，考核结果作为拨付管理经费及安排田间沟渠补助项目的依据。考核结果应纳入各乡镇年度政府考核目标内容。

2. 各管理主体应结合实际，制定详细考核方案，加强对管理养护人员考核，对管理工作成绩突出的个人给予表扬和奖励，对考核不达标的应相应扣除工资报酬，对连续两次或累计三次考核不达标的人员，应予以辞退。

海州区水利站建设的现状分析及发展对策探析

王 轶 谭华业

摘 要：水利站作为县级水利部门职能延伸的基层服务部门，涉及宣传贯彻法律法规、防汛防旱、水利工程、水土保持工程、饮水安全工程、河道疏浚工程、农田水利工程、农业资源开发及其他涉水事务管理。水利站管理的工程点多面广，在工程管理中发挥着重要的作用，但因建设人员结构不合理、管理条件落后、管理体制不顺等原因，出现人员流失严重，管理职能落实不力等现象。通过对海州区水利站现状的分析，探析其发展对策，对基层水利站的建设具有导向作用。

关键词：水利站 水利现代化 现状 发展对策

水利站作为县级水利部门在乡镇、街道办事处设置的基层服务部门，涉及县级水利部门所管辖的防汛防旱、水土保持、水利工程、农田水利工程、饮水安全工程、河道疏浚工程、灌溉节水工程、农业资源开发及其他涉水事务管理，点多任务重。在长期发展中，水利站主要完成了体制改革、机构改革和服务模式改革，但改革不彻底，留下很多问题，导致水利站的发展处于尴尬的境地。如何有针对性的分析现状，紧紧抓住水利现代化的契机，充分利用现有的资源，将水利站的发展转入可持续的发展轨道，实现科学发展，健康发展，是值得探讨的问题。通过海州区水利站的现状分析，探讨水利站的发展方向和前进动力，对水利站的建设是有导向作用的。

1. 水利站建设现状

（1）人员结构及存在问题

根据《水利部2012年劳动工资统计报表（海州区）》报表数据，乡镇水利站总编制人数36人，在岗人数36人，在编在岗人数32人。从学历层面看，本科以上学历4人，占在岗人数的11.1%，大专学历20人，占在岗人数的55.6%，中专及高中以下学历12人，占在岗人数的33.3%。对大专以上学历人员进行分析：占在岗人数的66.7%，通过继续教育（函授或电大教育）提升学历的占87.5%。说明通过继续教育提升在职人员学历，是提升人员业务水平的主要方式。另外，取得继续教育学历的人员多选择管理学、经济学等专业，与提升水利专业业务差距较大。从年龄层面看，50岁以上15人，占在岗人数的41.7%，40~49岁12人，占在岗人数的33.3%,30~39岁8人,占在岗人数的22.2%,30岁以下1人,占在岗人数的2.8%。对年龄结构进行分析：50岁以上人员约占在岗人员的40%，而40岁以上的人员约占在岗人员的80%，这些数据表明在职人员老龄化很严重，且年轻人员比例偏低，后继人才缺乏。从职称结构看,中级以上职称4人,占在岗人数的11.1%,初级职称24人,占在岗人数的66.7%,无职称 8 人，占在岗人数的 22.2%。对职称分布进行分析，有职称的人数仅占职工总数的77.8%，且大多以初级职称为主；无职称人员一般学历较低，多为非水利专业。

按照江苏省定编定员原则，一般管理范围在120平方公里以上的设6人，80～120平方公里的设5人，60～80平方公里的设4人，60平方公里以下的设3人，水利工作量大的可适当增加1人。据海州现状面积与人员配置情况统计，海州区水利站人员设置基本合理，大部分水利站的定员有富余。按照省有关会议精神，将实现分流安置。

综上分析，人员结构不合理，水利技术力量薄弱。

（2）体制改革及存在的问题

海州区位于连云港市西南部，土地面积282.09平方公里，耕地面积22.8万亩，是个典型的农业大区。按照2012年底数据，该区行政管辖3个镇和5个街道办事处，按辖区农业区有涉水管理的乡镇均设一个水利站，共有6个水利站。乡镇水利站作为县级水利行政部门的派出机构，实行“条块结合、以条为主”的管理体制，即6个水利站实行县级水利行政部门和乡镇政府双重管理。海州区水利站从 2010 年机构改革，原来的自收自支全部转为全额财政拨款的模式，结束了水利站自行创收发工资的局面。水利站作为公益性事业单位，正常参加医疗保险、养老保险。

双重管理模式主要是县级水利业务指导和协调推进水利建设管理，而直接的管理基本由乡镇、街道办事处自行安排。所有的水利站无独立的办公场所，借用乡镇、街道办事处的房屋办公，办公设备归农水局采购，水利资产归区农水局所有。乡镇水利站相对独立，但为当地的农业生产提供服务。缺点是出现“都管都管不好”局面，让马儿跑与让马儿吃草的主管单位不一致，也容易导致资源的浪费。

按照大农业的改革模式，水利站管理划入农业服务中心口，成为农技中心的附属部门。其中，板浦镇和宁海街道已着手改革，充分体现了大农业统筹管理的理念。改革优点是人员办公高效，便于统一管理，为乡镇水利站的发展运行创造良好的地方环境。缺点是水利站不能独立决策，安排水利建设任务过多兼顾农业和当地经济发展，功利多于公益，也背离了水利项目的大公益前提。另外，水利职工也从事乡镇业务，但福利待遇没有得以体现和提高。

（3）服务模式改革及存在的问题

按照水利部下达的基层水利站工作内容，结合海州区各个乡镇情况，需要提供以下几方面的服务：落实有关水利工作的方针政策和法律法规，协助区落实各种供水用水规划、水资源保护规划、农田水利建设、水土保持规划等规划，配合落实各种规划的实施方案，承担防汛防旱、取水用水许可和水政执法（兼职），以及组织、指导、监督水资源管理、乡镇党委、政府交办的其他事项。服务从传统水利向现代水利、可持续发展水利的转变。治水思路由工程水利向资源水利转变，农村水利由农田水利向工农并重转变。

加快农业基础设施建设，确保粮食安全，创建农村良好的水环境，做好为“三农”服务工作，是服务改革要点。抓好常规服务，提供上门服务，是新时期水利站服务的新突破口。水利站人员是规划的活地图，执行农村管理经验丰富，但因点多面广，人员全面上门是不现实的问题，需要发展辅助管水用水的团体或机构。

2．发展对策探析

为确保水利站成为公益性服务机构，从根本上打通农村水利“最后一公里”，应该确保水利的相对独立性。根据服务分工要求，明确水利站的职能，配备专门人员，理清改革突破点，重点落实管理模式、资金投入、人员配置，全面形成基层水利服务体系。

管理模式是首要解决的问题。长期以来，农田水利设施被侵占、遭破坏，农村水利出现严重滑坡；农业基础生产条件的不断下滑，水旱灾害不断出现；涉水服务体系不健全，水利及相关业务都落在水利站上；新型农业的发展需要水利站的创新管理，需要引入大农业（如种植业、养殖业、农村新工业）、水土保持等管理知识和理念。每个涉农乡镇必须配备一个水利站或水利公益服务机构，落实各项政策或规划任务。水利管理应该确保相对独立性，每项任务应全面执行。水利站的功能不应该削弱或取消，更不应该敷衍了事。

水利站作为县级水利局的延伸管理，在人权、事权、财权方面应该统一起来，保障水利方针、政策和各项任务在基层一线得到落实，实现群众涉水利益。另外，积极筹建农村管水供水的团体或机构，深入大农业改革的观念，增强新型农业开发与管理观念，体现适度放权和简化行政的时代改革大趋势。

其次资金投入是确保水利站活力和动力的重要保障。水利站实行全额财政拨款以来，水利人员工资得到保障，能够放开手脚从事水利的公益管理和公共服务工作。结合江苏省政府加强水利（务）站建设的意见和江苏省水利厅水利（务）站现代化建设标准的要求，而我区水利站办公设施、设备和业务经费投入不足，没有达到水利站现代化标准配置要求，因此需要政府进一步探索筹集资金方式，引入社会和个人资金参与水资源的开发和管理，探索有益的水利管理体制，设法安排福利和奖惩资金调动人员的积极性。

多方筹措资金，利用好资金是当前要解决的问题。筹资的主要出路是，探索大农业建设路线，跳出以水养水的传统筹资方式，发展以土养水、以景观资源和生态资源养水等模式，结合水域周边环境搞大发展和大繁荣。

最后，人的因素是所有制约因素的外在体现，也是最为关键的一环。水利站的发展一直处于尴尬的境地，没有得到重视。近十年，由于防汛防旱、大农业的需要，中央对治水管水投入越来越多，水利站的建设也得到了重视。但是，当前水利站队伍建设、人才培养、能力提升方面没有明显改观，表现为人员老龄化、后备力量不足、技术力量单薄、水利专业人员留不住等。在保证人员配置策略上，专业人才、年轻人才应该及时培养和引进，形成良性的管理梯队，才能保证管理的继承性和创造性。

乡镇水利站配备的人员数量要根据其建设管理服务的区域范围、人口数量、水资源管理、水行政执法、规费征收等因素确定定员定编，初步可以参照江苏省惯例，根据工作量适当增加 1-2 人。通过公开招考的方式积极引进水利专业技术人才，同时加强对水利站职工的技术培训，进一步提高管理人员结构和专业能力。加强在岗职工业务培训，全面提升乡镇水利站人员的综合素质。县级水利部门要加强业务指导和内部管理，形成水利在岗职工定期培训机制，努力提高人员业务素质，提升服务质量，适应水利现代水利和农业现代化建设需要。

3．结语

水利是农业的命脉，是国民经济发展的基础。水资源是经济社会发展的重要自然资源，也是解决好“三农”问题的战略资源。如何利用好水资源，管理好水资源，必须打通水利管理的“最后一公里”。乡镇水利站设立时处于尴尬的境地，后天成长的弊端依然存在，且面临许多新问题和新任务，改革势在必行。改革不能一蹴而就，也不能止步不前，更不能跳跃式发展。

在农村水利事业发展和水利站自身发展中，各级政府和水利部门要高度重视，加强组织领导，全面有序地推进改革，应侧重管理模式、资金投入、人员配置方面，搞好改革。

乡镇水利站的改革应该坚持实事求是、以人为本、健康发展的理念，立足于水利事业发展和社会稳定，结合工作任务和服务内容要求，保证改革成效的可持续性，形成长效机制。积极筹建地方水管系统，探索水费征收、水利工程管理和农村水资源管理问题，理顺关系，在体制与机制上创新。

乡镇水利站主要是做好服务，履行好职能。分内的工作要做好技术服务、工程规划的资料提供、现场建设管理等，分外的工作积极引入市场机制，参与监督管理，将群众问题落到实处。只有抓好分内的事情，适度放开分外的事情，全面抓好服务现代农业、服务新的水利业务，水利站才能深入开展水利公益性服务。

最严格水资源管理制度在连云港市水利现代化中的地位和作用分析

范兴业　王其兵　刘同华

摘　要：研究连云港市水资源现状，说明与江苏省水利现代化指标体系的差距及落实最严格水资源管理制度的重要性，分析水资源管理在整个水利现代化进程中的基础性作用，指出落实最严格水资源管理制度应当是连云港市水利现代化工作的首要举措。

关键词：水利　现代化　水资源管理　分析

水是生命之源、生产之要、生态之基。兴水利、除水害，事关人类生存、经济发展和社会进步。随着国家现代化进程的加快，作为国民经济基础产业的水利事业，实现其现代化是大势所趋。连云港经济社会发展日益进步，作为江苏省供水网络末梢城市，水资源短缺、水污染加剧、水生态逐渐恶化等问题愈加突出，制约着连云港作为江苏沿海开发的龙头城市、国家东中西区域合作示范区的前进步伐，加之水资源管理在整个水利工作中的基础性强、全市水资源管理相对落后等原因，使加强水资源管理应当成为水利工作的中心。近两年，国家省市一系列支持水利发展、严格水资源管理的政策文件相继出台，为推进全市水利现代化、强化水资源管理提供了强大的政策支持。因此，推进连云港市水利现代化就必须实现水资源管理现代化，其首要举措就是要落实以“三条红线”为根本的最严格水资源管理制度。

1．全市水资源现状与省水利现代化指标体系差距大

《江苏省水利现代化规划（2011-2020）》提出了实现“控减水旱灾害损失、化解资源环境约束、优化城乡河湖生态、完善农田排灌设施、保障工程良性发展、调控运行科学精准”的总体目标，及基本展现“江淮安澜，河湖健康，碧水畅流，和谐水乡”的江苏水利现代化愿景，列出了全省水利现代化指标体系及目标值。[1]不难看出，总体目标和愿景的实现与水资源管理密切相关。相对于其他水利现代化指标体系，连云港市水资源管理现状面临的问题和困难更为突出。

（1）供水保证率低

连云港市地处淮河流域沂沭泗水系下游，处于全省江淮供水体系的最末端，本地水资源匮乏，市区水资源供给主要依靠蔷薇河，常年靠调引江淮水满足本地用水需求，多年平均调

引水资源量达 8.6 亿 m^3，市内直接供水区供水保证率为 60%左右，补水供水区为 50%，供水保证率低。在全球气候变化的大环境下，干旱对全市影响愈趋加剧，近几年 1~6 月份，全市降雨量与多年同期相比明显降低，进一步减弱了外调水供给本地水资源需求的保证率。以 2012 年 6 月份为例，淮北地区干旱少雨，全市调引江淮水量减少，蔷薇河水位持续下降，6 月 20 日蔷薇河临洪闸上水位降至 1.51 米，影响城市自来水取水，对全市工业及居民生活供水安全造成威胁，由于同期正值水稻泡田灌溉，为保证市区工业和生活用水，不得不限制蔷薇河沿线农灌泵站取水，凸显了连云港市供水保证率低对工农业生产生活的严重影响。

随着通榆河北延送水线等工程的实施建设，远期将大大增强全市水资源供给保障能力，但由于上游引江河、泰东河二期等工程尚未完工，目前基本不具备稳定供水能力，因此，全市供水保证率在今后一个阶段仍会处于较低的水平，影响水利现代化指标的完成。

（2）总体用水效率低

目前，连云港市在全省经济发展指标排名中落后，工业、农业、服务业、生活各领域用水粗放、效率偏低的问题普遍存在，全市总体用水水平和用水效率与国内外先进水平相比差距较大。农业灌溉水利用率低；大部分工业节水工艺落后，节水投入不足，工业水重复利用率低；全社会节水意识不强、节水设施不足和管理落后，全市节水型社会建设开展力度仍然不够。2011 年，全市万元 GDP 用水量为 214m^3，万元工业增加值用水量 89.6m^3，城市供水管网漏失率为 26%，远远落后于其他先进地区，影响水利现代化指标的完成。

（3）水功能区达标率低

连云港市地处流域最下游，是全省著名的"洪水走廊"，境内主要河道均具有排涝功能，汛期承接上游十倍于本市面积区域产生的洪水过境入海，水质受上游来水影响大。伴随近年来全市经济社会的快速发展，本地工农业污染排放量增加，污水处理设施建设远落后于污染排放增加速度，部分河道沿线存在污水直接排放的现象等，造成大部分河道水质常年超标，水污染日趋严重，水生态环境问题日益显现，全市水功能区达标率在全省最低。根据 2009-2011 年《连云港市重点水功能区水质通报》统计成果分析，2009 年全市重点水功能区水质达标率为 31.6%，2010 年为 22.4%，2011 年为 32.8%。市区河道仅饮用水源地蔷薇河水质较好，可基本达到III类水标准，其余河道水质都比较差，基本是V类或劣V类。

综上分析，连云港市水资源现状不容乐观，对照江苏省水利现代化指标体系及目标值，2010 年连云港市水利现代化水平为 72.0 分，22 项单项指标实现程度为 49.8~90.3%，其中，河湖水质与水生态状况、水资源供给与效率水平两项指标实现程度最低，分别为 49.8%和 55.1%。由此可见，水资源管理是连云港市水利现代化进程中最为薄弱的环节，要推进连云港市水利现代化，首先必须下大力气加强水资源管理。

2. 落实最严格水资源管理制度的必要性分析

（1）改善水资源现状是人民群众的迫切需求

水利现代化的一个最为主要的标准，应当是不断满足现代经济社会发展和人民群众生产生活水平提高对水资源和水生态环境等方面的新需求。饮用水水质、水环境状况是人民群众感受现代水利最为直接的方面，关乎人民群众生命健康、生活环境质量，与每一个人的日常生活息息相关。全国各地突发性水污染事件频发，更使水资源成为当前社会关注度极高的热点、焦点问题。由于前面所述原因，连云港市饮用水源地水质基本保持Ⅲ类水水平，但是由于蔷薇河除供水功能外，兼具防洪排涝、农业灌溉功能，并非单一的供水河道，因此，每年汛期，河道水质存在短期超标现象，全市群众对此极为关注，迫切需要提高饮用水源地水质保证率。市区景观河道东盐河、西盐河、龙尾河、玉带河水质常年在Ⅴ类水及以下水平，河道水环境状况差对群众的日常休闲生活产生一定影响。市人大建议、政协提案连续多年提及有关问题，引起了社会各界的高度关注，代表着人民群众的迫切需求。

（2）实施最严格水资源管理有良好的政策支持

2011、2012 两年，可谓是水利事业发展的又一个“春天”。2011 年，国家、省政府加快水利改革发展的一号文件出台后，连云港市《关于加快水利改革发展推进水利现代化建设的实施意见》（连发〔2011〕1 号）在全省 13 个地级市中首先制定完成并印发。2012 年，《国务院关于实行最严格水资源管理制度的意见》（国发〔2012〕3 号），《省政府关于实行最严格水资源管理制度的实施意见》（苏政发〔2012〕27 号）又相继出台，连云港市的有关文件已经完成初稿并提交市政府审议。以上有关文件充分体现了中央和地方政府对水资源管理的高度重视和坚定决心，标志着实行最严格水资源管理制度已经上升为国家战略，其出发点和落脚点就是着力解决人民群众最关心最直接最现实的水资源问题，保障饮水安全、供水安全和生态安全。文件的出台必将对我国水资源可持续利用和经济社会可持续发展起到了巨大的推动作用，产生深远的历史影响。有了国家对水资源管理的重视，具备了良好的政策支持，连云港市落实最严格水资源管理制度就并非纸上谈兵，而是切实可行的办法。

（3）实施最严格水资源管理制度可以有效改善全市水资源现状

实行最严格水资源管理内容主要是建立四项制度、确立三条红线[2]。其中，三条红线，分别是水资源开发利用控制红线、用水效率控制红线和水功能区限制纳污红线。针对水资源开发利用中供水、用水、排水的全过程管理，强调了对水资源配置、节约、保护全方位管理。三条红线互为支撑、相互管理，是具有内在逻辑的整体，充分体现了水资源配置、节约、保护并重的实践要求。四项制度分别为用水总量控制制度、用水效率控制制度、水功能区限制纳污制度、水资源管理责任与考察制度。四项制度和三条红线基本涵盖了水资源开发利用、缺水与浪费并存、水环境污染等问题。

所谓“最严格”就是要建立“能操作、可检查、易考核、有奖惩”的水资源管理责任与考核制度，2011 年中央一号文件明确要求，县以上地方政府主要负责对本行政区域水资源管理和保护工作负责，科学确立考核制度，强化监督管理考核，与传统水资源管理相比，最严格水资源管理制度的特点是管理目标更明晰，管理体系更加严密，管理措施更严格，责任主体更加明确。做好最严格水资源管理制度的具体落实可以有效改善全市水资源现状。

3. 强化水资源管理可促进全市其他水利现代化指标的实现

（1）当前水利现代化很大程度上是资源水利的现代化

在经过建国后大规模的水利工程建设后，以防洪减灾为主的“传统水利”已经向“水资源供需”为主的“现代水利”转变，“现代水利”其实质就是“资源水利”，是以水资源需求管理为基础对水资源进行统一调度、管理，达到水资源平衡调配、量质保证，实现水资源的可持续利用[3]。

水利现代化发展的主要标志是安全可靠的防灾减灾能力和水资源保障水平。近年来尤其是“十一五”期间，连云港市新沂河治理、新沭河治理等流域性工程、海堤建设突飞猛进，水利建设规划体系日臻完善，防洪减灾能力实现程度较高，超过了 80%。而优化配置、保障发展的水资源调度工程体系，水系通畅、河湖健康的水资源保护工程体系，以及管理严格、确保安全的城乡饮用水源工程体系与水利现代化指标差距仍然较大。加强水资源管理，落实最严格水资源管理制度实际上就是要提高仍然落后的水资源现代化指标。

（2）水资源管理在现代水利工作中具有基础性地位

江苏水利现代化的“六大体系”分别是：防洪减灾工程体系、水资源保障体系、水生态保护体系、农村水利工程体系、水工程管理服务体系、政策法规支撑体系。从字面上看，这“六大体系”中水资源保障体系、水生态保护体系与水资源管理直接相关，政策法规支撑体系属于宏观的制度层面，其他的防洪减灾工程体系、农村水利工程体系、水工程管理服务体系偏重水利工程领域。然而，在现代水利中，水利工程建成后，并非仅发挥防洪减灾功能，在水资源调度、优化配置方面也具有重要的作用。例如，连云港市临洪水利枢纽不仅在汛期可以下泄洪水，在突发性水污染事件发生后，同样可以与上游水利工程联合调度，调引清水冲污，迅速缓解蔷薇河水源地污染程度。同样，农村水利工程体系中的农村饮水安全工程、农村河道整治工程，其根本就是保证广大农村人口的日常饮水安全和农村水环境状况。因此，可以说，水资源管理贯穿在现代水利的各个层面，在现代水利工作中具有基础性地位，纯粹工程建设只是水利发展的阶段性主要任务，水资源管理和保护才是水利发展的长期任务。

由此可知，加强水资源管理，直接与水利现代化指标体系中的水资源保障指标体系、水生态保护指标体系相关，间接影响防洪减灾指标体系、农村水利工程体系，落实最严格水资源管理制度，可以促进全市其他水利现代化指标的实现。

4. 结语

在江苏省“两个率先”和江苏水利“率先走出一条具有江苏特色的水利现代化道路”的背景下，根据连云港市水利工作实际，应当把严格水资源管理，实施最严格水资源管理制度作为推进全市水利现代化的首要举措，应当紧紧围绕连云港市沿海开发和经济社会发展大局，积极践行可持续发展思路，坚持人水和谐理念，以实现水资源可持续利用和维护河湖生态健康为目标，以水资源节约、保护和优化配置为重点，突出需水管理和用水过程监控，通过健全制度、落实责任、提高能力、强化监管，严格落实水资源开发利用红线，实行用水总量控制，严格落实用水效率控制红线，全面推进节水型社会建设，严格落实水功能区限制纳污红线，加强入河湖排污总量控制。通过不断提高水资源保障、水环境保护和服务民生能力，实现水资源管理现代化，促进全市经济发展方式转变，为经济社会快速发展提供水资源支撑保障。

参考文献

[1] 江苏水利现代化规划编制组.《江苏省水利现代化规划（2010-2020）》解读[J]. 江苏水利，2012（8）：5-6.

[2] 季红飞.《省政府关于实行最严格水资源管理制度的实施意见》政策解读[J]. 江苏水利，2012(8):7-10.

[3] 陈元芳,芮孝芳,钟平安等. 水资源与现代水利[M]. 河海大学出版社.

浅述连云港市水资源现状

张海石　杨　慧

摘　要：水是生命之源、生产之要、生态之基。水资源问题关系到经济社会发展和生态系统的改善，与百姓生活息息相关。本文通过对水资源的认识，分析连云港市水资源现状及存在的问题，提出符合连云港市的水资源可持续发展措施，为连云港市经济社会发展提供水利支撑。

关键字：水资源　水资源管理　可持续发展

一、连云港市水资源现状

连云港市位于沂沭泗流域的最下游，境内新沂河、新沭河承袭该流域近 8.0 万 km^2 的行洪任务，是著名的“洪水走廊”。而我市地处于我省南水北调供水网络的最末端，枯水季节供水不足，随着国民经济的快速发展，水资源供需矛盾日益突出。

1. 过境的客水多，本地的水量少

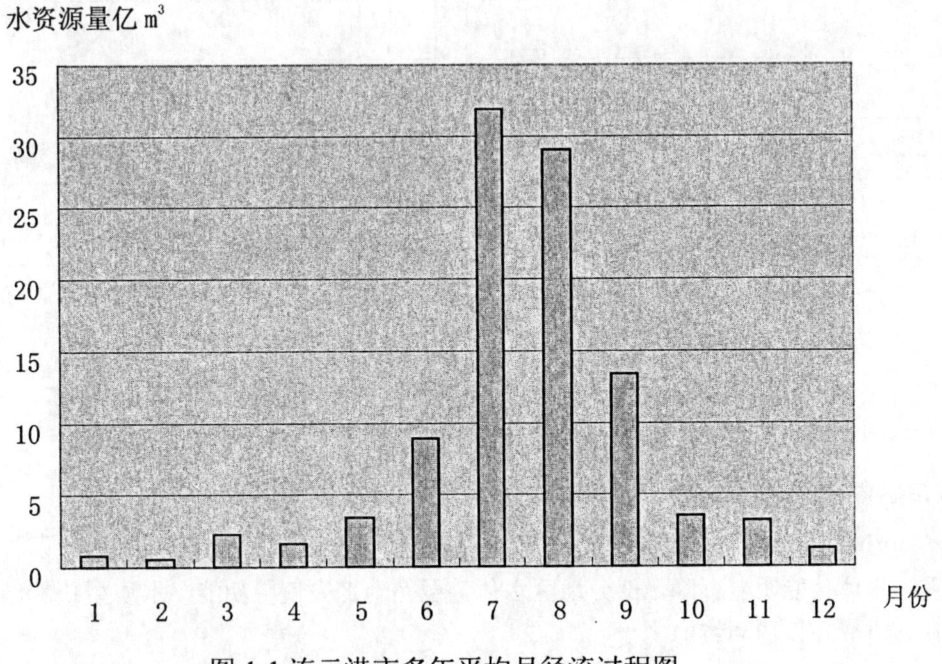

图 1-1 连云港市多年平均月径流过程图

连云港市境内有河道120余条，其中干支河道51条，大型水库3座，中型水库8座，小型水库135座，总计控制集水面积6788km^2，设计总库容12.56亿m^3，兴利库容6.15亿m^3，设计灌溉面积178万亩。因地处淮河流域沂沭泗水系的下游，承受着沂沭泗上中游8.0万km^{2}集水面积的来水，过境水量比较丰沛，多年平均过境水量60.5亿m^3，是本地水资源量的2.6倍。由于境内雨洪基本同期，过境水量多为汛期洪水，90%左右的入境水直接入海，如近几年全市平均年出市境入海水量为93.5亿m^3，加之过境水水质问题，造成大部分水量难以利用。

2. 汛期的水量多，非汛期的水量少

连云港市多年平均降水量为906.8mm（70%都集中在6~9月份的汛期），平均蒸发量843.8mm，多年平均径流深256.9mm，折合多年平均地表水资源量19.1亿m^3，可利用量为4.07亿m^3；平均地下水总资源量为9.5亿m^3，其中矿化度≤2g/L的淡水6.8亿m^3，可利用量为4.9亿m^3。这样，从本地水资源量来看，可供利用的水量仅为9.0亿m^3。人均占有本地水资源量仅约500m^3，约为全国平均水平的22%。

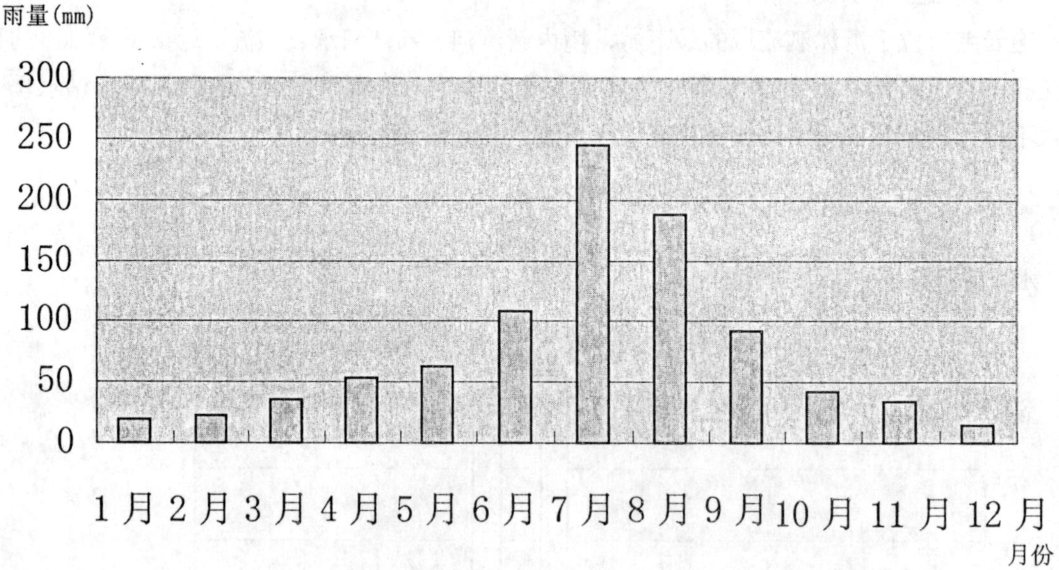

图2 连云港市多年平均雨量月份分配图

3. 污染水体多，优质水体少

近年来，由于地处下游以及境内废污水排放等原因，水环境质量不容乐观，全市河流水质污染严重，水体功能明显下降，部分地区水体甚至完全丧失使用功能，水质型缺水已成为制约经济社会可持续发展的重要因素。

从污染物类别来看，地表水主要超标项目为高锰酸盐指数、氨氮、五日生化需氧量、总磷，属耗氧类污染。

从时空变化上看，省市交界处、工矿企业和居民生活相对集中的市区、开发区、县城等河段水质基本上全年超标；全年期、汛期、非汛期各时期水质状况变化不大，较为稳定。

主要饮用水源蔷薇河、西双湖水库水质较好，基本维持III类水平，但距水功能区近期水质目标（II类）仍有一定差距；石安河、龙梁河、青口河、朱稽付河等水域水质有所下降，其水质状况均未达其水功能区水质目标，主要超标项目为氨氮、总磷、五日生化需氧量。

4. 地下水资源状况

根据《连云港市水资源综合规划》之《地下水开发利用规划》报告，全市浅层地下水资源为6.81亿m^3，可开采资源量为5.03亿m^3，深层地下水（孔隙承压水）可采资源量为0.14亿m^3。目前连云港市浅层地下水尚有一定开发潜力（受水质影响），深层地下水资源已经处于过度超采状态，超采区主要在灌南县。

在地下水水质方面对57眼地下水水质测井分析表明，水质较好的（I～III类）的浅层地下水井只有13眼，占总参评站点的22.8%；大部分水质较差，V类的浅层地下水33眼，占总参评站点的57.9%，主要超标项目为氨氮、氯化物、总硬度、高锰酸盐指数。除了自然因素，人为因素地下水污染影响也较大。

二、连云港市水资源存在问题

在日益加快的工业化和城市化进程中，连云港市水资源环境方面的问题却日趋严重，不仅影响到水资源的可持续利用，甚至威胁到城乡人民的饮水安全，已成为经济社会发展的重要制约因素。突出表现在以下几个方面：

1. 本地水资源有限且时空分布不均，过境水量丰沛但利用率低，无论是本地水、过境水还是外调水，水资源开发利用难度均较大。连云港地处流域下游，水资源调蓄条件较差，当地径流利用十分有限。上游淮沂沭泗来水虽多，但丰枯变化与本区域同步，所谓“有量但不可用”。用水主要靠远距离引江淮水补给，一般干旱情况下（P=75%），供水基本有保障。但在干旱期间，水资源供给保障程度不高，部分地区和部分用水户水资源短缺。因此，在区域水资源总量方面，主要表现在干旱年份的用水控制，这一问题易引发矛盾。

2. 在生产、生活领域存在浪费水的现象，用水粗放、效率偏低的问题仍然存在，水资源利用效率不高，虽然近些年来连云港市水资源利用效益和效率有了较大提高，但在生产、生活领域浪费水的现象，用水粗放、效率偏低的问题仍然存在。目前全市万元GDP用水、工业万元增加值用水量以及农田灌溉用水偏高；市域经济社会发展用水对外调水依赖程度高的同时，也存在着外调水利用不充分的问题。连云港市总体用水水平和用水效率和效益与国内和省内先进水平相比还有较大的差距。

3. 水环境状况还没有得到有效改善，近年来随着连云港市经济社会的发展，重污染项目建设的增多（造纸、制药、化工等），城市污水（包括工业废水和城镇生活污水）增长快而处理率过低、加之入河排污口布设不合理以及农业面源污染严重，水功能区特别是重点水功能区水体污染严重，水质总体达标率偏低。目前全市 84 个水功能区年均水质达标率仅为三分之一。蔷薇河等输水河道总体在III类，但水质超标、甚至水污染事件时有发生，还存在饮用水不安全问题，部分城镇地下水超采。蔷薇河在送清水工程竣工后，基本上解决了上游污染源的问题，但突发性污染事故仍然会发生，并影响到供水安全。

4．水资源管理的系统协调性、持续有效性不高，还不能适应经济社会可持续发展要求，连云港区域现状引水水源主要是长江、淮河、沂沭河。由南向北的引水通道与自东向西的入海河流和入海水道构成了复杂的水网络，防洪除涝、水资源配置和调度、水资源保护与水污染防治难度增大，区域水资源管理制度、体制和能力等尚需进一步建立健全和完善。

水资源管理是多维的，它由规划、设计、建设、运行和维护等内容构成，其涉及因素包含技术能力、社会观念、经济实力及环境目标等等。一方面是区域水灾害防治、水生态环境保护和水资源合理配置等各方面工作之间存在系统协调和持续有效问题，不利于发挥区域各项战略措施组成综合优势和效果；另一方面是区域水战略研究、法规制订、措施实施、方案评价、实施反馈和管理等各个环节之间存在不足，影响了区域水资源管理的系统协调和持续有效。

三、连云港市水资源管理措施

2012 年 5 月，在全国水资源工作会议上，陈雷部长做了“全面落实最严格水资源管理制度，保障经济社会平稳较快发展”的重要讲话，提出 2011 年以来，党中央、国务院对实行最严格水资源管理制度作出系统安排。这一系列政策举措出台之密、措施之实、力度之大前所未有。陈部长指出：实行最严格水资源管理制度，是破除水资源瓶颈制约的根本途径，是加快转变经济发展方式的战略举措，是保障国家粮食安全的关键环节，是加快推进生态文明建设的迫切需要。要充分认识实行最严格水资源管理制度的重要意义，切实把思想、认识和行动统一到中央的战略部署上来。

1．农业节水：连云港市农业用水范围很广，用水方式粗放，农业用水衰减比工业快，说明农业节水潜力大，加强农业节水对解决区域水资源紧缺问题有着重要的作用。农业节水措施包括工程措施和非工程措施，工程措施包括对灌区的渠系改造、改变灌溉方式等，非工程措施包括调整农业结构提高农业节水率。

2．工业节水：坚持“节流优先、治理为本、科学开源、综合利用”原则，以提高水的利用率为核心，以企业为主体，以科技进步为先导，加大结构调整和技术改造力度，深化工业节水管理，完善市场机制，把工业节水提高到一个新水平，促进工业增长与水资源的协调发展。

3．城镇生活及商饮、服务业节水：城镇生活节水要与城市化进程和人民生活水平提高相适应，通过推广使用节水设备达到节约用水目的，实现有限水资源的合理分配与可持续利用。

4．节水文化建设：节水文化是人们在使用、节约、保护水资源的实践中形成的关于水的精神诉求、价值观念和行为方式的综合，是建设节水型社会的一种强大动力。和谐的节水文化需要由全社会来共同创造。

5．分质供水、优水优用：分质供水、优水优用是指将可饮用水系统作为城市主体供水系统，只供市民饮用。而将低品质水、回用水或江河海水作为非饮用水，另设管网供应，用于工业、园林绿化、清洗车辆、冲洗厕所、喷洒道路等，同时尽可能提高水的利用效率，做到一水多用。

四、结语

连云港市为流域下游滨海地区，是著名的洪水走廊，区域水资源“三多、三少” 特征显著（过境客水多本地水量少，污染水体多优质水源少，汛期水量多非汛期水量少），为合理开发利用和保护水资源，适应社会经济和谐发展的需要，加强建设项目水资源论证工作，严格落实水资源开发利用红线、取水许可制度，推进水资源有偿使用，实行水资源统一管理。

同时加大饮用水源地保护力度 ，加强河湖水域、岸线和滩地管理 ，严格落实水资源开发利用控制红线，严格落实用水效率控制红线，严格落实水功能区限制纳污红线。实现全市水资源的可持续发展。

连云港市水资源保障战略措施研究

吴晓东　张海石　徐晓峰

摘　要：水是生命之源、生产之要、生态之基。兴水利、除水害，事关人类生存、经济发展、社会进步，历来是治国安邦的大事。本文以我国水资源总体战略为指导，通过对水资源战略措施体系研究，结合连云港市实际情况，分析连云港市水资源面临的问题及挑战，提出符合连云港市的水资源保障战略措施，为连云港市经济社会可持续发展提供水利支撑和保障，同时也积极响应了江苏省沿海开发战略。

关键词：水资源　战略　措施　可持续发展

连云港市位于江苏省东北部，是连接南北、过渡东西和陆海相交的交汇点，是港路和陆海的结合部，是国际通道“新亚欧大陆桥”东桥头堡，具有海运、陆运相结合以及海滨旅游的优势。2009 年 6 月 10 日，国务院常务会议原则通过《江苏沿海地区发展规划》，标志着以连云港为龙头的江苏沿海开发进入国家战略层面。本文的研究对连云港水利实现由工程水利向资源水利的战略性转变，由传统水利向现代水利、可持续水利的转变起到积极的作用。

一、水资源保障战略措施体系

水资源保障的最终目标是实现水资源的可持续利用，主要从水资源可持续利用的角度出发，探讨基于区域实际的水资源持续开发利用和管理模式，其根本内涵是结合水资源的自然、社会、人文属性，分析掌握水资源的量、质及时空分布特性，结合区域经济社会、生态环境用水需求，保障区域供水、水环境、防洪等安全，可包含工程、管理、法律、行政、经济、技术、政治和宣传等方面的具体措施，从综合角度可分为工程措施和非工程措施两大类，具体保障战略措施体系见图 1。

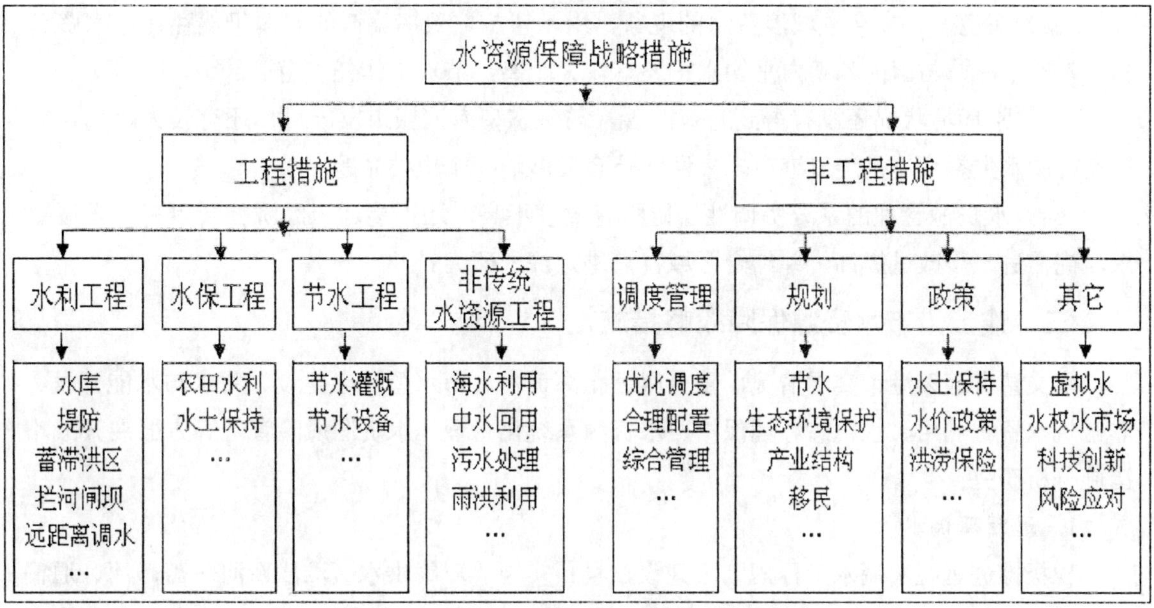

图1水资源保障战略措施体系

目前，通过对国内外形势及成功经验分析来看，常采用的措施与途径主要有：

（1）节水：发展节水型工业和采用节水型工艺和器具，有效减少单耗，减少供水和给水处理费用、减少排水量和废污水处理费用；

（2）加强对污水处理及中水回用；

（3）优化调度、合理配置：考虑现有水利工程的综合利用特性，研究多目标条件下水资源的合理配置方式，能够使有限的水资源得到高效利用；

（4）提高对非常规水源的利用，如雨水、洪水、海水等；

（5）加强对饮用水源地的保护，提高饮用水水质处理，缓解水质型水资源危机；

（6）远距离调水，提高城市用水保障程度；

（7）制定合理的水价政策，促进计划用水、节约用水，加快节水型城市建设；

（8）制定完善的水法规体系，保障各类基本建设项目要符合流域规划及防洪、水资源、城市建设、水土保持等专业规划的要求等。

二、连云港市水资源面临的问题及挑战

连云港市地处淮河流域沂沭泗河下游，地势从西北向东南由高到低，汛期要承泄上游近8.0万km^2洪水入海，是著名的“洪水走廊”，同时又是江水北调和江淮水供给的最末端，调水路线长，沿途与山东、徐州下泄污水相会，加之本市的排污影响，使得连云港市水资源的质量不容乐观，具体表现在：

（1）本地水资源有限且时空分布不均，过境水量丰沛但利用率不高，无论是本地水、过境水还是外调水，水资源开发利用难度均较大，在区域水资源总量控制方面，尚需进一步采取措施。

（2）在生产、生活领域浪费水的现象，用水粗放、效率偏低的问题仍然存在，水资源利用效益不高，与国内和省内平均水平还有较大距离，节水工作任重道远。

（3）水环境状况还没有得到有效改善，与生态型海滨城市发展目标还有较大距离，维护良好的水生态环境是连云港市未来经济社会发展的一个重要命题。

（4）水资源管理的系统协调性、持续有效性不高，还不能适应经济社会可持续发展要求，尚需进一步改进提高，并结合区域特点进行深入研究。

三、连云港市水资源保障战略措施

本文结合连云港市实际情况，重点就远距离调水、节水型社会建设、蓄水与水能开发、非常规水资源利用、水生态环境保护、水资源系统化管理、水资源风险管理等方面展开战略措施分析研究。

1. 远距离调水

积极推进远距离调水工程规划及建设，早日实现“双线供水（淮沭新河—蔷薇河、通榆河）、五片输水（市区片、徐圩及灌云片、赣榆片、灌南片、东海片）、多库调节”的供水布局，重点落实连云港市区“双源、双线、双湖”城市饮用水保障体系建设（见图2）。

为确保远距离调水成效及各片区供水安全，保障区域经济社会发展用水需求，近期建议着力采取的相关工程措施和非工程措施见表1。

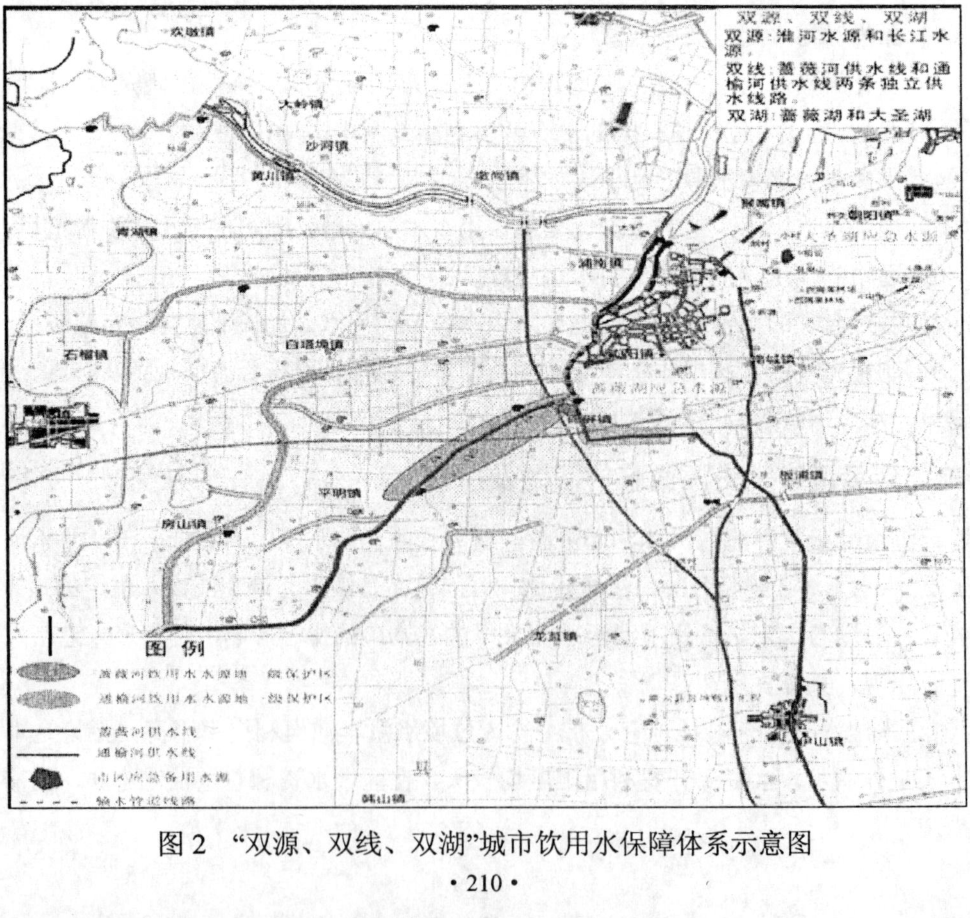

图2 “双源、双线、双湖”城市饮用水保障体系示意图

表 1　　远距离调水战略措施及着力点一览表

类别	名称	主要目的	主要内容
工程	淮沭新河—蔷薇河供水线整治	扩大调引淮水能力	疏浚整治淮沭新河、蔷薇河（100km）；节点建筑物沭新闸、桑墟电站改扩建
工程	盐河综合整治	确保通榆河调引江水质量	盐河沿线入河污染截污导流（重点灌云—市区）
工程	徐圩及灌云片输配水网整治	确保片区输配水安全	淮沭新河—新沂河南偏泓—古泊善后河—烧香支河供水支线实施疏浚、涵闸改造及配套
工程	东海、赣榆、灌南片输配水网整治	确保各片区输配水安全	龙王河、龙梁河、灌北干渠、叮当河、牛墩界圩河、北六塘河等进行河道整治及涵闸配套
工程	城市饮用水保障	确保市区饮水安全	构建“双源、双线、双湖”饮水保障体系，提高水量水质保障程度
工程	县级饮用水源地达标建设	确保各县饮水安全	对照达标建设要求，实施各县饮用水源地安全保障规划及工程
非工程	设立调水保护委员会	协调远距离调水保护及分配	对 2 条主要供水线分别设立调水保护委员会，纳入沿线上下游、周边区域所涉各市县为成员，指挥协调远距离调水、调度分配、保护
非工程	配套地方法规	通过地方法规配套确保远距离调水与节约保护	对 2 条主要远距离供水线的调度、分配、管理、保护等进行地方法规配套

2. 节水型社会建设

（1）农业节水：包括工程措施和非工程措施，工程措施包括对灌区的渠系改造、改变灌溉方式等，因地制宜发展节水灌溉工程，推进大中型灌区节水配套改造，建设节水增效示范区；非工程措施包括合理调整农作物布局，优化种植业结构、大力发展旱作节水、加强田间节水管理等，推动农业向优质、节水、高效化方向发展。

（2）工业节水措施：合理调整产业结构和布局，形成沿海南北两翼的工业园区以发展新型临港重化工业为主、沿东陇海线和城区周边的工业园区以发展都市型加工制造业为主的产业布局格局；抓好用水管理，实现用水、排水计量；抓好高耗水工业发展方向，提高水的重复利用率；深化工业节水管理，完善市场机制，加大技术改造力度，提高工业节水水平。

（3）城镇生活及商饮、服务业节水措施：加强城镇供水管网改造，实施“一户一表”工程；进行卫生便器改造工程，推广节水器具，实现水资源的合理利用。

（4）节水文化建设：树立良好的节水意识和水资源保护意识，增强水资源忧患意识、节水环保责任意识和道德意识；营造良好节水氛围；建立系统的节水制度，多管齐下节约水资源。

（5）分质供水，建立城市生活、工业分质供水体系，实现优水优用。

为切实推进节水型社会建设，近期建议采取的相关工程措施和非工程措施见表2。

表2　　　　　　节水型社会建设战略措施及着力点一览表

类别	名称	主要内容
工程	节水灌溉工程	中小型泵站改造、灌排渠系建筑物与田间节水工程的配套改造；小型水库自流灌区和小型扬水灌区等小型农田水利工程建设
工程	大中型灌区节水配套续建改造	加强渠首工程的配套、维修，适度进行渠系调整，进行渠系建筑物的更新配套和渠道防渗建设，主要安排沭南、沭新河、塔山和石梁河四大灌区以及示范园区、重点中型灌区
工程	节水增效示范区	重点依托现有农业示范园区、新建小区、校区进行节水措施配套，建立一批节水示范区
非工程	农业灌溉水利用系数调查及研究	结合区域内大中小型灌区分布情况，选择各类样点灌区进行调查试验，并进行挖潜研究
非工程	设立节水宣传周	在水周后适当时间设置地方节水宣传周，结合区域特点进行长效普及、宣传

3. 蓄水与水能开发

充分利用连云港市过境水量，新建拦蓄水工程，汛期拦蓄过境客水，提高枯期供水能力，缓解季节性缺水。建设新的水源工程，提高连云港市的用水保证率。如推进三洋港挡潮闸及其上游新沭河河川水库相关配套岸线保护工程建设、新建蔷薇湖及东温庄水库等措施。

4. 非常规水资源利用

建设城镇污水集中处理再生利用示范工程，从减少环境污染的角度重视推动再生水的利用，并建设雨水集蓄系统、海水淡化利用示范工程，加强对洪水资源利用研究。如利用新沭河及石梁河水库、青口河及小塔山水库、蔷薇河及蔷薇湖以及建立平原水库、地下水库等加强对洪水资源的利用。

5. 水生态环境保护

（1）强化水功能区管理，实施入河污染物排放总量控制；

（2）建立水量、水质、水生态补偿机制及恢复机制；

（3）建立跨区域、跨流域水质保障机制，保障下游供水安全；

（4）科学布局整治，实现饮用水源地的达标建设和保护；

（5）强化建设管理，落实污染防治措施，保障清水通道输水安全；

（6）浅层为主，合理调控，保护深层地下水资源；

（7）做好水土流失防治工作，构建健康的水生态体系；

（8）加强农村饮水安全工程建设与管理，抓好农村面源减排工作。

6. 水资源系统化管理

（1）统一管理，大力推进城乡水务一体化；

（2）健全法规，形成依法治水、依法统一配置、统一调度和统一管理水资源的法律政策体系；

（3）改革水价，充分发挥市场和价格的经济杠杆，建立合理水价形成机制和水权转让机制，利用市场推动水资源的优化配置、节约保护、高效利用和可持续发展；

（4）以“三条红线”为核心，实行最严格的水资源管理制度；

（5）加强水功能区水质监测监督及预测评价工作，建立和完善水量、水质监测系统，加大水污染事故应急处理系统建设投资，以更好实施水功能区管理；

（6）加强宣传和普及教育，重视协商协作与公共参与；

（7）加强基础研究，增加技术含量，实现科技兴水；

（8）深化水利投资体制改革，积极探索组建新的投融资平台，保障稳定的资金投入。根据“谁受益，谁投资”的原则，建立合理的投资机制；

（9）创建以工业、农业、城市生活管理体制建设和节水奖励制度建设为核心的节水型社会。

7. 水资源风险管理

（1）预防性措施：

雨洪、旱涝、污染的监测和预报；

建立抗旱、防污决策指挥系统，组建有水利水文气象等有关专家组成的决策办公室，加强防灾、减灾指挥的组织和应变能力；

加强资源储备，建设绿色生态长廊。将部分地区深层地下水资源作为战略性资源进行储备，留给子孙后代，保障水资源的代际均衡。

（2）应急预案：

针对连云港市水资源特点及缺水状况，制定在水质型、水量型缺水时水资源供给和突发性水污染事故的应急预案，保证生活、生态、生产用水。

四、结语

本文结合连云港市水资源存在的问题及挑战，从多方面展开水资源保障战略措施研究，具有较高的社会效益和环境效益，对实现连云港市水资源集约高效利用、经济社会快速发展、人与自然和谐相处，对修复生态系统、改善生存条件、保障社会的稳定与居民的身心健康以及节水型社会建设均有积极推动作用。

参考文献

[1]江苏省水利厅.江苏省沿海地区区域发展规划水利专项规划，2008.9.

[2]李德山.资源短缺型社会应该倡导“节水文化”.资源网，2008.10.28.

[3]钱正英，张兴斗. 中国可持续发展水资源战略研究综合报告.中国工程科学，2000(8)

[4]连云港市水利局.连云港市水资源保护规划报告.2002.10.

[5]李志强，魏智敏.实施统一管理是保障水资源可持续利用的战略措施.南水北调与水利科技，2003(03)

淮沭新渠作为连云港市区饮用水源保证饮水安全的探讨

董一洪　张　鹏

摘　要：饮水安全关系到人们的身体健康、生命安全、经济发展和社会稳定。在分析拟新辟淮沭新渠送水线对比现状蔷薇河送水线的巨大优势的基础上，从水质满足要求、水量满足要求、工程建设可行、工程投资合理、工程管理可行等五个方面分别阐述了拟新辟淮沭新渠送水线的可行性、合理性。这对探索地区饮用水安全，显著提升城乡居民饮用水质量具有重要意义。

关键词：饮水安全　优势分析　探讨

饮水安全关系到人们的身体健康、生命安全、经济发展和社会稳定。连云港市本地水资源匮乏，工农业生产及生活用水主要依靠调引江淮水，江淮水入境后主要分成三路：一路经桑墟电站、沭新退水闸进入蔷薇河；一路经蔷薇河、蔷北进水闸进入淮沭新河；一路经蔷北地涵由淮沭新河直接进入淮沭新渠。

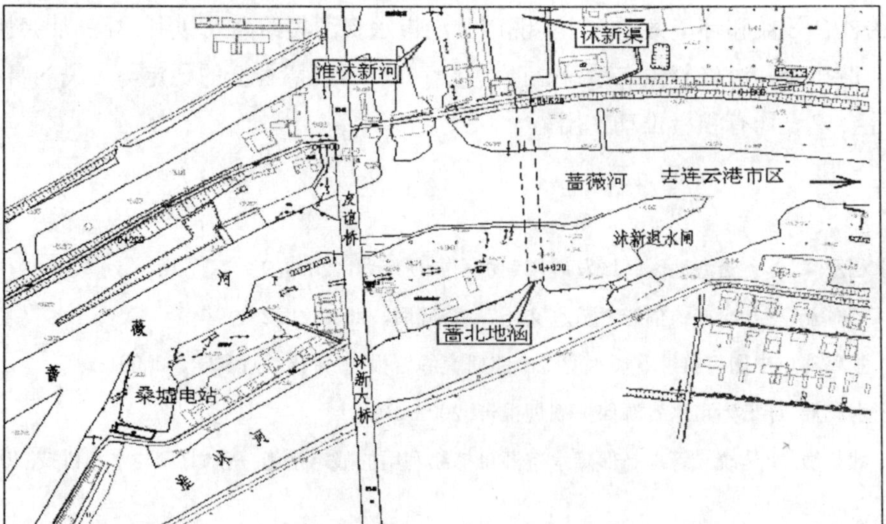

图 1　江淮水供水工程分布图

蔷薇河、沭新河均为低水河道，受面源、工矿企业点源污染等因素影响，水质较差，主导功能为排洪、调水、饮用；淮沭新渠为高水河道，主导功能为灌溉、饮用。市区用水大部分依靠淮沭新河—蔷薇河供水线调引江淮水，蔷薇河是目前市区的主要供水水源，长期以来由于受流域内外的污染，水质难以保证，已产生较大社会反响。当务之急是尽早改善市区饮用水源质量，淮沭新渠多年来一直作为东海县稳定的供水水源，水质较好，可作为市区饮用水源。

一、保证饮用水源质量的必要性

1. 饮用水安全是关系民生的重要问题

2011 年中央 1 号文件明确指出“到 2020 年，基本建成水资源合理配置和高效利用体系，城乡供水保证率显著提高，城乡居民饮用水安全得到全面保障”。饮用水质量是一个地区发展水平和生活质量的重要标志，也是实现小康社会的一项重要指标。

2. 饮用水安全是人们生存的基本权利和要求，也是社会稳定和长治久安的基本要求

切实做好饮用水安全保障工作，是维护最广大人民群众根本利益、落实科学发展观的具体体现，是构建社会主义和谐社会的重要内容，是把以人为本真正落到实处的一项紧迫任务。

3. 饮用水安全是经济社会发展的需要

经济的快速发展，人们生活水平的日益提高，对饮用水安全的期望也越来越高，对水质的要求也越来越高。做好饮用水安全是构建和谐、健康、美好的城市人居环境，促进城市经济社会可持续发展的有力的保障。

二、淮沭新渠作为市区饮用水主水源的优势

1. 新辟淮沭新渠送水线方案

本工程初步拟定送水线为：取水线路自渠首蔷北地涵引水至城市水厂。其中，蔷北地涵至白塔地涵段约 28 千米，利用现状沭新渠渠道；白塔地涵至张湾四营段约 14.5 千米对沭新渠渠道进行拓浚，以满足输水要求；张湾四营至城市水厂段为管道输水，渠道末端设加压泵站，后接管道过蔷薇河输水至城市水厂。

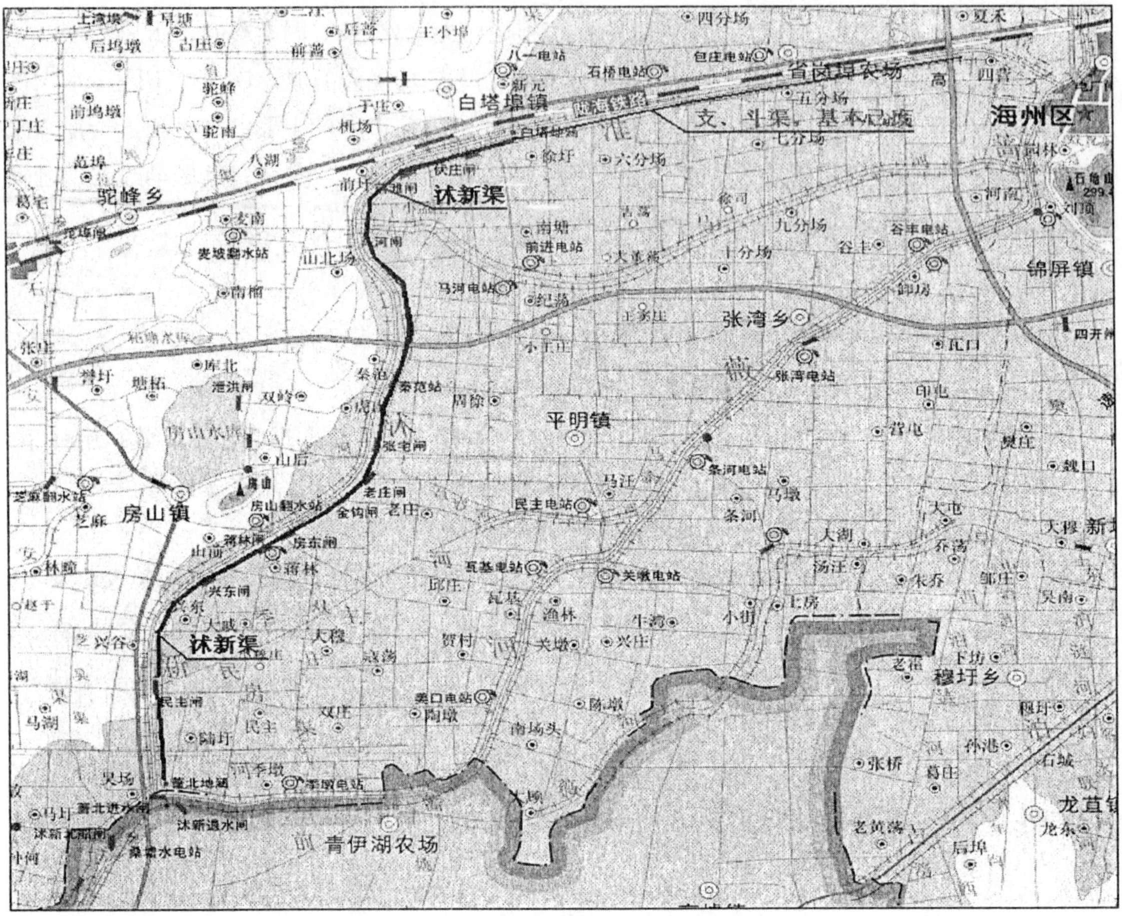

图 2　沭新渠平面位置图

2. 相比蔷薇河，淮沭新渠送水线的优势分析

（1）与蔷薇河送水线相比，淮沭新渠避开了“源头”污染。淮沭新渠和蔷薇河水源同取自宿迁市沭阳县淮沭新河。但是，蔷薇河除连通沭阳县淮沭新河，还连通沭阳县黄泥河、友谊河等，蔷薇河与黄泥河、友谊河之间虽有节制，但常常向蔷薇河排水，黄泥河、友谊河的污水进入蔷薇河，导致“源头”污染。而淮沭新渠属“高水”河道，且通过穿蔷薇河地涵直通沭阳县淮沭新河，黄泥河等污水无法汇入，从而避免了“源头”污染。

（2）与蔷薇河送水线相比，淮沭新渠线避免了区间污染。淮沭新渠和蔷薇河水虽同取自沭阳淮沭新河。蔷薇河在连云港市境内 51.9 公里，区间不仅要承接农田回归水进入、流域内养殖业污水排放，而且负担流域内居民生活污染源。而淮沭新渠属“高水”河道，全渠底高程 2 至 3 米、堤顶高程 7 至 8 米，高于沿线地面高程，致沿线无水能自流汇入，同时，淮沭新渠也不是行洪河道，汛期不存在农田回水强排入渠的问题。因此，水至白塔埠镇，可保证水质等同于沭阳县取水口的水质，相当于进入连云港市前的“原水”。淮沭新渠作为市区主饮用水源在水质方面更具保证性，不需治污投入。

（3）与蔷薇河送水线相比，有利于分清责任，提高管理效率。蔷薇河水质问题因为线路长，跨宿迁和连云港市多个县、区行政区，一旦水质不良时，存在相互推诿，难以查清原因，责任也难以分清。采用淮沭新渠线引“原水”进市区，如果发生水质较差，甚至水污染事件，连云港市就有理由，理直气壮地向省提出诉求，要求上游负有责任的市县限期整改，达到划清责任，高效管理的效果。

三、淮沭新渠作为市区饮用水源的可行性分析

1. 水质满足要求

如前所述，淮沭新渠作为市区供水线在保证水质方面有较大的优势。淮沭新渠高程高于地面高程，区间污水无法自流进入，可保证在境内不再纳污，长距离输送后的水质可保持取水口的水质。

淮沭河为国家南水北调干线，主要有淮阴闸、沭阳闸、窜沂工程、沭新闸、蔷北电站、蔷北地涵等工程调控。在《江苏省地表水（环境）功能区划》中分别划定为淮沭河宿迁调水保护区、沭新河宿迁调水保护区。2010 年水质保护目标为Ⅲ类。

根据 2011 年、2012 年沭阳闸、桑墟电站监测掌握的资料分析，水质稳定在Ⅲ类，全年水质达标率平均分别为 96%和 98%。

根据淮沭河监测断面水质变化趋势分析，淮沭河沭阳闸以上河段正常情况下全年（汛期和非汛期）水质为Ⅱ～Ⅲ类。

据东海县前滩取水口部分项目资料，其水质达标率基本同上。

2. 水量满足要求

沭新渠蔷北地涵设计引水能力为 65m^3/s，目前主要供沭新渠灌区灌溉用水和东海县饮用水。

沭新渠灌区东至东海县县界，西至沭新干渠，南至泊阳河，北至乌龙河。总土地面积 471km^2，耕地面积 47.8 万亩，设计灌溉面积 47.8 万亩，实际灌溉面积 46.35 万亩，其中提水灌溉 34.55 万亩，自流灌溉 11.8 万亩，另外还有 1.45 万亩未灌溉。该灌区地势平坦，属平原洼地，地面高程在 2.5~5 米之间。现灌区包括平明、张湾、岗埠、白塔等乡镇（场）及房山、黄川、浦南等乡镇部分地区，灌区总人口 22.56 万人。

沭新渠灌区原大部分按自流灌区设计，后因工程年久失修，自流灌溉面积减少，现只有 11.8 万亩，按灌溉模数 2m3/s/hm^{2}估算，需灌溉流量约 23.62m^3/s。

根据苏北供水监测资料，蔷北地涵 2001～2010 年用水统计资料见下表。用水流量过程线下图。

表 1　　蔷北地涵 2001～2010 年用水流量表　　单位 m^3/s

年份	1月	2月	3月	4月	5月	6月	7月	8月	9月	10月	11月	12月
2001	0.00	0.00	0.00	4.66	5.99	10.26	1.00	7.67	11.12	2.65	0.00	0.00
2002	0.00	0.00	0.00	0.00	3.36	15.35	14.09	21.75	8.50	1.06	0.00	0.00
2003	0.00	0.00	0.00	0.00	10.15	10.70	0.75	7.73	4.58	0.83	2.41	0.00

续表 1

年份	1月	2月	3月	4月	5月	6月	7月	8月	9月	10月	11月	12月
2004	0.00	3.88	0.00	4.43	8.86	21.63	11.18	18.04	11.48	0.84	2.24	0.00
2005	0.00	0.00	0.00	0.34	9.19	13.48	4.83	0.00	2.39	0.00	0.00	8.22
2006	0.00	0.00	0.00	2.34	11.37	14.07	3.16	11.96	9.94	0.00	4.10	0.00
2007	0.00	0.00	0.00	0.00	9.36	10.86	1.94	10.07	11.79	0.00	5.23	0.00
2008	0.00	0.00	1.94	0.00	3.21	12.19	2.01	3.51	4.82	0.00	0.00	0.00
2009	0.00	0.00	0.00	0.00	8.36	15.66	5.80	11.89	14.32	2.04	0.00	0.00
2010	0.00	0.00	0.00	0.00	0.00	3.77	14.48	12.36	10.20	6.92	6.79	8.69
平均	0.00	0.39	0.19	1.18	6.99	12.80	5.92	10.50	8.91	1.43	2.08	1.69
最大	0.00	3.88	1.94	4.66	11.37	21.63	14.48	21.75	14.32	6.92	6.79	8.69

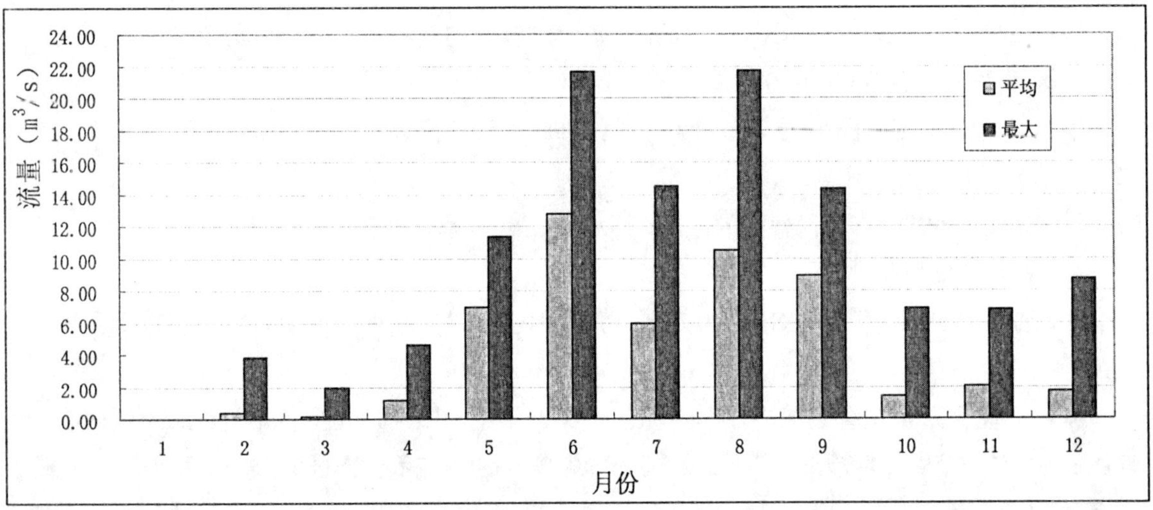

图 3　蔷北地涵 2001～2010 年用水流量用水流量过程线图

由表分析，现状灌区需灌溉水量约 23.62m³/s 基本合理。

东海县饮用水取水口设置在白塔前滩，取水规模为 5 万 m³/d（0.579m³/s）。

目前，渠道最大引水量达 65m³/s。扣除灌溉用水及东海县饮用水，仍富余 40.8m³/s 水量可用。

经上述分析可知，现状情况下，沭新渠工程设计供水能力有较大冗余，可加强续建配套和优化调度，发挥其工程效益，以满足市区饮用水量质要求。

根据《连云港市城市总体规划（2008-2030）》和《连云港市城市给水专项规划（2009-2030）》等要求，结合市区现状用水量 30 万 m³/d 的情况，连云港市城市供水标准：2015 年市区水厂供水规模 50 万 m³/d，2020 年市区水厂（不含徐圩新区）供水规模为 70 万 m³/d。按照目前渠道最大引水量达 65 m³/s 计算，平均每日来水量可达 562 万 m³/d。即使按按 2020 年水平年

70 万 m^3/d，市区水厂分水量为现状渠道可供水量仅为 12%（为富余水量 40.8m^3/s 的 20%）。

如按现状用水量 30 万 m^3/d 计算，市区分水量仅为现状渠道可供水量为 5%（为富余水量 40.8m^3/s 的 8.5%）。

3. 工程建设可行

可从近期和远期两个方面考虑。近期，沭新渠改造工程近期设计引水量为 50 万立方米每天，远期设计引水量为 70 万立方米每天。主要内容包括拓浚沭新渠 14550 米，新建加压泵站、退水闸，拆建引水闸，实施沿线影响处理工程、水保工程、环保工程、管理设施及临时工程等。远期，对现状渠道进行扩浚，增加供水量。对沭新渠灌区进行节水改造，调整产业结构，增加高效节水农业，进一步提高供水量和供水保证率。

4. 工程投资较为可行

根据同类工程经验，初步统计河道拓浚、加压泵站、退水闸，拆建引水闸及临时工程等。估算投资为 1.65 亿元，较为经济可行。

5. 工程管理可行

实施该送水线工程仅是一次性投资较大，运行管理较为简单，成本较低。因直供城市自来水厂，水费收入有保证。在运行管理过程中，可按现代企业制度成立供水公司进行全面经营管理，通过补偿成本、合理收益，逐年提取折旧费，保证工程维护和设备更新改造资金来源。

总之，该方案投入不大，不占用耕地，便于施工，工期短，见效快。工程易于管理，维护成本低。项目的实施不损害他方利益，能较彻底地解决市区饮用水质量问题，从根本上保证市区百万居民饮水安全。

连云港市典型水库洪水资源利用水位控制初步研究
——以江苏省石梁河水库为例

朱丽向　贾成孝　刘秀梅

摘　要：过境洪水资源利用在产生经济效益的同时，也会带来风险，有必要加强洪水利用风险研究，最大限度降低洪水资源利用的负面影响。本章选择连云港市石梁河水库为典型水库，根据其防洪调度方式及判别条件，按照水库的具体情况统筹考虑与水库调洪有关的各种因素，以水库现状汛期分期情况为基础，推求各分期水库的设计洪水，进行调洪演算，确定石梁河水库各分期的汛限水位，在对水库实施汛限水位分期控制的效益进行分析计算的基础上，并进行了影响分析。

关键词：水库　资源利用　水位分析

石梁河水库地处江苏省连云港市，是沂沭泗东调南下的关键工程，也是江苏省第一大水库。石梁河水库还承担着调蓄沂沭泗流域洪水，减轻鲁南地区防洪压力，保障连云港市防洪安全的重要职能任务。自建成以来发挥了巨大的社会效益经济效益和生态效益。由于连云港市承担上游近 8 万 km^2 流域面积的泄洪任务，是著名的“洪水走廊”，过境水量丰沛，但基本为不可利用水量。另一方面本地淡水资源匮乏，水资源供给能力不足，城乡用水大部分依靠外来水源，缺水矛盾突出。开展过境洪水资源利用，增强地表拦蓄能力，是缓解连云港市水资源短缺和洪涝多发矛盾的战略举措。因此，对石梁河水库洪水利用水位控制进行研究，具有重要意义。

一、基本概况

石梁河水库位于新沭河中游，承泄新沭河上游和沂河、沭河区间来水，集水面积 15365km^2，总库容 5.31 亿 m^3，水库兴建于 1958 年，1970 年建成水力发电站一座，装机容量 1120kW。老泄洪闸加固已于 2000 年 12 月通过竣工验收，并交付使用，新泄洪闸已于 2001 年 6 月完工。水库按 100 年一遇设计，2000 年一遇校核，设计洪水位 26.81m，校核洪水位 27.95m，最大泄量流量 10131m^3/s。石梁河水库以防洪为主，兼具灌溉、城市供水、水力发电、水产养殖等综合效益，水库防洪保护范围 2000 km^2，包括连云港市区、陇海铁路、淮北盐场、田湾核电站及东海、赣榆两县 90 万亩农田等重要地区和设施。另外，石梁河水库也是连云港市区生活及工业用水的备用水源。

石梁河水库处于暖温带和北亚热带过渡地带，为半湿润的暖温带季风气候区，流域多年平均降雨量937mm，年降水时段集中在6～9月，期间累计平均降雨量为640mm，约占总降水量的72%。库区年蒸发量为1570～1780mm，以5、6月份最大，平均分别达到226.5mm、229.0mm，年蒸发比为1.79，年蒸发量远大于降水量。水库多年平均来水量为20.77亿m^3，多年平均用水量为3.94亿m^3。1976年，大官庄闸的建成，控制了石梁河水库的上游来水。1956-1995年统计资料表明，石梁河水库多年平均来水量为1.97亿m^3，来水量明显减少。

石梁河水库水位～库容关系见表1，水库闸下水位与流量关系见表2。

表1　　石梁河水库水位库容关系曲线

水位（m）	14.0	14.2	14.4	14.6	14.8	15.0	15.2	15.4	15.6	15.8
库容(万 m^3)	44	63	86	113	146	188	238	293	357	440
水位（m）	16.0	16.2	16.4	16.6	16.8	17.0	17.2	17.4	17.6	17.8
库容(万 m^3)	526	640	770	901	1038	1198	1375	1570	1800	2064
水位（m）	18.0	18.2	18.4	18.6	18.8	19.0	19.2	19.4	19.6	19.8
库容(万 m^3)	2352	2691	3030	3385	3756	4126	4596	5065	5561	6084
水位（m）	20.0	20.2	20.4	20.6	20.8	21.0	21.2	21.4	21.6	21.8
库容(万 m^3)	6607	7208	7809	8447	9122	9796	10559	11323	12086	12850
水位（m）	22.0	22.2	22.4	22.6	22.8	23.0	23.2	23.4	23.6	23.8
库容(万 m^3)	13613	14520	15427	16334	17241	18148	19217	20286	21356	22425
水位（m）	24.0	24.2	24.4	24.6	24.8	25.0	25.2	25.4	25.6	25.8
库容(万 m^3)	23494	24729	25964	27199	28434	29669	31068	32468	33867	35267
水位（m）	26.0	26.2	26.4	26.6	26.8	27.0	27.2	27.4	27.6	27.8
库容(万 m^3)	36666	38222	39778	41333	42889	44445	46170	47896	49621	51347

表2　　石梁河水库泄洪闸下水位～流量关系表

序号	总流量（m^3/s）	老闸泄量（m^3/s）	新闸泄量（m^3/s）	水位（m）
1	2500	0	2500	12.43
2	3000	500	2500	12.89
3	3500	1000	2500	13.31
4	4000	1500	2500	13.69
5	4500	2000	2500	14.05
6	5000	2500	2500	14.38
7	6000	2500	3500	14.96
8	7000	3000	4000	15.51
9	10000	5000	5000	16.80

二、石梁河水库调度规则

石梁河水库的调度充分考虑流域、水库自身及下游三者之间的调度关系，调度规则如下：（1）当本地未降雨而上游发生洪水时，石梁河水库可提前预降，尽量控制下泄流量不超过3000m³/s，确保新沭河堤防安全；（2）当本地与上游发生同频率超标准洪水时，本地内涝将非常严重，石梁河水库应根据上游来量和天气预报适当控制下泄量以照顾蔷薇河、磨山河排泄，范河及市区和农田排涝，减轻下游灾害。并尽可能采取大流量泄洪，缩短泄洪时间，与下游河道错峰排水，让出河道照顾下游排除洪涝；（3）当本地与上游发生同频率标准内洪水时，为充分利用上下游洪峰形成的时间差，实行错峰，充分发挥水库调蓄功能，腾出时间给蔷薇河、磨山河、范河及市区和农田排涝，以减轻下游灾害，同时要充分利用洪水资源，变害为利。

水库控制运用分期说明：库水位23.5m~24.0m时，照顾下游区间汇流，控制下泄流量不超过5000m³/s，其中新老闸各控制不超过2500m³/s；库水位24.0m~26.3m时，控泄6000m³/s，其中新闸为3500m³/s，老闸为2500m³/s；库水位26.3m~27.0m，其中新闸为4000m³/s，老闸为3000m³/s；库水位超过27.0m时，泄洪闸全开敞泄。

三、典型水库分期汛限水位研究

石梁河分期汛限水位研究以流域汛期分期计算为基础，推求各分期水库设计洪水过程，而后按水库运行规程进行分期调洪演算，根据调洪演算结果确定水库分期汛限水位。石梁河水库建于1992年被水利部列为第二批全国重点病险水库之一，此后一直被压低水位运行，水库原设计特征水位与现状特征水位见表3。

表 3　　石梁河水库不同工况特征水位表　　单位：m

工况	正常蓄水位	设计洪水位	校核洪水位	汛限水位(m)		
				前汛期	主汛期	后汛期
现状	24.5	26.81	27.95	24.5	23.5	24.5
设计	近期 25.0 远期 26.0	27.65	28.0	23.5		

1999～2001 年石梁河水库实施了除险加固工程，2008 年底，新沭河治理工程正式开工，完工时沂沭泗河中下游地区防洪标准及新沭河行洪能力将提高至 50 年一遇水平，为石梁河水库未来恢复正常运用创造了条件[1]。因此，本研究建议将石梁河水库兴利水位恢复至原设计目标 26m，设计洪水位与校核洪水位分别恢复至 27.65m、28.0m，并以此为基础，对石梁河水库汛限水位的分期控制进行研究。在保障水库防洪安全的前提下，进一步挖掘水库蓄水潜力，充分利用汛前和汛末过境洪水，增强连云港市雨洪资源利用能力。

1. 汛期分期

目前国内在汛期分期方面已有一些研究成果，汛期分期属于高维时间序列的聚类问题，目前处理此类问题的主要途径包括模糊集合分析法、系统聚类法、分形法、变点分析法、动态聚类法等[2-4]。在综合分析石梁河水库上游来水、本地降雨、地区气候以及极端天气等因素的基础上，结合流域及地区防洪工作实际情况，将石梁河水库汛期划分为前汛期、主汛期及后汛期，具体见表4。

表4　　石梁河水库汛期分期成果表

分期	前汛期	主汛期	后汛期
时间	6月1日-6月30日	7月1日-8月15日	8月16日-9月30日

2. 分期设计洪水

(1) 设计标准

根据《石梁河水库扩大泄量工程竣工初步设计》，石梁河水库防洪标准为100年一遇设计，2000年一遇校核。本研究分期设计洪水选用同样标准，按100年一遇设计，2000年一遇校核。

(2) 分期设计洪峰流量

对1980～2009年石梁河水库入库洪水进行调查，按不同分期逐年选取入库最大流量，组成洪峰流量系列，用适线法推求分期洪水频率曲线，求得相应于设计标准的设计洪峰。考虑到石梁河水库上游来水以及流域天气的异常变化显著，导致其洪水出现的时间在多年内存在一定偶然性，基于其提前及推后发生的可能性，采用“跨期选样法”，即洪水选样在分期原有时间段基础上，同时向前、后各延伸5天。石梁河水库分期设计洪峰流量见表5。

(3) 分期设计洪水

选用1974年石梁河水库典型洪水过程，按分期设计洪峰与设计洪峰的比值对其进行放大，推求石梁河水库前汛期和后汛期的设计、校核洪水过程，分期设计洪水成果见表5。

表5　　分期设计洪水计算成果表

分期	Q_m (m^3/s)	Cv	Cs/Cv	洪峰流量 Q_p（m^3/s）		7日洪量 W_p（亿 m^3）	
				1%	0.05%	1%	0.05%
前汛期	2391.9	1.03	1.0	8029.6	11264.7	27.55	29.28
主汛期	—	—	—	10017	15799	34.36	41.07
后汛期	2493.8	0.96	1.0	8026.2	11247.2	27.53	29.31

(3) 分期汛限水位

中华人民共和国水利部《综合利用水库调度通则》规定：分期防洪限制水位的确定应根据分期设计洪水，按不低于工程安全的标准，承担下游防洪标准和库区安全准则的原则，及相应的泄流方式，进行调洪计算确定。水库分期汛限水位的计算方法为：在分期设计洪水、设计洪水位、校核洪水位已定的情况下，根据水库调度原则进行调洪计算，由此推求防洪限制水位。石梁河水库分期设计洪水和校核洪水调洪计算结果分别见表6和表7。

表 6　　分期设计洪水调洪计算结果（P=1%）

分期	起调水位（m）	最高水位（m）	最大入库流量（m^3/s）	最大下泄流量（m^3/s）	最大库容（10^4m^3）
前汛期	26.02	27.65	8029.6	7000	50044
主汛期	24.65	27.65	10017	7000	50053
后汛期	25.83	27.65	8026.2	7000	50053

表 7　　分期校核洪水调洪计算结果（P=0.05%）

分期	起调水位（m）	最高水位（m）	最大入库流量（m^3/s）	最大下泄流量（m^3/s）	最大库容（10^4m^3）
前汛期	26.14	28.00	11264.7	10131	53137
主汛期	24.52	28.00	15799	10131	53103
后汛期	25.87	28.00	11247.2	10131	53081

根据以上分期设计洪水与分期校核洪水调洪演算成果，各分期汛限水位见表 8。

表 8　　各分期汛限水位对比表

频率P	前汛期(m)	主汛期(m)	后汛期(m)
1%	26.02	24.65	25.83
0.05%	26.14	24.52	25.87

综合分析比较分期设计、校核洪水调洪演算成果，石梁河水库分期汛限水位选用二者中的较小值并取整，以保证水库防洪安全及其自身调度控制的方便，由此确定石梁河水库各分期汛限水位，见表 9。

表 9　　各分期汛限水位成果表

汛期分期	前汛期(m) 6 月 1 日～6 月 30 日	主汛期(m) 7 月 1 日～8 月 15 日	后汛期(m) 8 月 16 日～9 月 30 日
汛限水位	26.0	24.5	25.8

3.4 分期汛限水位效益计算

石梁河水库分期汛限水位效益计算原理如下：对石梁河水库 1991~2009 历年历次弃水资料进行调查，见表 10，推算出汛限水位调整相对应所的蓄水库容增量。当各分期的弃水量小于由于汛限水位的提高而增加的库容时，水库可增加的蓄水量即等于弃水量；当各分期的弃水量大于由于汛限水位的提高而增加的库容时，增加的蓄水量等于由于汛限水位提高所增加的蓄水库容[5]。由此，对石梁河水库汛限水位分期控制的效益进行计算，见表 11。根据效益计算结果，采用分期汛限水位后，石梁河水库平均每年可多蓄水 11124 万 m^3。

表 10　　　　石梁河水库历年汛期各分期弃水量表

年份（年）	非汛期（10^4m^3）	前汛期（10^4m^3）	主汛期（10^4m^3）	后汛期（10^4m^3）	合计（10^4m^3）
1991	12546	16910	23770	290	53516
1992	710	0	94	0	804
1993	9449	260	18760	820	29289
1994	3590	200	7446	26170	37406
1995	370	1117	460	23970	25917
1996	0	380	13360	0	13740
1997	0	680	0	3580	4260
1998	10830	0	31120	51090	93040
1999	0	0	248	0	248
2000	0	0	0	29450	29450
2001	460	266	13776	0	14502
2002	0	1920	0	0	1920
2003	6430	0	31180	39260	76870
2004	0	0	12570	840	13410
2005	2450	0	7530	46830	56810
2006	0	0	0	0	0
2007	190	0	23590	17950	41730
2008	3590	260	84270	41840	129960
2009	0	0	12623	3850	16473
合计	50615	21993	280797	285940	639345
年均弃水量	2664	1158	14779	15049	33650

表 11　　石梁河水库分期汛限水位蓄水效益计算表

项目	非汛期（10月1日~5月31日）	前汛期（6月1日~6月30日）	主汛期（7月1日~8月15日）	后汛期（8月16日~9月30日）	合计
现汛限水位（m）	—	24.5	23.5	24.5	—
调整后汛限水位（m）	—	26.0	24.5	25.80	—
正常蓄水位（m）	24.5	—	—	—	—
调整后正常蓄水位（m）	26.0	—	—	—	—
增加蓄水库容	10084	10084	5761	8685	—
累计增加蓄水量（10^4m^3）	47407	15167	69934	78860	211368
年均增加蓄水量（10^4m^3）	2495	798	3681	4151	11124

四、影响分析

石梁河水库实施分期汛限水位控制后将对连云港市防洪、兴利以及库区生态环境等带来一系列影响[6]。

1. 连云港市防洪风险增加，但风险总体可控

石梁河水库实施汛限水位分期控制后，在前汛期及后汛期水库防洪库容将有所减小，虽已经过分析论证满足各分期防洪标准的要求，但仍不能排除此期间沂沭泗流域发生大洪水的可能性，因此，石梁河水库下游连云港市总体防洪风险增加。同时，虽然石梁河水库主汛期防洪库容基本未变，但水库水位整体有所提高，由此亦造成下游连云港市防洪风险相对增大。

尽管水库实施汛限水位分期控制后连云港市及水库大坝防洪风险相对增大，但总体仍在可控范围内。首先，石梁河水库入库洪水受上游大官庄枢纽控制，在水库防洪压力较大时，可发挥大官庄闸水利枢纽作用，错峰分洪至新沂河等泄洪通道，控制石梁河水库入库流量，缓解石梁河水库防汛压力；其次，石梁河水库下游新沭河经过综合整治后，流域防洪能力已达 50 年一遇水平，河道行洪能力达 7000m^3/s，解决了石梁河水库出口不畅的问题，水库可在较短时间内腾空防洪库容，保证了连云港市及水库大坝的防洪安全。

2. 缓解区域供水矛盾，综合效益显著

石梁河水库恢复原设计水位运行并实施汛限水位分期控制后，年均可增加蓄水量 11124 万 m^3，其中非汛期年均增加蓄水量 2495 万 m^3，汛期年均增加 8629 万 m^3，这将大大提高连云港市洪水资源利用效率，并有效缓解其周边地区的工、农业用水矛盾突出的问题。同时，石梁河水库兼具水力发电功能，汛期库水位的提高也将有助于其提高水库的发电效益。

3. 库区水位升高，淹没范围增大

石梁河水库恢复原设计水位运行并实施汛限水位分期控制后，正常蓄水位由 24.5m 提高至 26m，同时汛限水位及设计洪水位等水库特征水位均有所提高，由此将造成水库水域面积

以及库区淹没范围的增加，易引发水库回迁移民再次搬迁等社会问题，同时也将对库区的生态、环境、局部气候等产生一定的影响。

五、结语

为推进石梁河水库洪水资源利用工作，连云港市应加强与流域管理机构、水库上游地区以及库区影响范围内群众的沟通与协调工作，妥善处理各种矛盾与问题，同时综合运用水库安全监测、洪水预警预报、洪水优化调度等科学技术手段，提高水库的管理水平，在保证防洪安全的前提下，逐步实施石梁河水库的分期控制，充分发挥水库洪水资源利用的效益。

参考文献

[1] 水利部淮委规划设计研究院.石梁河水库扩大泄量工程工程控制运用及调度方案[R],2001.

[2] 王俊莉，高英. 东风水库汛限水位动态控制[J]. 华中电力，2006，19(6)：41-43.

[3] 邵东国,李玮,刘丙军等. 抬高水库汛限水位的洪水资源化利用研究[J].中国农村水利水电,2004(9).26-29.

[4] 尚志海,万方秋,丘世钧.城市洪水资源化研究[J].水利经济,2006,24(5):7-8.

[5] 冯 平,韩 松,李 健.水库调整汛限水位的风险效益综合分析[J].水利学报,2006,4:451-456.

[6] 张改红,周惠成,王本德,郑德凤.水库汛限水位实时动态控制研究及风险分析[J].水利发电学报,2009,2:51-55.

连云港市2013年夏种夏插期间水源调度方案探讨

陈　静

摘　要：连云港市属于水源型缺水地区，本地水资源可利用量仅占水资源使用量的40%[1]，用水高度依赖外调江淮客水。在每年水稻夏种夏插期间，数百公里的调水线路沿程集中用水，供需矛盾尤为突出，严重时会危及居民日常饮用水供给。2013年，我办根据以往夏种夏插期间用水工作突出问题，从淮水、江水、本地水来源分县区制定了操作性、针对性强的调水方案，并提出调度存在的主要问题和具体的解决措施，为即将来临的夏种夏插用水高峰做好准备，确保全市工农业用水和生活用水，为全市经济社会快速发展做出贡献。

关键词：水源　夏种夏插　调度方案

一、引言

我市处于江水北调和淮水供给的最末端，素有"十年九旱"之称，是缺水较严重的市，属于水源型缺水地区，用水依赖外调江淮客水。特别是夏种夏插期间，数百公里的调水线路沿程集中用水，供需矛盾尤为突出，严重时可能危及饮用水供给。近年来，我办科学调度水源，合理拦蓄上游尾水，超前蓄水保水，积极争取江淮水支持，保证了全市工农业用水和生态用水。本文从淮水、江水、本地水来源分县区讨论了实际可操作的2013年夏种夏插期间水源调度方案，并提出调度存在的主要问题和具体的解决措施。

二、主要调水方案

1.淮水调水方案

(1)向东海县调水：从洪泽湖通过淮沭新河、沭新闸、吴场枢纽的蔷北地涵调水入淮沭新渠供东海县沭新渠灌区用水和东海县城生活用水；从蔷薇河通过蔷北进水闸进入东海境内的沭新河，供沭新河沿线用水、东海县县城生活用水及房山站翻水。

(2)向市区调水：一是从洪泽湖通过淮沭新河、沭新闸、吴场枢纽的桑墟电站和沭新退水闸调水入蔷薇河，供蔷薇河沿线的海州区、新浦区农业及市区工农业和生活用水；从蔷薇河通过电厂闸、玉带河、东盐河、排淡河调水供市区水生态、水环境用水及新浦区部分地区、开发区、云台山风景区、连云区用水。二是从洪泽湖通过淮沭新河、新沂河南偏泓、叮当河、善后河，再经徐圩境内的新开引河调水入徐圩新区。

(3)向赣榆县调水：从洪泽湖通过淮沭新河、沭新闸、吴场枢纽的桑墟电站和沭新退水闸调水入蔷薇河，从蔷薇河通过乌龙河调度闸、沭南闸、沭北闸、沭青河向赣榆县调水。

(4)向灌云县调水：从洪泽湖通过淮沭新河、新沂河南偏泓调水入灌云县境内，再通过叮当河涵洞、盐河北闸、盐河涵洞分别向灌云县内河调水。

(5)向灌南县调水：一是从洪泽湖通过淮沭新河、柴米闸（或柴米河地涵、钱集闸调水入灌南县；二是从洪泽湖通过淮沭新河、新沂河南偏泓、小潮河涵洞、东友涵洞调水入灌南县东北五乡镇；三是从洪泽湖通过盐河、朱码闸或朱码闸电站调水入灌南县。

2.江水调水方案

(1)西线供水：在洪泽湖水源不足的情况下，可通过省江都翻水站翻引长江水向北调水，通过里运河、再经淮安站翻水进入淮沭新河和盐河后，再同淮水调水线路一致向连云港市调水。

(2)东线供水：通过省江都翻水站翻引长江水向北调水，利用已建成的通榆河中段，自滨海县境内通榆河新建的大套三站，沿通榆河北上穿越灌河，经灌南县境内新开河道进入新沂河南泓，穿新沂河北堤入盐河北上过善后河，通过八一河、引水河进入蔷薇河供市区用水；自蔷薇河向北，利用现有乌龙河调度闸，通过沭南、沭北航道经过青龙大沟，由大温庄翻水站抽水至龙北干渠，送水至赣榆县，供赣榆县用水。

3.本地水源调度方案

主要通过已建成的水库、河道、涵闸和泵站进行调度。水库灌区由水库向灌区供水，平原地区由河道提供水源，丘陵山区由水库、塘坝、大口井、机电井等供水。

(1)东海县：沭新渠灌区和沭南灌区依靠江淮水和石梁河水库供水，不足部分可采用房山、芝麻翻水站翻水解决；其他中小型水库灌区水稻栽插由水库向灌区供水；丘陵山区夏种用水由水库、塘坝、大口井、机电井供水。

(2)赣榆县：水库灌区夏插用水主要依靠石梁河水库、小塔山水库和其他中小型水库供水；淮水灌区从蔷薇河向灌区送水；丘陵山区夏种用水由水库、塘坝、大口井、机电井供水。

(3)灌云县：境内无水库，主要依靠外引江淮水和拦截上游回归水入县内河道，通过引水和提水解决，但灌云县处于供水下游，用水受制于上游灌南、沭阳等县，加之河道调蓄能力差，每年夏插期间用水形势都比较紧张。

(4)灌南县：境内无水库，主要依靠拦截上游回归水和调引部分江淮水解决，县境内河网密布，用水条件较好。

(5)市区用水主要依赖蔷薇河供水，而我市淮水灌区的农业用水与市区城市用水同处蔷薇河上，且农业用水在上游，夏种夏插期间必须加强蔷薇河沿线夏插用水管理，采取轮灌措施，才能基本满足市区城市居民生活和工农业用水需求。

三、当前江淮水调度存在的主要问题

1. 淮水方面

向连云港市供水主要受洪泽湖水量、水质；沿线用水、水质；新沂河行洪；沭新闸供水能力等影响。

(1) 洪泽湖水量、水质：根据省水利厅供给连云港市的江淮水分配方案：当洪泽湖水位在12.5米以下时，向连云港市送水50立方米/秒（其中市区为15～20立方米/秒），当洪泽湖水位降至11.3米时，向连云港市送水不少于30～40立方米/秒（包括东海县）。当洪泽湖水质不达标时，影响向连云港市供水。

(2) 沿线用水、水质：从洪泽湖向我市供水要途经淮安、宿迁两市，送水线路长，当沿线用水量大或遭遇突发性污染时，将影响向我市供水。

(3) 新沂河行洪：在新沂河行洪期间，由于易造成雨污混流，所以均关闭沭新闸，停止向我市送水。

(4) 沭新闸供水能力：沭新闸最大供水流量100立方米/秒，正常情况下供水能够满足沭阳县、东海县及连云港市区用水，但在每年的夏种夏插用水高峰期（6月份），由于机械化程度高、用水高度集中加之我市用水位于最末梢，供水流量不能满足我市夏种夏插用水需要（蔷薇河沿线有289座电灌站，总流量近200立方米/秒），同时我市城市用水经常告急。

2. 江水方面

为非正常情况下向连云港市送水，但其送水期间仍受沿线用水量及水质影响。由于江都枢纽翻水能力不足，加之沿线用水量比较大，目前还不能常年向我市供水。尤其是在夏种夏插用水高峰期，基本可以说上游无水向我市供水。

四、拟采取的具体措施

1. 切实加强用水管理

提前发文要求各县区加强用水管理，积极做好蓄水保水工作，严禁私自开闸放水，避免水源浪费。根据水库蓄水现状，我局将认真调研，优化水源分配方案，提前制定大、中、小型水库水源分配方案，做到水源利用最大化。要求各县区制定夏插用水计划和轮灌措施，实行计划用水、节约用水和错峰用水，特别是对蔷薇河沿线的东海县、海州区和新浦区等乡镇都要求要制定切实可行的轮灌计划，实施轮灌制，保障水稻栽插有序进行，做到切实提高水资源利用率。

2. 提前加大江淮水调引力度

由于我市地处省供水源末梢，用水高峰期与上游宿迁、沭阳等同步，用水受上游制约。今年我局将提前向省防指请求加大向我市江淮水供给量，分别通过吴场枢纽和南偏泓闸大流量向我市境内供水，在夏种夏插前抬高我市境内蔷薇河、盐河、善后河等需江淮水灌溉的骨干河道水位。

3. 提前抬高内河水位

拟在大用水前调引蔷薇河水至赣榆东部地区，提高其境内范河等骨干河道水位，增加了河道蓄水量；提前从蔷薇河向烧香河、排淡河等调水，抬高烧香香河、排淡河等水位，支持市区东部的连云区、新浦区和开发区等地用水；提前从盐东控制工程向灌云供水，以支持灌云县用水等，为夏种夏插大用水打下了坚实基础。

4. 提前翻水抗旱

为节约石梁河水库水源，支持东海县沭南灌区用水，我局将根据提前请求省防指支持，在大用水初期安排房山、芝麻翻水站开机翻引江淮水灌溉。

5. 适时启动应急预案

在紧急状态下，将适时启动《连云港市抗旱应急预案》，以确保居民生活、发电、港口等用水以及工业生产用水不受影响。

6. 加强值班

各地坚持 24 小时值班制度，及时掌握和传递水情，加强上下联系，多方协调，充分发挥各级防汛抗旱机构枢纽作用。

参考文献

[1] 段军. 从水安全角度谈连云港市区水资源的配置. 江苏水利, 2004(9).

连云港水情自动测报系统故障分析及排除方法

华　晨

摘　要：通过对连云港水情自动测报系统运行过程中出现的各种故障现象进行描述，详细分析故障原因，提出解决问题的办法和处理方法，供大家参考。

关键词:水情　遥测　故障分析

一、系统介绍

国家防汛指挥系统连云港分中心自动测报系统是连云港市防汛抗旱指挥系统的重要组成部分。该系统由 1 个分中心及 47 个遥测站组成，主要采用 GPRS 网络把遥测站的数据传送到分中心(系统以 GPRS 为主信道,CDMA 为备份信道),分中心对所接收的数据进行合理性检查和实时处理,按“国家防汛指挥系统工程”《实时水雨情库表结构》规定格式存入数据库、自动备份原始数据,并能修改存储的数据、雨量插补及人工置数;进行分析、统计计算、图表处理输出,满足水情值班需要的日、旬、月报表和防汛部门需要的图表,实现了全市实时水情信息的传输与管理。系统满足分局其他业务系统对数据源的使用要求,解决了多系统集成的信息交换与共享、不同信息源的数据通信与自动处理等问题。 系统建成后,遥测站水文信息能在 5 分钟内自动采集,20 分钟完成向分中心自动传输、处理、数据入库,30 分钟以内将数据库传至国家防总,满足防汛抗旱的时效性要求。该系统经过三年的运行,系统平均无故障工作时间、畅通率等主要技术指标达到《水文自动测报系统技术规范》(SL 61-2003)要求,并在连云港市防洪减灾工作中发挥了很大的作用,受到了各级防汛指挥部门的好评。

二、常见故障及解决方法

(一)分中心故障处理

1.每天早上 7 点半检查分中心 Citect 计算机主界面各遥测站点是否有水情数据，入库条数是否正常。初步分析一下故障种类，主要有（1）Citect 计算机显示各站点遥测数据为 COM+时，说明 Master RTU 与 Citect 计算机连接中断，可能是连接两端的连线松脱，应该重新插好。(2) Citect 计算机死机或是 Citect 程序死了，要迅速重启计算机，做好相应的中断记录，观察数据缺失的时间，如果是重要站点，需要立刻派人去现场取数，保证水情数据的完整性。(3) 如果只是部分站点数据没过来，说明 Master RTU 工作正常，GPRS 专线正常，Citect 计算机正常，问题出在该测站。一般会出现以下几种故障情况：看一下最后一次取到数据的时间，拨打该站 GPRS 号码，看是否停机，若停机，应立即充值。若信号通，可能是由于当地基站问题。由于我局有些测站地处山东或在山东与江苏的交界处，类似情况时有发生。通常只能打电话给省移动，让其尽快协调，解决问题。若是处于关机状态，则可能是测站 RTU 的电源断电。首先应该请测站工作人员观察 RTU 的供电情况。如果已经恢复供电，RTU 内部电源已经显示工作后依然与分中心无法连接，则应该到现场查看 RTU 的保险丝是否断了。如果保险丝断开不能急于更换保险丝通电。应该先使用万用表确定供电线路没有短路再恢复供电工作。如果供电系统没有问题，可能是 PC-1 损坏。将好的 PC-1 换上去，使用电脑与 PC-1 连接，灌装程序后与分中心 RTU 连接，如果成功则表示测站 RTU 与分中心的连接已经恢复。PC-1 工作状态判断与修理参考下面的 RTU 故障处理。(4) 如果该站点通信正常，只是水位或是雨量有故障，那么参考下面的水位及雨量故障处理即可。

（二）RTU 故障处理

(1)本系统RTU为澳大利亚CSE-Semaphore公司提供的Kingfisher 系统遥测单元。该RTU为可进行梯形逻辑编程的工业控制设备，其特点是可以方便的使用梯形逻辑编程实现实际复杂的应用，非常灵活便利。常用的有PC-1,MC-1,MC-11,IO-2,IO-4,LP-1。其中PC-1结合了供电和处理功能，是整个RTU系统的核心。PC-1只能被安装在底板四个插槽中的第一个槽中，供电电压直流12V(一般为直流13.8V)。我们可以通过观察PC-1的显示灯组判断PC-1的工作状态。OK灯在模块机能正常时为绿色常亮，DC+5V,DC+12V为内部供电5V，12V时恒亮。BATT CHG在电池充电时亮，DIS在电池放电时亮，LO在电池电压过低时亮（一般低于12V）。Tx端口发送信号时亮，Rx端口接收信号时亮，RTS亮的时候开始发送数据，CD发现通信信号时亮，WD在PC-1重启时亮。熟练掌握这些信息对于我们平时判断故障现象有很大的帮助。PC-1背后有两组跳拨开关。常用的是上面那组,可以对电池供电进行开通设置，即对PC-1恢复出厂设置。复位后PC-1的P1口是类型为RS232，协议为S2的测试口。下面那组是设置modem12V供电的通断，现在已用不到。

PC-1 插入底板，接通电源。PC-1 所有指示灯灭，首先断开电源，拨出 PC-1,注意不能带电拔插。打开 PC-1 的外壳，用万用表的通断档分别测量 PC-1 印制电路板上标记为 F1、F2、F3 的元器件两端，正常三个都为通，任何一个不通都会使 PC-1 不工作。处理办法：在印制电路板背面相应元器件的两针脚间焊接一根细铜丝代替。重新将 PC-1 插入底板，接通电源，PC-1 正常工作，故障现象消除。

(2)在使用老的 PC-1 灌装程序时，经常会出现内存溢出的情况。老的 PC-1 一般只有 64k 或是 128k 的 rom，这时应该使用 toolbox 软件 Configuration 下的 memory 功能，重新分配内存空间，如果 PC-1 是 128k 的可以改为 60、60、4、0、0，然后按 ok,即可重新灌装程序进行编译。

（三）水位故障处理

(1)南自所生产的 WFH-2 全量机械编码水位计量程为 0 到 4095cm，零点高程应由软件预先置入或人工计算。当有些测站水位值超过量程或是有负值时，如燕尾港站潮位有负值,我们采用在水位计端多加 100cm,然后在梯形逻辑中减去 100cm 的方法解决问题。

(2)水位故障排除方法。

首先在水位计端取下 485 接口模块，打开 toolbox 软件，将寄存器#R63 置 63，#R200 置 1，观测#R2 中值是否为 2730，若是，表明信号线缆和 485 模块都正常。若为 10000（水位不通），则有以下七种情况（1）RTU 端 PC-1 或是 MC-1 中的 485 扩展接口模块损坏，更换即可。（2）RTU 端水位计数据线的 RJ45 水晶头接触不良，重新制作即可。（3）RTU 端控制水位计工作的继电器出现问题，更换新继电器即可。（4）RTU 端至水位计端之间的水位信号线缆损坏。这里介绍两种信号线缆的检查办法：第一种方法较为简单，因为信号线通常只用到 8 芯中的 4 芯，红黑分别接 12V 直流电的正负极，黄绿分别是信号数据正和数据负。在水位计端取下 485 模块，用万用表测量一下，如果红黑之间是 13V 左右，黄黑之间是 1 到 1.3V,绿黑间也在 1 到 1.3V 之间，说明信号线缆没有断，否则就说明信号线缆已损坏。第二种方法将一端的四根线全部拧在一起，在另一端用万用表打到通断档，用红表笔量一根线，黑表笔分别测试剩下的三根线，两两相通蜂鸣器响表示正常。然后，再将一端全部拆开，使之处于开路状态，再测量另一端，两两应该不通才对。否则就可判断信号缆线损坏了。一般使用的水位信号线为 8 芯，可以选用剩下的线代替原来损坏的，这样省时省力，不用重新埋设新的信号线。（5）水位计端 485 接口模块损坏。目前我们使用的 485 模块有两种，一种是长川公司出品的 CH4852 型接口模块，信号输出为格雷码。另一种是南自所出品的 RS485 分路器，信号输出为二进制码（在梯形逻辑中需做格雷码转二进制码的修改）。两种 485 接口模块都容易遭到感应雷击，导致内部电源模块损坏。该电源模块型号为 MAXIM max 14876,更换时要注意针脚顺序与底板插槽对应，不能接反。若电源灯亮，水位显示 10000，说明 485 接口供电正常存在其他问题，需要更换新模块。更换前应预先把新的 485 接口模块地址设置成与该测站 RTU 配置文件中相同的水位地址号。需要注意的是两种型号的 485 接口模块在湿度大于 85%的条件下无法工作。如在 2011 年连云港港灌河港区海河联运一期工程水文测验工作中曾遇到类似的问题。由于需要收集一个月的潮水位资料，我们临时在灌河边设置了一处水位遥测站，该站设备工作环境异常恶劣。刚开始几天每天凌晨 1 点至早上 8 点水位中断，早 8 点后自动恢复。引起这些故障的原因为：白天阳光充足，湿度较小,仪器处在正常的工作环境中，所以有数据；晚上没有阳光，湿度大，仪器无法在湿度大于 85%的条件下长期工作，485 接口模块的印制电路板容易受潮，产生氧化，接触不良，引起水位故障或是乱码。解决方法将插头拔出，用细砂纸去除插座中插针氧化层，然后填满黄油，与空气隔绝，485 接口模块印制电路板裹上防水胶带，运行效果明显改善。（6）将 485 接口模块接上水位计，查看#R2 中水位是否与水位计上显示的一致。在 toolbox 中把寄存器#R63 置 63，#R200 置 1，观察#R200 中数值变化，若为 4,22，打开 RTU Commons statics 按钮，输入水位计地址，观看成功失败次数统计情况。成功数加 1，则水位通，校对#R2 数值与水位计实际数值是否一致。（7）水位计本身故障可能引起水位数据有突变或是中断，这在现场无法发现问题，需要在平时多注意每个站点的水位过程线。如 2012 年 3 月我们发现连云港潮位站水位过程线连续出现中断和突变点，一开始到现场更换了 485 模块，第二天发现问题没有解决。在更换水位计后问题解决，连云港潮位站水位过程线恢复正常。（8）在中水位时，仪器运转正常，而在高或低水位时测井水位变化，水位轮被拨至任何位置时，它都能自然停止。这种故障是浮子直径为 10cm,水位量程大于 20m,由于高或低水位，悬索重量转移至平衡锤或浮子一边。使浮子离开水面或沉入水中，浮子平衡状态失常。解决方法是改用直径 15cm 或 20cm 的浮子重新调整平衡即可。

（四）雨量故障处理

1. 实测降雨量比实际降雨量小或来数滞后，该故障主要集中在雨量传感器。（1）维护人员每次巡视时应注意清除承雨器内的昆虫、尘土、树叶等杂物，防止堵塞水道造成雨量下流不畅，引起雨量滞后。如原石梁河水库雨量传感器装在房顶，仪器附近安有一个探照灯，一到晚上探照灯照明的时候就吸引了无数小虫，雨量传感器因此经常堵塞，后将雨量传感移往别处，问题解决。（2）取下外筒，在确认工作平台已处于水平状态、翻斗翻转灵活、信号正常、漏斗无堵塞后，用量杯量取10 mm清水，在5分钟内缓慢、均匀地注入漏斗。这里可以准备一只干净的塑料瓶，在其瓶盖上钻一个小孔，再将量杯量取的清水倒入瓶中进行测试，这样较量杯直接注水效果好、水流相对稳定。若翻斗翻转50次左右，则雨量传感器基本正常。（3）雨量计干簧管故障，主要是干簧管老化或质量问题导致干簧管不吸合造成雨量来数偏少。（4）雨量计翻斗翻转不灵活，主要是翻斗两端卡得比较紧造成翻斗翻转不灵活，使雨量来数偏少。（5）错将雨量信号线接入水位继电器端，由于水位继电器5分钟取一次数据，一次时常为15秒，导致雨量计每五分钟只导通15秒，严重影响数据完整性。

2. 实测降雨量比实际降雨量大，该故障可以分为两种情况：一是雨量数据偏大；二是晴天,雨量连续来数。雨量数据偏大的主要原因是雨量计干簧管损坏，干簧管因老化或质量问题引起吸合后无法分开。晴天雨量连续来数的主要原因（1）是RTU控制板定时电路损坏，引起定时自报数连续来数。（2）受到电干扰影响，不断形成开关接点通断信号，使雨量传感器连续来数。遥测设备是弱电设备，工作电压为12V，无法抵御和过滤来自市电或因雷击导入的强脉冲，这是易雷、电干扰的直接原因。如在2010年牛山站雨量连续来数，当时还是使用交流电，雨量数据上升非常快，到现场后初步判断是RTU控制电路损坏，更换LP-1后故障现象没有消失，检查雨量传感器发现漏斗，单簧管，接线一切正常，后在市电引入设备前采用稳压器和电源避雷器并重新做设备接地处理，故障现象消失。

3. 白天来数偏少，晚上几乎不来数或下雨天来数不正常引起该故障的原因有：蓄电池故障，因蓄电池使用寿命到期或者蓄电池提前失效，造成白天由于有太阳能充电，所以有来数，晚上因蓄电池失效不能存电，电池电压低，所以不来数。

4.RTU端测试雨量计信号线通断，可以用一根导线，一头接电源正，一头接IO-2的3号端子，打开toolbox软件观察本地寄存器#R1中的数据变化。若是导通一下增加2或者5（根据实际使用的雨量计分辨力为0.2mm还是0.5mm判断），则表示信号线缆正常。

5.在人工降雨实验后需进行雨量传感器清零，方法有：（1）在实验前将GPRS设备断开，实验完成后用笔记本连接 RTU,使用 toolbox 软件分别将本地寄存器#R98 ，#R101 ，#R104 到 109 置 0，重新连接 GPRS 设备。（2）若数据已传回分中心入库，需要在 Sybase 数据库里清空。打开 SQL Advantage，点击 Server 下的 Connect，选择 Server 名，输入用户名和密码登陆。使用 Select * from ST_PPTN_R_T where STCD= ‘’ and TM= ‘’ 查询错误的雨量，找到相应的时间段然后使用 update ST_PPTN_R set DPR=0 where STCD= ‘’ and TM= ‘’ 清空雨量，最后再次使用 Select * from ST_PPTN_R_T where STCD= ‘’ and TM= ‘’ 复查一遍数据即可。

（五）供电系统故障处理

蓄电池的充放电一般使用时间在 3 年阴雨天气太阳能电池板电流太小无法对蓄电池进行充电 长时间工作会使电压偏低平时要多注意天气变化家里要备足够数量的备用蓄电池如果突发状况可以采用快速充电，用平时 2 倍的电流充电 。

三、结语

水情自动测报系统能否正常运行并在防洪抗旱中发挥重大作用，很大程度上取决于系统故障的分析与处理。面对这样一项长期、持久、面广、点多的工作,要求我们能够正确、及时地分析出不同故障,不断提高故障分析和处理能力，同时通过同行交流来提高系统维护水平。

参考文献

[1] 水利部水利信息中心. SL444-2009 水利信息网运行管理规程[S].北京：中国水利水电出版社，2009: 9-10.

江苏水文设施工程建设面临困难及建议

雷志祥

摘　要:江苏省作为全国水利现代化试点省份，要求2020年初步实现现代化，江苏水文发展面临机遇和挑战。分析当前水文设施工程建设面临程的各种困难，提出加强江苏水文设施工程建设的建议。

关键词：水文　设施　工程　建设管理　建议

一、江苏水文设施工程建设面临机遇

2011年中央一号文件和中央水利工作会议明确要求，东部有条件的地方要率先实现水利现代化。作为2011年全国水利现代化试点省份，江苏省在今年省委一号文件中率先提出2020年初步实现水利现代化的目标。水文是水利的基础，江苏水利要实现现代化，江苏水文必须率先实现现代化。由于江苏水文基础设施建设以前投入较少，基础设施建设标准较低，水文站网数量不足，故与水文现代化要求还有较大差距。有鉴于此，加强水文设施工程建设，提升水文整体服务能力，为全省水利可持续发展和经济社会科学发展提供可靠支撑，是当前和今后一个时期，加快江苏水文发展和现代化建设的主要任务。

二、江苏水文设施工程建设存在困难

1.水文设施工程建设任务重、投入大

“十一五”期间江苏省水文设施工程建设累计下达投资 17538 万元，部分工程正在建设中。“十二五”期间江苏省中小河流水文监测系统工程建设总投资达37568万元，其中2011年需要完成总投资 9120 万元。目前江苏水文把水文设施工程建设工作做为全省水文工作的重中之重，举全省水文人之力，加快推进水文设施工程项目建设进度，确保所有水文设施工程建设顺利完成。

2.专门从事水文设施工程建设的力量缺乏

江苏水文人才结构以传统水文专业为主，工程建设管理、施工、造价、设计等相关专业的人才非常缺乏。另外，除省水文局成立了专门负责水文工程建设的职能处室外，大多数地市水文分局还未成立专门从事工程建设管理的职能部门。各水文分局从事水文基本建设人员基本以兼职为主，专职人员少，人员流动性大，专业性也不强，人员素质有待进一步提高。

3. 水文设施工程项目前期工作市场化、专业化程度低

水文设施工程建设项目与一般水利水电工程项目不同，其具有建设工程点多面广、建设内容小而全、单站投资小[1]、专业性要求高等特点。而按现有水利行业相关收费标准和定额，水文设施工程项目前期工作费用总额度非常小，经济效益低，一些具备相应资质的设计和咨询单位不愿意承接水文设基础设施项目的前期工作。目前江苏水文基础设施建设项目前期工作基本由省内水文部门自己承担，市场化、专业化程度非常低。受到知识结构、经验经历等客观因素制约，水文设施工程项目前期工作深度不够、质量不高的弊病明显。随着基本建设要求的日益规范，设计资质的问题也逐渐显露。

4. 水文设施工程建设管理难

江苏水文投资主要来于中央及省级财政投资，工程建设管理按照重点水利工程建设标准和要求实施。根据《江苏省重点水利工程建设管理办法》要求，单项施工合同额度估算价 50 万元以上，设备、材料、金属结构制作等货物采购单项合同估算价 30 万元人民币以上，勘察、设计、监理等单项合同估算价 30 万元人民币以上的均必须进行招标。但是在以往实际操作中，水文设施工程施工和监理招标基本都会流标。由于水文设施工程建设项目的特殊性，一些资质高、信誉好的施工单位和监理单位不愿参与水文基础设施工程建设。多年来，江苏省内省、市级水建公司很少直接参与水文设施工程建设，大部分水文设施工程的施工和监理是由不具备水利水电资质的企业所承担。这给水文设施工程建设管理工作带来很大难度。

5. 水文设施工程建设相关规范标准滞后

目前水文设施工程建设前期工作开展主要是依据水利部水文局于 2004 年印发的《水文水资源工程项目建议书编制暂行规定》《水文水资源工程可行性研究报告编制暂行规定》《水文水资源工程初步设计报告编制暂行规定》等进行的。随着基本建设程序日趋完善，特别是自 2006 年水文设施工程建设要求按照大中型项目进行管理，国家发改委对水文设施工程项目前期各阶段审批工作更加严格，以上三个暂行规定的主要内容、技术规定、深度要求等已不能满足现行水文设施工程建设审批规定要求。虽然 2011 年水利部水文局先后正式出台了《水文设施工程项目建议书编制规程》《水文设施工程可行性研究报告编制规程》和《水文设施工程初步设计报告编制规程》，但由于这三个规程出台时间较晚，部分经常参加项目审查的专家和审批部门对这三个规程还不够熟悉和了解，往往最终项目批复与规程要求差距较大。

为加强和规范水文设施工程建设项目的建设管理工作，全国部分省份已相继出台了符合各自省份水文设施工程建设管理要求的规定。目前，江苏省水文设施工程建设管理工作主要是按照《江苏省重点水利工程建设管理规定》要求执行的，专门的全省水文设施工程建设管理办法尚未出台。

三、促进江苏水文设施工程建设的几点建议

1. 加强水文设施工程建设计划管理

一是抓紧编制水文设施工程建设规划，明确建设目标、内容和重点。二是细化水文设施工程建设年度实施计划，确保规划有序实施并按时完成目标任务。三是合理安排投资计划，保障经费足额及时到位，推进水文设施工程建设。

2. 加强水文基本建设人才队伍建设

按照大中型项目管理要求，做好水文基本建设工作不仅要具备水文水资源方面专业知识，还要掌握计算机、通信、水利工程等方面的专业知识并且要熟知基本建设有关程序和要求[2]。随着水文设施工程建设任务越来越重，建设管理要求越来越规范，各市级水文分局应尽快设立专门职能科室，配备专职人员，从事水文设施工程建设工作，保证水文基本建设工作的稳定性和连续性。通过培训和引进等方式，加快水文人才队伍建设，迅速提升全省水文设施工程建设管理工作水平。

3. 切实抓好项目前期工作

水文设施工程建设项目前期工作至关重要。一要按规范要求做好工程项目建议书、可行性研究报告及初步设计报告的编制，报告中有关工程地质、地形、水文特征值等基本资料应翔实可靠，深度满足规定要求。二要对拟建项目的征地补偿、“四通一平”等工作做好深入调查，保障项目批复后工程能够顺利实施。

4. 尽快建立具备相应资质的水文专业设计队伍

为适应水文基本建设规范化要求，克服水文基本建设项目前期工作市场化、专业化程度低的问题，一是先行与一些具有设计资质的水利设计院所、咨询单位联合做好各阶段报告编制和申报工作，完成当前水文基本建设的前期工作；二是通过整合行业内人才资源，或通过人才引进、合作创建等方式，尽早成立江苏水文专业设计队伍，申办必要的设计或咨询资质，专门从事水文项目建设前期工作。

5. 尽早出台江苏省水文设施工程建设管理办法

目前，江苏水文基本建设项目前期工作是以水利部水文局出台的规范和标准为指导，在工程项目批复后的实施阶段，主要按江苏省重点水利工程相关规定进行建设管理。为规范江苏省水文基本建设管理，保证建设项目的质量、安全、工期和投资效益，水文部门应尽早制定出台江苏省水文设施工程建设管理办法，以指导和规范全省水文基本建设管理工作。

6. 创新水文设施工程建设管理模式

水文基础设施工程地点主要位于河流、湖泊等水系堤防上，水利行政主管部门均设有专职水利工程管理单位（如水利站、堤防所、闸管所、水库管理所等）进行管理，这些水利工程管理单位一般均具有比较丰富的水利工程建设和管理经验，经常承担各自管理范围内中小型水利工程建设和管理工作。对于投资额度在 50 万元以下的水文设施工程土建任务，可以代建方式或委托方式选择工程属地水利工程管理单位进行建设。在工程项目较多时，可考虑

采用工程项目建设总承包或施工管理总承包的方式，进行水文设施工程建设管理。

四、结语

“十二五”期间，全国仅中小河流水文监测系统建设工程总投资就达160亿元，要求三年内完成基本建设，投资强度之大、任务之重、时间之紧，在水文发展史上是前所未有的。江苏水文发展同样如是。水文部门只要在做细做实工程项目前期工作的基础上，通过提高工程建设管理人员素质，强化项目建设组织管理，创新工程建管模式，就一定能提高建设水平，圆满完成水文设施工程建设任务。

参考文献

[1] 陈涛，张成等.水文基本建设项目前期工作浅析[J].河南水利，2006（10）：P65.
[2] 赵学民.水文基本建设项目前期工作有关问题的探讨[J].水文，2002（6）：P63-P64.

灌南县水文化景观探析

陈玉坤

摘　要：灌南县近几年水文化景观建设卓有成效，在建设中敢于创新，勇于突破，追求发展，大力推进水利现代化发展进程，为地方水利和谐、持续和科学发展做出应有贡献。本文依据水文化定义，以灌南水文化景观建设实践为载体，探讨赏析水景观，探寻求索水规律，传承创新水文化，繁荣发展水事业，激发水利职工积极性，增强干群使命感和责任感，弘扬水文化传统，加速水文化建设，为促进水利现代化事业又快又好发展可资借鉴。

关键词：水利　文化　景观　探析

一、引言

近年来，水文化景观建设引起世人重视，各地都在深度挖掘，细致整理和大力弘扬传统水文化，再现治水过程中形成并积淀的如诗如画的水文化景观，把水文化景观与水利现代化发展有机地结合起来，实事求是地、科学系统地展示各地水文化景观建设成果。灌南县近几年建设的几个项目工程，无一不是对时代精神的赞颂，对历史人文的传承，对城市河湖的装潢。多姿多彩的景观工程建设，丰富了现代化水利建设大事业的内涵，说是水文化景观工程一点不夸张。因为所做工程参照了国内外城市水景观、水生态、水文化建设的先进理念，对河湖的历史和文化底蕴作了深层挖掘，通过复原和拓展，使其活灵活现地展示在人们眼前。五龙口景区二郎神文化遗迹公园、天湖（水环境治理工程）和硕项湖工程等都精心打造成集传统与现代、自然与生态、文化与风光带于一体的旅游观光胜地，堪称具有灌南特色的水文化景观。本文依据水文化定义，挖掘展示灌南水文化片段，探索水规律，传承水文化，复原再现灌南历史上水文化景观神韵。

二、水文化定义

全国政协常委、复旦大学教授葛剑雄在接受《中国水利报》记者高立洪、刘艳飞采访时，就如何理解水文化时解释说："讲水文化，首先应明白何为文化。我很赞同马克思历史唯物论中的观点……人首先需要满足衣食住行，然后才产生意识、宗教、信仰等。也就是说，所谓的文化，是人类的一种生存、生活方式，是人类在长期生活、生产中形成的规范、习惯、模式、观念、理论等等的统称。文化形成和发展的基础是人类的生活、生产，文化必须以人类的行为和物质为载体。”

中国人文科学学术委员会学部委员、中国水文化学专家潘杰博士在《中国水文化学研究》一书中，综述了水文化“广狭”说、“载体”说、“水事”说、“治水”说后，科学地描绘了中国水文化的基本特征：“水文化学是哲学的启蒙，表明水文化作为中华民族母体文化的诞生和发展的历史传承与创新；水文化学是科学的要素，蕴含水文化的科学，为自然科学提供人文氛围的世界观和方法论；水文化学是美学的枢纽，综合美学中文学、艺术、美感中的思维功能、水建筑功能、水环境功能、水旅游功能的哲学；水文化学是管理的学问……是历史与创新的融合；水文化学的特征在于认识和把握发展的规律性，在于自身的系统性、拓展的兼容性、历史的传承性和时代的创新性。”潘杰把水文化架构分为 4 大体系即：精神文化体系、行为文化体系、物质文化体系和制度文化体系。

葛剑雄、潘杰两位教授给出的水文化特征，具有一定的权威性、前瞻性和科学性，目前，不仅可作为指导现代化水利发展的规范，而且还为实施水文化建设提供参考，具有一定的可操作性。

三、灌南县水文化景观建设实践

1.五龙口文化景观发掘

五龙口文化景观位于灌南县城北部，地处武障河、盐河、南六塘河、老六塘河四河交汇处。区位优势独特，环境优美，亲水融绿；水域宽广，通江达海；流淌古韵，充满灵气；华灯闪烁，流光溢彩，是灌南一张运动休闲、旅游度假的名片。五龙口文化景观规划面积 4k㎡，外围生态保护区面积 10 k㎡，按 AAAA 级景区标准设计。建设总投资 20 亿元。规划在充分考虑区域背景、城市功能和人文底蕴的基础上，围绕运动健身、休闲度假、文化展示等三大主导功能，建设以“水”为主线的综合旅游休闲区，着力打造“小圣故里、湿地生态旅游胜地”。

五龙口文化景观主要项目有二郎神文化遗迹公园、天湖（包括水环境治理工程）、引羊寺、酒文化一条街、全民健身中心。二郎神文化遗迹公园位于五龙口核心区，是灌南发掘地方文化传承，呼应花果山，打造“西游文化旅游圈”而实施的重点工程，也是五龙口文化景观一揽子项目的破题工程。由国内著名古建筑专家潘谷西教授领衔设计，《西游记》研究专家李洪甫教授参与策划，总投资 1.2 亿元，占地面积 20.7h㎡，建筑物面积 15700㎡，全部为仿古建筑，主要有真君殿、慈孝阁、斩蛟台、六圣殿、二圣斗变园等 10 多个景点。全民健身中心项目位于新港大道北侧，泰州路西侧，占地 24 h㎡，总投资 2.6 亿元。规划建设 1.2 万座体育场、3000 座体育馆、600 座游泳馆和可容纳 3000 人的全民健身中心。

天湖公园位于五龙口景区西北角，公园景观以清朝乾隆时期漕运总督管干贞笔下的武障古渡和古新安八景“武障雪浪”为底蕴的特色旅游项目，占地 66.7 h㎡，总投资 1 亿元，规划开挖 33.3 h㎡人工湖，周边堤岸建景观公园，湖内建“七星岛”，展示民俗文化，湖面建系列水上运动项目。武障雪浪是古新安八景中的一景，当年的滚水石坝是五河六坝之一。

南来淮水腾滚石坝，东来海潮撞击坝体，其势如万马奔腾，其景如瀑布宣泄，其浪花如白雪成堆。有诗为证，清代冯海公诗曰："武障一片雪花堆，不亚钱塘逐队催。闻道广陵涛最盛，如何赛得海潮肥。"好一个武障海潮雪花堆，不亚钱塘江海潮，有了武障海潮涛声，广陵涛声又算得了什么。清代王遥岑诗曰："坝滚淮流声似雷，波翻浪涌雪成堆。非关海苦催潮至，未必钱王射便回。"诗情画意，栩栩如生。清代王世应诗曰："武障长河纳中流，潮涨潮落浪悠悠。无风自起层层雪，东注沧溟卒未休。"潮涨潮落浪滔天，不须冻凝自成雪。还有清代一位无名氏诗曰："南来淮水浪飘摇，武障河吞江海潮。昨日却从堤上看，波翻层叠雪球跳。"非凡的武障河，神奇的武障河，既吞南来江淮水，又纳东涌黄海潮，之所以说它非凡不俗，是因为它有气吞山河之大无畏精神气概。

2.硕项湖文化探源

距今约两千多年的古硕项湖，历史悠久，文化底蕴深厚。历史上为一个大湖，是秦代一次大地震形成的湖泊。东临盐河，南至涟水灰墩，西至沭阳太平集，北至灌云南岗，西北则径由沭阳县十六湖、风仪荡、柳口和桑墟湖汇合。大湖南北长40千米，东西宽20千米。从明嘉靖三十二年（公元 1553 年）始，黄河决堤，从安东（今涟水）冲入硕项湖，后黄河又发生多次泛滥，泥沙淤积，硕项湖逐渐浅涸。特别康熙十六、十七年（公元 1677 年、公元 1678 年），硕项湖被泛滥黄水所带大量泥沙淤淀成陆。康熙二十四年（公元 1685 年），靳辅开挖南、北六塘河，并筑屯堤，围垦硕项湖。康熙四十七年（公元 1708 年），硕项湖可种一年一熟麦子。民国初年（1912 年），硕项湖已成洼地，伏秋水涨，一片汪洋，冬涸成田。新中国成立后，经过开发，湖区已建成排灌设施齐全的高产稳产农田。古时的硕项湖，碧波万顷，茫茫无边，渔舟穿梭，美如画图。清冯海公诗曰："古来硕项是名湖，内隐渔樵活画图。无故扁舟浮碧浪，夜灯万点醉酣呼。"碧湖、扁舟、渔樵、夜灯，遥相呼应，织成一幅美丽的图画。清王世应诗曰："湖色茫茫万顷鲜，红村渔艇望相连。宵来灯火如星斗，不辨波光不辨天。"湖光、星光、灯光构成光风霁月美景，令人感受美轮美奂！清王遥岑诗曰："一派茫茫水接天，浑如千里望无边，晚来渔棹归休后，远近红灯万点燃。"水天一色，一望无边；万盏渔灯，点缀大湖，好一派湖景夜色。清代一无名氏诗曰："湖心自晚凌烟凝，远近人人剑网罾。万点如星光照丽，分明监水是渔灯。"古时的"硕项渔灯"为大湖增添了迷人的景致，同时，也为后人留下了永久的思念。有关硕项湖的诗行还有"千佛雷烽"、"三元耀日"、"莞葛鸦船"、"惠涧水荇"、"新沟彩蝶"、"莽牛桃柳"等，就不去一一引证，留待同仁自去赏析。

3.硕项湖备用水源工程

硕项湖备用水源工程，气度恢弘，开发于 2012 年，建设中的新湖位于县城西南隅高新产业园 CBD 核心区域。湖区作为城市备用水源的同时，兼做城市生态景观水体。新湖兼备水质净化和绿化生态两大系统，给灌南城区的发展、产业的拓展提供绿色空间和亲水平台。新湖的开发，符合以人为本，环境水利、资源水利、民生水利、现代水利的最新治水理念。新湖总库容 335.34 万 m^3，正常调节库容 126.15 万 m^3。新湖面积 131 h m^2。其中深水区面积 83 h m^2，浅水区面积 27 h m^2，生态隔离带 21 h m^2。新湖深水区建有喷泉、曝气系统。浅水区建有生态湿地净化工程，主要种植挺水和沉水植物，以达净化水质和美化环境效果。湖堤景观绿化。湖岸线保留天然曲度。湖区设置植物隔离带、生态湿地、生态挡墙。利用对景、衬景手法，合理配置乔灌木，空间开合兼备，为城市一大景观。环湖览胜，大小乔层：雪松、广玉兰、香樟、水杉、榉树、黑松、合欢、高杆女贞、鸡爪槭、垂柳、腊梅、樱花、紫荆、碧桃等千姿百态。灌木层：金边黄扬、红叶石楠、大叶黄扬、紫叶小檗、小叶女贞、红花继木、木槿、紫薇、山茶、云南黄馨、迎春等争奇斗艳。地被层：高羊茅、黑麦草、狗牙根、白三叶、红花酢浆草、阔叶麦冬、连钱草、大花萱草、鸢尾等绿草如茵。林冠层下部空间：设置林下步道，是晨练、休憩、体验自然的好去处。生态湿地，植物众多：千屈菜、垂头菊、苔草、芦苇、木贼、水芋、荷花、睡莲、慈姑、水烛、灯心草、香蒲、水葱、菖蒲、莎草、藨草等应有尽有。湖区湿地，水禽成群，彩蝶纷飞，极目远眺，恰似一片世外桃源。

四、结语

近年来，灌南县把水文化建设与水利现代化发展紧密结合起来，把践行“团结、实干、创新、发展”水利行业理念与“献身、负责、求实”的水利行业精神紧密结合起来，着力打造“生态、文化、美丽、幸福”的灌南品牌。灌南县水文化景观建设，依照科学的治水理念和治水思路，发挥先进的规划水平和设计能力，选择安全可靠的防灾减灾措施和资源保障方案，采用信息化和智能化技术装备，创新管理体制和法制建设，培养高层次高素质人才队伍，创建现代化水利发展体制和机制，激发行业的创新活力，全力推进灌南水利现代化快速发展。今为昨继，明为今承。灌南县水文化建设将百尺竿头，以文育人，以文兴水，把水文化之花浇灌得更加绚丽芬芳。为努力开创灌南水利现代化事业发展新篇章再做贡献。